浙江中医临床名家

总主编　方剑乔

王会仍

陈芳　主编

科学出版社

北京

内 容 简 介

本书是"浙江中医临床名家"丛书之一,介绍了浙江名老中医王会仍。王会仍教授是第二批全国老中医药专家学术经验继承工作指导老师,从事临床工作 50 余年,学验颇丰。本书共分六章:中医萌芽、名师指引、声名鹊起、高超医术、学术成就、桃李天下。重点介绍了王会仍教授治疗呼吸系统疾病的学术成就、学术思想及其临床经验,叙述了其求学之路的艰辛努力和在临床、教学及科研中的实践,对中医养生保健及在慢性疾病中的作用也作了适当的补充和介绍。在中医继承和创新方面,王会仍教授承师问道,研读中医四大经典及历代名著,博采众长,吸取精华,弘扬国粹;同时,努力学习现代医学知识,提倡中西兼容,特别是在防治呼吸系统疾病中,不断更新知识,与时俱进,以求精益求精,他提出中医药学应在"继承中提高,创新中发展",不舍近而求远,不趋新奇而废正道;并一直遵循"海纳百川,有容乃大"的宗旨,认为循序渐进,才能有所收获、有所成就。

本书可供中医临床、科研工作者及在校学生阅读使用,也可供中医爱好者参考。

图书在版编目(CIP)数据

浙江中医临床名家·王会仍 / 方剑乔总主编;陈芳主编.—北京:科学出版社,2019.8

ISBN 978-7-03-062120-7

Ⅰ.①浙… Ⅱ.①方… ②陈… Ⅲ.①王会仍-生平事迹 ②呼吸系统疾病-中医临床-经验-中国-现代 Ⅳ.①K826.2 ②R259.6

中国版本图书馆CIP数据核字(2019)第179756号

责任编辑:郭海燕 刘 亚 王立红 / 责任校对:王晓茜
责任印制:徐晓晨 / 封面设计:黄华斌

科学出版社 出版

北京东黄城根北街 16 号
邮政编码:100717
http://www.sciencep.com

北京捷迅佳彩印刷有限公司 印刷
科学出版社发行 各地新华书店经销

*

2019 年 8 月第 一 版 开本:720×1000 B5
2019 年 8 月第一次印刷 印张:12 插页:2
字数:197 000

定价:68.00 元
(如有印装质量问题,我社负责调换)

浪淘沙——感悟岐黄

回首习岐黄，初尚彷徨。寒窗六载读书郎，读典览经精钻研。几度沧桑？

国宝必重光，源远流长。一生矢志继弘扬，保健养生人共乐。灿烂辉煌！

王会仍与肺功能室成员

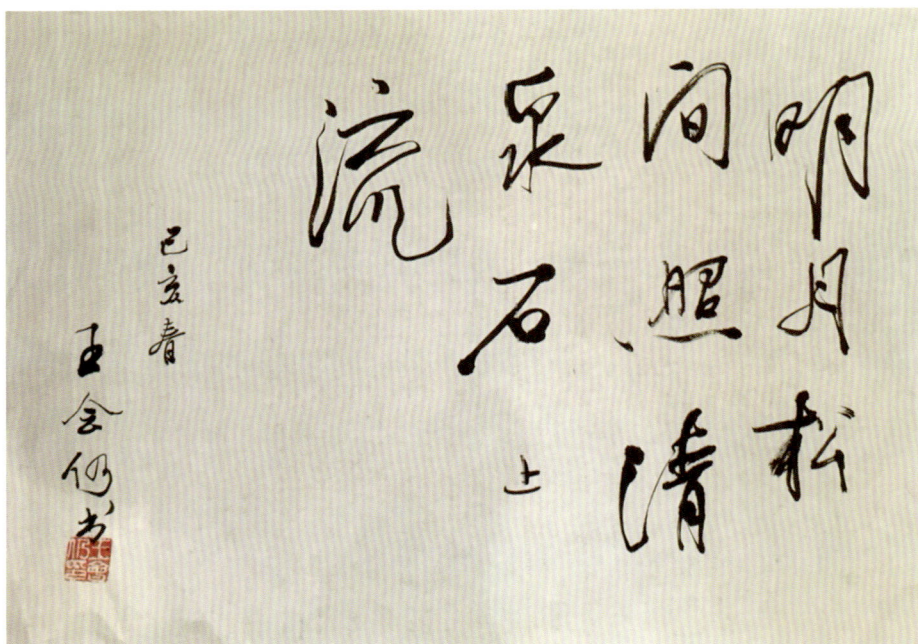

明月松间照 清泉石上流

巳亥春

王会仍书

王会仍书法作品

浙江中医临床名家

丛书编委会

主　编　方剑乔

副主编　郭　清　　李俊伟　　张光霁　　赵　峰

　　　　陈　华　　梁　宜　　温成平　　徐光星

编　委　（按姓氏笔画排序）

丁月平　　马红珍　　马睿杰　　王　艳

王彬彬　　王新华　　王新昌　　牛永宁

方剑乔　　朱飞叶　　朱永琴　　庄海峰

刘振东　　许　丽　　寿迪文　　杜红根

李　岚　　李俊伟　　杨　珺　　杨珺超

连暐暐　　余　勤　　谷建钟　　沃立科

宋文蔚　　宋欣伟　　张　婷　　张光霁

张丽萍　　张俊杰　　陈　华　　陈　芳

陈　晔　　武利强　　范军芬　　林咸明

周云逸　　周国庆　　郑小伟　　赵　峰

宣晓波　　姚晓天　　夏永良　　徐　珊

徐光星　　高文仓　　郭　清　　唐旭霞

曹　毅　　曹灵勇　　梁　宜　　葛蓓芬

智屹惠　　童培建　　温成平　　谢冠群

虞彬艳　　裴　君　　魏佳平

浙江中医临床名家·王会仍

编 委 会

主　审　王会仍

主　编　陈　芳

副主编　王　真　　赵　玮

编　委　（按姓氏笔画排序）

王　芳	王　真	王　媛	王　璐
李晓娟	宋天然	张佳颖	陈　芳
陈　彬	罗旭平	周忠辉	赵　玮
姜晨宇	骆仙芳	钱燕静	徐俪颖
董泉明	蔡宛如		

总　序

　　中华医药，博大精深，源远流长。灵兰秘典，阴阳应象，穷万物造化之妙；《金匮》真言，药石施用，枢疴疾辨治之方。诚夷夏百姓之瑰宝，中华文明之荣光。

　　浙派中医，守正出新，名家纷扬。丹溪景岳，《格致》《类经》，释阴阳虚实之论；桐山葛岭，《采药》《肘后》，载吴越岐黄之央。固钟灵毓秀之胜地，至道徽音之华章。

　　浙中医大，创业惟艰，持志以亢。忆保俶山下，庠序进修，克艰启幔；贴沙河干，省立学府，历难扬帆；钱塘江畔，名更大学，梦圆字响。望滨文南北，富春秋冬，三区鼎足，一校华光；惟天惟时，其命维新，一德以持，六艺互襄；部省共建，重校启航，黾勉奋发，踵武增华。

　　甲子校庆，名医辈出，几代芳华。值此浙江中医药大学建校六十周年之际，特辑撰"浙江中医临床名家"丛书，以五十二位浙江中医药大学及直属附属医院名医为体，以中医萌芽、名师指引、声名鹊起、高超医术、学术成就、桃李天下为纲，叙名家成长成才之历程，探名家学术经验之幽微，期有益于同仁之鉴法、德艺之精进。

　　　　　　　　　　　　　　　　　　　　　　　　　　方剑乔

　　　　　　　　　　　　　　　　　　　时己亥初夏

王　序

　　我国原创的传统中医药学，源远沉长，为中华民族的繁荣昌盛及人民的健康做出了重要的贡献。自西医东渐，特别是新文化运动之后，我国这一宝贵的中医药学历经沧桑，但在中华人民共和国成立之后，在党和政府的关怀及支持下，如今已是鲜花盛开，正以其独特的魅力逐步走向世界，并逐渐比肩现居主流地位的西医药学，展现出独占鳌头的态势。冀望传统医学将来更能光彩夺目！

　　最近，习近平主席指出，希望广大中医药工作者增强民族自信，勇攀医学高峰，深入发掘中医药宝库中的精华，充分发挥中医药的独特优势，推进中医药现代化，推动中医药走向世界，切实把中医药这一祖先留给我们的宝贵财富继承好、发展好、利用好。我们中医人一定要遵循习主席的这一中医药传承和创新发展的重要指示，戒骄戒躁、坚持中西医互容，自信、自强，做好"继承好、发展好、利用好"的"三好"精神，为人类的健康再做贡献！

　　即将年满60周岁的浙江中医药大学（原浙江中医学院），一路走来，规模从小到大，茁壮成长，屹立于钱江之畔，已成为我国中医院校中颇具规模和影响力的院校之一，凡在其羽翼下成才的历届中医药学子无不为之欢欣鼓舞，深感自豪！

　　为了弘扬和继承中医药学术，浙江中医药大学为其所培养的仅限于校、院系统内所属的部分优秀中医药人才立著传承。由此可见，学校领导对于中医药传承和创新的高度重视，这显然也是见证学校发展的重要篇章。我个人有幸名列其中，既然是一名过河卒士，也理当勇往直前！

　　我个人是在党和政府及学校历届领导的关怀和支持下成长成才的，虽然取得了一些成就，但比起其他六有成就的同仁，其实微不足道。该书所著内容，也仅是介绍我个人的某些学术观点和专长，见短见长，见仁见智，只是提供中医药学中的一孔之见而已。

在成书付梓之时，特别感谢我的母校——浙江中医药大学的关怀；同时也感谢我的学生们热情的支持和助力。本书在主编陈芳、副主编王真和赵玮及其他编委们共同努力下得以圆满完成。他们在书中简述了我的生平及一些学术成就和专家专长。该书在着重叙述我的学术特色的同时，还特别阐述了我对中医养生保健体系的见解与其在慢性疾病中的作用。该书虽然也经过我本人的一些修改，但不当之处在所难免，诚请中医药学界同仁及喜爱中医药的读者们批评指正。

王会仍

2019年1月于西子湖畔

前　　言

古语有云"不为良相，便为良医"，从神农尝百草可见中医历史源远流长，此后诸如扁鹊、华佗、仲景等历代名家辈出，经过了数千年的传承与发展，铸就了中医文化在华夏文明历史上举足轻重的地位。中医不仅是人文科学，更是中国人民在生活实践和与疾病做斗争中逐步形成并不断丰富发展的医学科学。虽然在历史上中医的科学性遭受过很大的误解，但中华人民共和国成立以来，政府高度重视并大力支持中医药发展，《中华人民共和国中医药法》的颁布更是为新时代中医药的传承与创新提供了强有力的保障。在这个激流勇进的时代，全国上下勠力同心，以科学的发展观和创新的思维不断推动中医药的发展。因此浙江中医药大学借建校60周年纪念，推出总结学校名老中医珍贵的临床经验进行编写立传，以供同行与后世传承、创新。

何为名医？何任老先生曾说过名医有三个特点：其一，济世救人、仁爱为怀；其二，读书临诊、学验俱丰；其三，博学多才、乐于创新。浙江中医药大学名老中医王会仍就是这样的人物。1954年，王老怀着对祖国母亲无限的热爱和报效之情从新加坡只身来到杭州求学，此后考入浙江中医学院（现浙江中医药大学）开始了漫漫杏林求索之路。毕业后王老就职于浙江省中医院，经历了"文化大革命"时期的动荡，也见证了改革开放后中医药发展的大机遇，风雨50余载，始终不改的唯有仁和济世、呵护健康的初心和坚持。王老在临床见习时，师从浙江省的名老中医朱承汉先生，嗣后，又作为浙江省名老中医学术经验继承人之一，被指派拜浙江省著名中医临床学家黄叔文为师以继承其学术经验，并先后师从西医名家马孔阜及刘钟盐两位教授，将中西医两套理论融会贯通、取长补短，形成了其独特的中西兼容、博采众长的学术风格。王老多年来对呼吸系统疾病的诊治和研究不遗余力，对肺系各类疑难疾病尤其是咳嗽的治疗形成了一套切实而丰富的临床经验体系。虽出身中医、精通中医药理论，王老却不因循守旧、墨守成规，他始终强调中医要科学、创新发展，要将中西医互补、优化选择，将现代医学的辨病与中医

的辨症辨病有机结合起来，这种前瞻意识和创新思维是王老取得如此学术成就的重要基石，亦是我辈学习、效法之楷模。不仅如此，王老博览群书，文化造诣深厚，多年来笔耕不辍，所出书籍、诗词良多。更可贵的是其低调、谦和的处世之道，王老常说："不求名利双收，但愿为我国中医药发展略尽绵薄之力"。可是又岂止是绵薄之力呢，王老50余年兢兢业业，不但在学术上精益求精，对弟子、同道更是不吝赐教、倾囊相授，门下弟子众多，骆仙芳、蔡宛如两位教授就是其中翘楚。

此处寥寥几语不能尽述王老学术之精妙、医德之望众，因此整理、发掘、传承王老的成才经历和学术思想，于指导临床实践意义重大。本书从个人成才经历、学术经验特色两大部分对王老50余年来的风雨行医路进行总结，不仅是为了留传这些宝贵的临床和学术经验，使之得以发扬并帮助更多的患者，更是希望能以王老几十年矢志不渝、求索不断的学术态度和兼容并蓄、承前启后的创新精神激励每一位有志之士，为祖国中医药的发展竭力奋斗。

编　者

2019年5月

目　　录

第一章

中 医 萌 芽

第一节　回首重话少年缘

　　王会仍出生于祖国南疆的海南岛，家乡位于风光秀丽的万泉河边，但在记忆里却一直是朦朦胧胧的，因为他幼年时就跟随父母移居远在南洋的新加坡。记得 1983 年的那段时间，王会仍陪同久别家乡的双亲重返故乡探亲祭祖。这次之行，他得以目睹这片尚未开发的万泉河岸和这条千古流淌的家乡母亲河，虽然没有咆哮浩荡的气势，但透迤的碧水清波流向天然的博鳌港湾，然后再顺势流入奔腾万里、一望无际的南海，简直美不胜收。万泉河沿岸，两旁相连的古老山村拥抱着奇妙而高的成林椰树，静穆而自然，满怀期待着未来将要开发的绿色处女地。故乡的一草一木、蓝天白云、阳光沙滩，时不时出现在王会仍的脑海中。乡怀是人生的固有情怀，正如唐代诗仙李白所写而流传至今的《静夜思》一样："床前明月光，疑是地上霜。举头望明月，低头思故乡。"此时此刻，魂牵梦绕，也午是他一生中最值得珍惜的时光。

　　抚今思昔，王会仍还常常难忘那在青少年时代的异国情怀。第二次世界大战之后的新加坡被称为"东方的直布罗陀"，地理位置得天独厚，扼守马六甲海峡最南端的出口，其面积虽然较小，但却是一个繁忙的海港城市，那时的新加坡城郊分明，罕见有高楼大厦，不像现在已是城市化的花园城市。

　　王会仍的父亲是一名海员，小时在家乡大概属初小水平，但能读书阅报，书信也写得不错；他的母亲虽然出身于书香之家，但却不识字，精通于操持家务，是个典型的家庭主妇。听说，王会仍的曾祖父是位誉满家乡、能书能诗的文人雅士，真实情况他至今也不清楚。虽然上一代人都曾是满腹经书的人，但到父母辈则难以为继。也许是出于这种原因，王会仍的父母才将他送

去学校求知，望能成才，为世所用。

新加坡那时属于英国殖民地，英校遍布，教育以英语为主，但新加坡却是人口以华裔占绝大多数的国家，所以华人、华侨对华文、华语颇情有独钟，也办了不少的中、小学华文学校。王会仍从小就读的华文小学，其名称为新民小学，从其命名就可知倾向于新中国。当时，这所小学有一名校长，至今他还记得其名叫叶帆风，祖籍福建。在这所学校求学的学生们大半也怀有报效新中国的信念。他们每天早上都要集中做早操，还要唱校歌以励志，他至今还能记忆一些，在歌词中最有意思的是："新民，新民，我们要做时代的先锋，我们要做时代的主人，要学要做，向前奋进；新民，新民，我们要有科学的头脑，我们要有时代的精神……"多少年来，每当他回忆起读小学的时候，这首校歌就浮现在脑海中。

他们所读的课本都是商务印书局编写的教材，还常进行书法比赛，在小学四年级时王会仍曾获得书法比赛的第二名。1949年，新中国成立之日，这所小学率先在早操时升起了五星红旗，大家都为新生的中国欢欣鼓舞。但好景不长，他们的校长不久之后就被当地政府抓捕后驱逐出境了。

在小学五六年级时，教他们语文课的老师在教完主课之余，经常讲一些故事，都是苏联卓娅和舒拉的小英雄事迹；教音乐的老师，常教《义勇军进行曲》《歌唱祖国》《在那遥远的地方》《康定情歌》等壮美的歌曲，颇深入人心，使他们更加向往祖国的山山水水。自那时起，王会仍热爱新中国的情怀早已生根发芽。

小学毕业后，王会仍选择当时新加坡最闻名的八所中学之首的南洋华侨中学就读。这所学校是华校中学中规模最大的一个，校容美观，校规严正，董事长是著名侨领陈嘉庚的女婿李光前，校长据说是毕业于清华大学的高才生，名叫郑安伦。学校分上午班和下午班，他读的是上午班。当时，华侨中学名声很响亮，它的校歌的歌词非常豪迈："华中，华中，雄立狮岛，独有我华中……"所读课本基本上也出自商务印书局，这时他们才开始真正接触著名的文学家，如鲁迅、巴金、丰子恺、朱自清、冰心、茅盾等的文章。在这些美文的熏陶下，王会仍对中国文学的认识更加深入，认为冰心的《寄小读者》一书，最能打动青少年读者的心弦；此外，他几乎还读遍了著名作家巴金的文学著作，如《新生》《灭亡》及激流三部曲的《家》《春》《秋》等书，其中的许多情节至今仍然铭记不忘。王会仍的中学语文老师来自中国各个省份，他们有着深厚的古文和现代文学基础。虽罕有古文诗词之类的教学内容，但在教授主课文之时，常常介绍一些典故，对启发思维、增进知识很有帮助。应该说，这为王会仍今后学习中医学打下了较为坚实的文学基础。当时王会仍的语文老师非常风趣，对苏州很是钟情，特别是对唐代著名诗人张继的那首《枫桥夜泊》："月落乌啼霜满天，江枫渔火对愁眠，姑苏城外寒山寺，夜半钟声到客船"。他说这首诗很令人迷恋，直把人们引向不到苏州不入流的感觉。此外，他还介绍了唐初四杰之首的王勃的《滕王阁序》中"落霞与孤鹜齐飞，秋水共长天一色"的名句，说这是王勃年少时在省亲途中路过江西南昌时，正逢滕王摆宴席庆祝"滕王阁"的落成典礼，滕王原本拟借此给其女婿扬名，席上坐满了来自各方的文人雅士，滕王先请他们题诗以示尊重，众人皆以不才婉拒，但到王勃座位前，王勃居然领写，滕王暗自恼怒，要知道写不好是要坐牢的。王勃一边写，一边有人传言给滕王，直到写此佳句时，滕王忽拍案叫绝。从此，"落霞与孤鹜齐飞，秋水共长天一色"这一名句被广为流传。有传说王勃遇难的地方，曾有一只鸟每天都叫着这一名句。直到有一天，有位文人路过时觉得句中与共多余，遂修改为："落霞孤鹜齐飞，秋水长天一色"。文人吟完后，这鸟也就飞走了。新加坡没有秋天这种美景，秋色是多么令人神往，他总想亲临其境去看个究竟！

新加坡是一个处于赤道地带的岛国，一年四季如夏，但四面环海，椰风蕉雨不断，早晚气温凉爽，中午气温尝常在35℃上下，是一个宜居城市，当地民谚："四时都是夏，一雨便成秋"，这种描述，真是恰如其分。他们绝大部分都是夏装，在校学生更是简单，每人准备两套足够应对，夏装校服也很分明，短衣短裤，上衣皆为白色，下装短裤则因各校有别，但也不过是黄、白、蓝三种颜色。王会仍在小学时穿的是短白衣，白衣口袋上端印有校名，蓝色短裤；中学校服，上装白色短衣，口袋上端别有校徽，下装为黄色短裤。校服隔天一换，短衣、短裤都熨得非常整洁，看上去也很漂亮、神气。王会仍的家在郊区，就像中国式的乡村，那里人称"山芭"，所以居住在此地的人们都自称"山芭佬"。他所在"山芭"四周都是椰林果树，有小溪流水，但无柏油马路，一下雨，小路泥泞，天一晴小路又恢复原样。小学时，学校离家有几里路程，天一亮就得起来喝咖啡、牛奶，吃几片面包，匆匆走路上学。校长很早就站在学校门口迎接学生，而每个学生也要向校长行礼，风雨无阻，校规严明。自上中学后，就不必步行上学了，但也要按时、按点去等待校车上学，所以上学也并不轻松。假期时，学校常会组织野外聚会，观看海滨城市的风光美景。新加坡的滨海、海港常年风平浪静，巧夺天工，海轮不断，

海的对面可以清晰地看到印度尼西亚的苏门答腊,海天一色,真让人心旷神怡。

新中国成立后的短短几年里,国威日盛,吸引了不少海外天涯游子的华侨儿女,归国的热潮方兴未艾,特别是东南亚一带的华侨子女,更是踊跃不止。1954年春夏之交,新加坡发生了一次学潮,之后华校的中学生中瞬间兴起了一股归国的热潮。王会仍和他的同学互相影响,心同归国,初时父母因其年少,举棋不定,对王会仍的初心不表支持,后经几番说服,父亲终于答应了王会仍的要求,买舟横渡回到祖国,于1954年7月初踏上了归程。人生自古伤离别,在离别的那天,母亲和同学们临行送别,泪别之情,难以言语形容;惜别之时,由于父亲航海于印度尼西亚,不能亲自为王会仍送别,一直愧疚于心。可怜天下父母心,王会仍已知足了。

人生总是难以回首,但又不能不回首。"文化大革命"之前,由于新加坡和中国制度不同,没有深交,王会仍回国的30年中,只能家书来往,可谓是"家书抵万金",好在"文化大革命"之后,中新关系渐行渐近,渐近渐暖,开始可以探亲了,终于1985年年末王会仍的父亲向当地政府申请签证,使王会仍首次从香港取道乘新加坡航空公司的飞机前往他曾经留迹的故地。那时,王会仍真不知道如何是好,一出机场,见到年老的父母及久别多年的弟妹,人间真情,此时此刻,难以抑制内心的激动。他的二弟更是不辞劳苦,开车带王会仍在高速路上环岛一圈,将近2小时的时间,走马看花地浏览了一下狮岛时下的风貌,令人目不暇接。当时,王会仍在老家大约逗留了3个月,重访故地,内心不胜感慨,于是写了一首诗和词,以表寸心。

狮城探亲

狮城一别念悠悠,故地重来数十秋。

往事如烟难记忆,双亲一见泪先流。

此外,为此填了"虞美人——狮城探亲感怀"一词:

多年别后回狮岛,故地情难了。

幼时往事梦怀中,物是人非何处觅留踪。

亲朋相见浓情在,只是容颜改。

风光绮丽尚存留,总是四时炎夏雨成秋。

狮城曾经是王会仍少年启蒙求知的摇篮。人生总是别多聚少,如今故地重逢,也许是情难自禁的一种流露吧!

第二节 一颗情怀中国心

只身离别双亲归国，虽已 60 余年，但回归的情景依然历历在目。那时，北渡 4 天后一踏上国土，首先听到的是喇叭中振奋人心的歌曲《歌唱祖国》："五星红旗迎风飘扬，胜利歌声多么响亮；歌唱我们亲爱的祖国，从今走向繁荣富强……"一听到这首歌，王老顿时热血沸腾，内心无比激动。

到达广州后，专为归国华侨办事的侨务部门（以下简称侨办）把王会仍和他的同学安排在广州石碑路上的"华侨中等补习学校"等待统一考试（简称统考）。他到达广州时，第一次统考已经过去，正好赶上第二次统考。大约过了 10 天才参加了统考，考点很近，就是当时的华南师范学院。还算幸运，王会仍在万众的考生中得以金榜题名。因对有"上有天堂，下有苏杭"之誉的杭州早有耳闻，于是王会仍欣然选了号称"天堂"的杭州。于 1954 年秋，被选往北上的侨生共乘几节列车，首先到达目的地下车的是杭州的侨生，王会仍被分配到"杭州第一初级中学"，即 2 年后改名的"杭州第四中学"。当时，他还纳闷，怎么会分配在这种等级较低的初中学校，入学之后才知道，这所学校是远近闻名的重点学校，是百人中仅一人能考进的学校。他们是当年第二批分配到此，侨生不少，连回去年的一共 108 人，真如梁山的"108个好汉"。学校环境在杭州也应属一流，学校离美景甲天下的西湖不远，大约步行 200m 的路程就可到达闻名千古的柳浪闻莺公园。公园内有"钱王祠"，杭州之所以有"钱塘"之称，也许与此有密切关系。沿湖名胜古迹不少。画舫轻舟，游览湖上，真是其乐无穷。西湖四季各有特色，春天，三月桃花，杨柳依依，临风飘絮；夏天，映日荷花，别样彤红；秋天，桂花飘香，观菊品茗；冬天，梅开岭上，傲霜斗雪，独具风味。每逢细雨蒙蒙之时，不禁让人想起苏东坡的诗，把西湖美景描写得惟妙惟肖："水光潋滟晴方好，山色空蒙雨亦奇。欲把西湖比西子，淡妆浓抹总相宜。"学校离吴山更近，登高望远，前可望西湖，后可览钱江如练，晨曦夕影，有时真不免令人遐想无限。校外四周如此空旷，校内环境也颇舒畅，两排长长的两层住宿楼非常整洁、宽敞。学校领导、班主任和老师对侨生都非常关心和照顾，使王会仍愉快地度过了 5 年中学生涯。

曾记得香港著名歌唱家张明敏在中央电视台春节联欢晚会上以充满热忱之心演唱的《我的中国心》："洋装虽然穿在身，我心依然是中国心。我的

祖先早已把我的一切烙上中国印。长江、长城,黄山、黄河,在我心中重千斤!无论何时,无论何地,心中一样亲。流在心里的血,澎湃着中华的声音,就算身在他乡也改变不了我的中国心。"和这首歌的歌词一样,王老在归国之初,也同样感到祖国的繁荣昌盛,前途无量,内心激情澎湃,在中学课外习作中,他也写下了一首新诗:"祖国啊,我带来一首歌",以表达他自己的中国心:

我回来了,
我终于回来了。
祖国,我伟大的母亲!
在这曙光东升的时刻,
我满脸红光地站在你的面前。

我来自东方的直布罗陀,
米字旗飘摇的海港,
我带来一首歌,
唱给你,黎明的使者,
——我的祖国,光辉的太阳!

啊,祖国,我伟大的母亲!
八年前,
十月的清晨,
毛主席洪亮的宣言响遍南国的时候,
多少人在椰影婆娑下雀跃欢唱。
我寄迹的狮岛,
顿时跳进了欢腾的海洋!

中国人得到这消息,
幸福的热流周身滚烫!
那橡胶园的胶工,
把劳动出来白色的胶汁,
在橡胶树上写下了自己激情的字行:

"啊，祖国，你新生啦！"
那早起的码头工人，
拉响了嗓子：
"我有母亲了！"
声音冲破了殖民地的牢房，
凌空向北方飞荡，
那裁缝店的缝工，
双手分外灵巧了，
用最快的速度，
赶制鲜红的五星旗，
为的是让它在岛空飘扬！

马来人得这信息，
偷偷地在耳边传讲：
"啊，北方升起了一个金黄色的太阳，
这太阳，
将照亮我们的地方，
让污秽的新加河翻滚起红色的波浪！
让我们更信心百倍地去寻找独立自由的太阳！"

啊，祖国，我伟大的母亲！
在那赤道线上的国度里，

多少个椰风蕉雨的夜晚，
多少个海滨的黄昏向北方遥望之时，
我想着你啊，想着你，
我仿佛看到了家乡炊烟袅袅上升的蓝空，
白鸽在愉快地翱翔！
我仿佛听到了丰收的山歌，
随着轻风四野飘荡！
多少个梦里，
我甜蜜地回到了你的身旁，

浙江中医临床名家 · 王会仍

阔步在天安门前的广场上，
听到了四面八方传来年轻机器的欢唱！
看到了毛主席丰盛的仪表和粗大的臂膀！

啊，祖国，我伟大的母亲！
我回来了，
我终于回来了。
这已不再是梦，也勿用再想，
在这曙光东升的时刻，
啊，祖国，
请容许你归来的儿子，
细细地把你端详，
在这一片刻，
我要把六亿同胞的幸福分享！

王会仍在杭州工作后经常漫步西湖，品茶赏景，常常流连忘返，留下了不少诗词。

西湖之春

最爱西湖三月天，三堤杨柳三堤烟。
千红万紫百花盛，尽是春光耀眼前。

春入西湖万木芳，桃红柳绿蝶飞狂。
暖风拂面游人醉，不愧休闲好地方！

层层柳浪遍湖前，曲径山涧啼杜鹃。
未见水流花落去，春风依旧暖人间。

萋萋芳草燕莺啼，杨柳青青绿满堤。
最爱西湖行不足，山光水色使人迷。

注：三堤指白堤、苏堤、杨公堤。

西湖秋吟

（一）

西湖赏月最宜秋，岁月无情逐水流。

数十年来居住地，山光水色永长留！

（二）

坐对西湖山外山，融融秋色满人间。

蓝天碧水风光美，游遍芳丛乐不还。

（三）

桂花八月满垅开，观菊品茶尽乐怀。

常得西湖秋色好，天高气爽自然来！

（四）

飞雁落霞霜叶红，斜阳芳草西湖浓。

淡云山水画中景，秋色迷人几度同？

（五）

老来奔走厌尘埃，龙井休闲节日来。

难得天公今作美，品茶赏景亦悠哉！

第三节 岐黄初学尚彷徨

云山苍苍，江水泱泱。人生在世，山高水长。王会仍在高考之前，曾经想读工科，毕业后做一名工程技术人员。那时的想法很单纯，总觉得祖国需要工科人才，做一名工程技术人员能更好地为国争光。但经思索再三，自知不是工科之料，最后转向学医了。其实，那时选择学医，想的是学西医，而在填志愿时也自不量力，选择的都是名牌名校，非北京、上海等地著名医学院校不填，谁知竟被录取于当时不太有名气的浙江中医学院（现浙江中医药大学）。当时因属初办，条件比较艰苦，学院规模很小，可能还不如王会仍此前就读的中学，教职员工不多，设备也非常简陋。学院也仅有一个中医医疗系，学制六年。他们这个系一共收了120个本科生，都来自本省各县市。

初学中医的王会仍既被中医博大精深的理论体系深深折服，又深感茫然，中医"阴阳""五行"的玄机使他备感学好中医的艰难。但是王会仍清醒地认识到要学好中医，别无捷径，只有狠下苦功，而中医经典著作饱含了中医之精髓，故一直坚持不懈地学习经典古籍，如《伤寒论》《金匮要略》《黄

帝内经》《温病条辨》《本草纲目》《景岳全书》《临证指南医案》《温疫论》等，背诵经典条文，并勤做笔记，博采众家之长，这为他此后的临床工作奠定了坚实的基础。

2年后中医主课《黄帝内经》《伤寒论》《金匮要略》《中药学》《方剂学》《中医诊断学》等基础理论学完后，王会仍开始了2个月的临床见习。这次见习，王会仍被分配到湖州市中医院跟随当地著名中医朱承汉院长见习。据说朱老在新中国成立前曾就读于上海中国医学院，不仅中医基础理论扎实，而且具有丰富的临床经验。王会仍有幸跟随朱老抄方见习，虽然只是短短的2个月时间，但收获颇丰，王会仍初次见识了中医的临床疗效，体会了中医独特的优势和魅力，对中医有了感性的认识。朱老对肝病有独到的治疗方法，对妇、儿、内科杂病也颇精通，尤为令人佩服的是，朱老不仅讲学条理清楚，且理论能与临床相结合，还具有一些现代医学知识，这也是王会仍最为佩服的地方。朱老是王会仍最佩服的良师之一。这时的王会仍，从理性到感性，仿佛有点"脱胎换骨"的变化。在海外之时，新加坡虽然也耳闻有几个坐堂中医，但家中少有问津，因自小身体不错，未吃过中药，也很少看西医。只有一次，竟忽然毫无缘由地头痛了好几天，看了一次西医未见效，还是堂姐采用刮痧方法，一下子使王会仍的头痛消失了，从此他非常信赖中医理疗的刮痧疗法。

毋庸讳言，王会仍初入中医药学之门时曾经彷徨，也许与以往所接受的几乎是现代知识的教育有关。3年前，在浙江中医药大学的首届同学会中，王会仍曾不无遗憾地写了一首诗：

> 岐黄初习尚彷徨，古典《内经》难入肠。
>
> 求是桥边勤种菜，和平馆内求索忙。
>
> 寒窗共读温馨在，学海同舟情更长。
>
> 别后重逢方恨少，《阳关》一曲尚悠扬。

回首当年，王会仍无不反思在校的学生时代，虚度了不少时光。也正因为如此，王会仍很赞成当前提倡向中、小学生进行中医文化的传播，应让中华民族的后代永远记得中医药学对人类所做出的卓越贡献！

第四节　杏林漫道勤求索

值得庆幸的是，王会仍在校学习的时候，除了进校之初曾经停课搞革新约半年之久外，其余时间，学习环境还是相对稳定的，大家都能静下心来听课。那时，浙江中医学院曾经附属于浙江医科大学，西医的课程大多数由浙江医科大学的老师负责，所以多数西医课程都要步行到浙江医科大学上课。虽然有一段路程，但大家都乐此不疲。2年多时间，他们上完了中西医课时后，于1964年7月开始进入临床实习。王会仍那时很幸运地被分配到浙江省中医院跟随省名老中医黄叔文进行临床实习。黄老擅长中医内科，尤善于治疗肝胆疾病、结核性脑膜炎、肺结核或伴有咯血的患者，这可能与其曾患肺结核有关，所以对这类疾病有独到的经验，他对肺结核并发大咯血者，善于独用野山人参，每每药到血止，那时人参虽属贵重药品，但只要符合医保制度都可使用。黄老早年是丽水地区的名医，勤业一生，待人和蔼，特别是医案书体清秀，且有国画根底，是医、书、画兼长的名老中医，当时师门有两位继承人，一位是由浙江省中医院自办的五年制中医学习班培养出来的从事防治心血管疾病的俞惠生主任医师；王会仍则是当时浙江省卫生厅指定的学术继承人，也是浙江中医药大学（原浙江中医学院）培养出来的首届毕业生。

令人自豪的是，在"文化大革命"前的浙江省中医院，是浙江省医疗技术力量最大的三大综合型医院（即浙江医科大学附属医院、浙江医科大学附属二院和浙江省中医院）之一，其前身就是浙江省立杭州医院。为了贯彻中医政策，响应毛泽东主席中西医结合的号召，浙江省卫生厅特地在其所属的浙江省立杭州医院的基础上，从全省各地县召选了当地著名的老中医一起，成立了浙江省中医院。王会仍当时庆幸自己能在这个名闻省内外的医院里拜名师实习，心情非常兴奋。当时，在浙江省中医院设有中医内科、外科、妇科、儿科、伤科、眼科、针灸科和推拿科；名老中医有久负盛名的魏长春副院长、吴士元主任及名家黄叔文、胡仲宣、陈杏生、夏明诚、吴颂康、裘笑梅、宣志泉、金文华、董正雅、余步卿、罗泰益、柏仲英等；除这些老前辈外，还有一位名闻全国的名老中医、浙江省卫生厅副厅长叶熙春，他每周都定期来浙江省中医院出门诊。浙江省中医院原本就是中、西医名医荟萃的医院，此时的中西医力量，不论内科、外科、胸外科、骨伤科、妇科、儿科、急诊科、耳鼻喉科等都很强大，所以前来求医者颇众。在这种良好的医疗环境下，王会仍更是喜出望外，他自认其一生能成为中医名家与前辈的培养和医院环境显然是密切相关的。

王会仍至今还记忆犹新的是，他在浙江省中医院中医病房实习的一段时间。过去，中医一直是坐堂行医，历代所受的教育也是师承授教。自从新中国成立后，在人民政府的关怀和重视下，中医药的发展从此有了光辉的岁月，

特别是 20 世纪 50 年代，全国掀起了兴办中医院校的热潮。中医不但有坐堂式的师徒相传的传统模式，而且走入了大医院，开始了校院结合的现代教育模式的传承和发扬，从而使中医走进了创新的新时代。那时的浙江省中医院很有开创性，最早设有独立的中医病房，王会仍初进中医病房时，特别有新鲜感和好奇感。浙江省中医院的病房设有 50 张左右的病床，因初次试行，住院病种只限于肾病、消化系统疾病、上呼吸道疾病及轻中度肺炎等适合于中医治疗的一类疾病，所以收住的绝大多数为溃疡病、肝硬化或伴有腹水、急慢性肾炎、急慢性肾盂肾炎或泌尿系感染等患者。病房设置很有新意，建立了类似于西医查房的制度，以中医主任为主及西医学习中医的高年制医师为副手，下有中医住院医师、中医实习生和一位西医住院医师的医疗队伍，每天查房一次。先由实习生或住院医师报告新患者病史，然后由中西医主任分别提问及分析病史后进行查房，完毕以后总汇开出新的中医处方及其相关医嘱。当时浙江省中医院的中医病房，由中医内科吴士元主任为主和西学中的徐慧云医师为副手，负责全病房的主导工作。此外，病房常驻的中医骨干有现在已是国医大师、浙江中医学院（现浙江中医药大学）的前院长葛琳仪教授和沈茂泉副主任医师。

王会仍认为，最使他获益的是能对一种疾病从诊断、鉴别诊断、治法及中医的辨证施治上进一步深入学习，比课堂里学习到的内容更为全面，且更能理论联系实际。他还认为，中医病房病历的书写与中医门诊病历比较，内容更加丰富，病史记录虽然有些西医化，但有一个优点就是保持着中医望、问、闻、切四诊的内涵，由此进行辨证施治的方式更有利于中医临床经验的总结，不论是对于发表论著或是弘扬中医药学，这一做法都非常值得称赞。这种病房的病历书写模式一直沿传至今，应该指出，中医有自己的病房和病历书写格式，不但是中医史上所没有的创新，也是中医发展的必然选择。

中医病房最大的特点就是采用了双轨制，标志着历来中医师徒传承的传统方式正向现代院校教学与临床相结合的传承与创新的方式发展。那时负责中医病房工作的吴士元主任为近代名医张山雷的门生，不但有深厚的中医理论基础，而且临床经验丰富，尤其擅长治疗消化系统疾病、外感热病、妇女经带病及老年性疾病。其曾与兰溪天一制药厂合作研制了"血脂灵""芙朴感冒冲剂"等新型中成药，临床疗效显著。据说他在新中国成立前就读于兰溪中医学校。还有一位是徐慧云老师，也是一位著名的西医主治医师，当年主治医师很少，不像现在这样容易晋升，徐老师的西医水平很高，每次查房前后对病例的分析都很精彩。所有这些都深深地影响着王会仍在中西医道路上的成长，特别是对他今后中医病房病历的书写帮助极大。令人遗憾的是，当时中医学院只教一些西医知识，而没有重视培养学生临床应急技能，当时的中医师不能单独值班，也不善于应急处理，所以值班都由西医师替代，这种"学不致用"而流于形式的教学方式，也许是深受"纯中医"理念的影响所致。"金无足赤，人无完人"，至今王会仍仍然认为提倡"纯中医"也与西医一样具有"排他"的性质。其实，现代的中医，已经没有"纯"的东西了，中医讲究用词，书法，理、法、方、药顺序等传统已被计算机部分替代了。古人说得好：海纳百川，有容乃大。这是中医药传承创新、走向世界的必由之路。

在中医病房里，王会仍认为最有心得和最有意义的是疑难病例的大会诊。在会诊中，聆听到不少专家各有特色的精辟分析，真令人耳目一新，特别是发热待查的病例，总是偏向有别，经常请医院的楼彦衡、马逢顺和马孔阜三大主任及时任浙江医科大学的副校长、我国著名的传染病学家王季午教授前来会诊。由于他们研究的专业不同，分析思路也常偏向有别，如专研心血管疾病的楼彦衡主任，往往都偏向于心内膜炎等心脏病的诊断；专研血液病的马逢顺主任多偏向于淋巴肉瘤等疾病方面的诊断；而马孔阜主任对内分泌疾病颇有研究，他的分析多引向内分泌疾病的诊断；王季午教授分析较为多面化，有时也常涉及肿瘤方面的话题。作为实习生的王会仍，一边听，一边记录，这也是他每天需要完成的病历记录。此外，病房也常邀请医院的名老中医前来会诊，但罕有大会诊的形式，因中医名家更是争议不断，很难统一成一个处方，而多采取个别式处方进行治疗。王会仍经常跟随黄叔文老师去西医病房会诊，一般都是一些疑难杂症，因黄老善于治疗结核性脑膜炎，多数会诊病例都属于此。同此，王会仍也常从中获得一些治疗经验。

在毕业实习之前，学校就已经根据每人的志愿安排科目，王会仍选择的专业方向为中医临床内科，故在中医内科实习的时间长达半年以上。但在他完成中医内科的临床实习后，还需要在相关的中医儿科、妇科及针灸科轮转实习，其中针灸科实习的时间最长，需时 2 个月。其间，曾跟随过名老中医裘笑梅及儿科名医宣志泉各抄方 1 个月。裘老号称"送子观音"，除擅长治疗月经失调、子宫内膜异位症、子宫肌瘤等妇科疑难杂症外，尤善于治疗女子不孕症，是浙江省内外知名的"妇科圣手"；宣老善治急、慢惊风，风靡省内外，是治疗儿科疾病的高手。浙江省中医院的针灸科名驰遐迩，科内有位擅长针灸的名老中医金文华，精于手法，常常针至病除，据传他有对放在水中漂浮的软木塞施针，能使之入木三分而水波不兴的高超针灸技术。他生平嗜酒，听说酒后针术施展更能得心应手，是否真如所说，王会仍也只是耳闻而已，深感可惜的是，王会仍与之无缘。其后，他被分配跟随针灸名家董正雅医师，得其精心教导，虽无精深造诣，但获益良多。王会仍至今追忆此事，认为针灸科实习的经验，对其毕业后参加医疗队培训农村的"赤脚医生"及在农村为广大的农民群众服务，显然有很大的帮助。

天道酬勤，王会仍多年的努力学习，从理论到临床实践，从彷徨到爱好，对中医的认识更加深入，行医的能力日益精进。毕业之时，他被浙江省卫生厅选为省内24名老中医经验继承人之一，但遗憾的是，由于当时正值"文化大革命"而被终止。不言而喻，日后在成名的道路上只能靠他自己的努力拼搏了。

第五节　风风雨雨中医路

说实话，王会仍早期从事中医临床时正值"文化大革命"之初，因尚无独立的临床实践，所以一切都要从零开始。他感到最荣幸的是被列入浙江省抢救继承名老中医的第一批24名先行者之一，跟随名老中医黄叔文老师。当时，同行到浙江省中医院的还有吴良村、徐素仙、李树康、许文波、鲁贤昌、盛玉风等共7位同学。他们分别是魏长春、叶熙春、胡仲宣、金文华、余步卿、裘笑梅等省级名老中医的继承人。刚到浙江省中医院不久，为响应毛泽东主席"把医疗卫生工作的重点放到农村去"的号召，王会仍被派往浙江医科大学附属医院参加社教医疗队下乡进行巡回医疗。王会仍参加的是浙江医科大学附属第二医院组成的巡回医疗队，地点在永康县。那时，浙江医科大学附属第二医院医疗队的医务人员，有后来曾任过浙江医科大学校长的郑树、浙江省政协副主席丁德云副校长；还有资深的专家、教授，如李天助副院长及周淮生、杨明达等高年资的医师，领队的队长为浙江医科大学附属第二医院总支书记邓云，一行浩浩荡荡送医送药上门，为贫下中农服务并接受再教育。

赴永康县的巡回医疗队分3个小分队，均由浙江医科大学附属第二医院包干。当时，永康县的社教工作队总部设在倪宅，王会仍所在的医疗队定点不在倪宅，而是离永康县不远的溪岸公社。这里交通方便，所在的地点紧靠公路旁边。巡回医疗队安置在农村的二层楼内，面积不算大，有个小天井，条件在农村已是不算差了。因为是农房,外科手术需要符合卫生条件,所以一入住后大家就一齐动手在一楼打扫出一间手术室,其他所剩房间就供门诊和药房使用。二楼则是队员居住,大家都睡在稻草地铺上,虽然有点寒酸,但挤在一起,也算暖和了。

医疗队的任务并不复杂,分工也很简单,也就是门诊、外科手术和到村里巡回医疗。每天都有两两组成的几组人马,多数早上出去,下午4~5点回来。因为浙江医科大学都有实习生分批前来参加巡诊,所以王会仍常与一位实习生作伴。巡诊之前,备好药箱,装好一些常用的药物即可。王会仍参加社教医疗队长达1年的时间,其间辗转于永康县的村村户户,从平原到山区,足迹所至几乎达永康县一半以上。最使人记忆犹新的是,那个时代的农村没有一个像样的卫生所,很多农民都是小病不治而成大病,甚至是不治而亡。在医疗队期间有一个任务就是帮训公社的"赤脚医生",目的是培养一个"不走的医疗队"。王会仍负责的工作是教会"赤脚医生"针灸疗法。这个任务还算轻松,凭着曾经在针灸科的实习经历,虽然手法不很精炼,但应对"赤脚医生"的需求,还是可以的,这是王会仍初试牛刀,既做老师,又是单独实践的机遇。最有趣的是对聋哑患者的治疗,前来针灸的患者,绝大多数是青少年,而且难以想象是,竟有不少患者的病因是"盯聍"或损伤于中耳炎,好在王会仍那时也从浙江医科大学附属第二医院医师处学会耳鼻咽喉科疾病诊治的一些皮毛,他给患者取出盯聍后,有的聋哑孩子竟手舞足蹈起来,但可惜的是耳能听声,但口仍"哑呀"难以言语。这些聋哑青少年患者通过针灸治疗后确能使其增进听力,所以王会仍认为如果当时能在此基础上加以言语培训,必能有所收获。那时的巡回医疗队只配备西药,他是中医,因而除针灸外别无所为。只是有一次医疗队中,有一少年因术后应用青霉素而致过敏性紫癜性肾炎,经使用皮质激素仍无明显疗效后,队里要求王会仍采用中医药治疗。说实话,此时的王会仍中医临床尚欠火候,怀着初生牛犊不怕虎的心情,初步使用了具有益气养阴、收敛固涩功效的"当归六黄汤",重用黄芪、当归、地黄。用药后1周左右,患者病情大见好转,皮肤紫癜退而未净,治疗半月余,紫癜消退,遗留的蛋白尿仍然未见消失,经多次尿检,尿中蛋白总是+~++。1个月之后,王会仍被调到另一个医疗队而未能继续进行治疗。这是他首次的中医临床实践,虽未能将患者彻底治愈,但中医药的疗效显然是显著的。从此,他一直坚信,在某些方面,中医药有令人难以意料的治疗效果。

第二章

名师指引

第一节　抓住机遇勤学习

1966年是一段不平凡岁月的开端。社教工作队及社教巡回医疗队被解散，所有人员都相继回归所在单位。王会仍也就在那年末回到了浙江省中医院正式从事中医内科临床工作。在王会仍的眼里，浙江省中医院已经"变了样"，那些他熟悉的专家学者，已经被剥夺了医生的职业和权利，除参加劳动外，无时无刻地都要接受批判。毫不夸张地说，此时的浙江省中医院可谓是"深山无老虎"之时，俨然到了包括王会仍在内的众多后辈们"猴子称霸王"的时期了。所幸的是，中医病房还留有原中医内科吴士元主任，但已没有具有西学中角色的专家徐慧云医师了。查房前，还是老样，代之而来的是吴士元主任分析新住院患者的病史，然后进行查房。带领王会仍他们的西医师是王联森副主任医师，常驻的中医师仍然是葛琳仪老院长及沈茂泉副主任医师，王会仍及其他中医内科医师一般 3～6 个月一轮换。1971 年后，葛老院长和王联森副主任医师因需调往浙江省老年慢性支气管炎防治协作组，后继的是戴维民副主任医师。

最激荡的时期，应该是 1967 年后的 3 年时间。在这期间，医院内也同样有自称为"造反派"的两大派，只不过人数不同而已。小心翼翼的王会仍也难逃避现实，他参加了医院的"造反派"队伍，但他和两派的医务人员都和睦相处。因为他是一个归侨，担心因海外关系而被当作"里通外国"的特务而被批斗。一般来说，医院绝大多数都是手无缚鸡之力的知识分子，有时也有批斗会，但总是和风细雨的。即使这样，医院也并非世外桃源，几乎每天忙完医疗工作后，晚上都要开科室会，而且还要经常轮换下乡参加巡回医疗队，既没有空余时间读医学书籍，也没有可供参考的资料，只能在临床实践中加以提高。但也并非"无师自通"，因为那时还有名老中医吴士元主任及一些高年制中西医师指导学习，只是欠缺医疗知识的更新。

20世纪70年代，中美建交后，加快了我国与西方的交往，医学界开始出现了人们梦寐以求的信息交流，那时王会仍的心里有一种"似曾相识燕归来"的感觉。正是这种变化的初期，开始陆续有一些医学参考书面世，但多数为内部参考资料。特别值得一提的是，浙江省宁波市出版的《医学文选》，虽说是地区性的"内部资料"，但其影响力非同小可，因有颇多知名专家学者参加了撰写，所以深受大家欢迎。这个内部资料，很多都属赠阅。王会仍比较幸运，因与浙江省防治老年慢性支气管炎办公室交往密切，每期出版的《医学文选》都能先睹为快。应该说，此时读书已成为一种需要，以往常受批判的所谓"白专道路"已悄然而去。王会仍一直爱好读书，自然不会放过这大好时机，他经常逛书店，凡有新书几乎都是一册在手为快。

"文化大革命"之后，开始了"抓革命，促生产"，浙江省成立了军管会，随后不久又以老中青三结合的方式成立了浙江省革命委员会，由于军队及工人组成的军宣队和工宣队联合进驻学校、机关事业单位及医院，这时期医院相对平静，已停止对名老中医和"学术权威"进行批斗，他们也逐渐回到科室进行医疗活动。可即使如此，也难以恢复到"文化大革命"前的状况了。原来指定带王会仍的黄叔文老师因年老多病住院治疗，不久就辞世了，这对王会仍来说，显然是一大痛事。

王会仍在中医前进的道路上的最大转折点是1971年。那时，国务院为开展攻克"老年慢性气管炎"，下发了文件，由此全国各地兴起了防治和研究"老年慢性支气管炎"的热潮，浙江省也不甘落后，及时组建了浙江省防治老年慢性气管炎办公室，地址就设在浙江省医学科学研究院（原浙江省人民卫生实验院）。与此同时，由浙江省中医院、浙江省医学科学研究院、杭州胡庆余堂药厂组成一支集临床、科研、制药为一体的浙江省防治慢性气管炎协作组（以下简称协作组），直接归属于浙江省防治慢性气管炎办公室领导，地点设在浙江省中医院。由于临床工作的需要，王会仍被调到协作组从事防治药物的临床验证工作。在这期间，他认为最大的收获是能熟悉科研及医学统计方法，这对他以后提高学术论文的写作能力大有帮助。防治"老年慢性支气管炎"主要是寻找中草药，对民间传说的单方验方或中医历代名家治疗"咳喘证"的方药进行筛选，第一步是通过动物实验对其疗效及安全性进行评估；

第二步是药厂制成药片或胶丸等中成药；第三步是投入临床验证。王会仍所在的协作组最早研究的是七叶一枝花，但为时不长；后继研究的是侧柏叶及山苍子油胶丸，为了进行疗效验证，他们的足迹遍及台州、诸暨及杭州留下等农村。观察内容主要是咳、痰、喘、哮四大主症；中医辨证分型为寒、热、燥、湿四大证型；西医只分两型，即单纯型和喘息型；诊断靠望、问、闻、切及听筒辨别是否属于单纯型或喘息型支气管炎；生化指标只需血、尿、便常规及肝、肾功能等检查；必要时进行胸片及心电图检查。临床验证前均填好观察表格，按病情轻、中、重，性别、年龄，采用随机分组法以比较疗效与疗程、中西医分型与疗效及其不良反应，每 7 天为 1 个疗程，观察 2 个疗程后进行验证总结，王会仍在浙江省防治慢性气管炎协作组工作约 6 年，他与同道们一起所进行的临床与实验研究，先后进行了总结，并撰写多篇论文多次在"全国防治慢性气管炎大会"上进行交流，这些科研成果均获得省、市科技成果二、三等奖。直到全国重新恢复出版发行各类医学杂志后，王会仍将其所撰写的论文首先在相关的中医杂志上发表，深受读者欢迎。

第二节　前程渐觉风光好

自党的"三中全会"以后，恰似"久旱逢甘霖"，改革的春风吹遍了中国的大地，新时期一切都在"百废待兴"之中。防治"老年慢性支气管炎"的工作也已经时过境迁，风光不再。大约于总结"山苍子油胶丸防治老年慢性气管炎"的实验与临床研究之后，浙江省中医院的马孔阜、刘钟盐主任创建了"中心实验室"，在浙江省卫生厅的大力支持下，引进了一些先进的医疗设备，特别是从德国和丹麦引进了大型的肺功能测定仪及自动型"血气分析仪"，并先后应用于"山苍子油胶丸"及对"慢性支气管炎"的中西医结合分型进行了客观的分析和研究，进一步提高了中西医结合的学术水平。

马孔阜主任对引进国外的医疗设备是具有超前意识的，对他个人来说也是一个艰难的过程。他为完成这项任务，耗费了不少精力奔走在浙江省卫生厅和与外商谈判之间，最终胜利地完成这一项并不简单的工作。浙江省中医院所拥有的先进医疗设备，除天津市和平医院及北京的中国医学科学院阜外医院之外，特别是超声断层扫描仪（简称 B 超）和肺功能测定仪更是在浙江省独占鳌头，这对浙江省中医院医疗事业的发展显然起到了如虎添翼的作用。自此以后，王会仍除参加"肺功能研究室"的工作外，每周三、五上午还参加"老年慢性支气管炎"为主的呼吸系统疾病门诊工作。其手头的参考文献极少,为了适应肺功能工作的开展,仅找到的一本可供参考的文献为吴绍青教授等编写的《肺功能测验》,但引进的肺功能仪的各项操作方法及新指标已大大超出该书的内容。为此,马老亲自挂帅,他参考了国外的文献及仪器使用说明书,反复试验,经过浙江省中医院肺功能研究室同道的不断努力,终于达到了所需的标准和要求。此后,全国各地前来参观和咨询者接踵而来,那时在浙江省防治老年慢性支气管炎办公室的支持下,肺功能研究室负责召开了"肺功能讲习会",并邀请了京、津、沪等知名专家专门进行讲座,深受从事呼吸系统疾病同道的称赞。也由于此,该肺功能研究室被卫生部指定为全国三大肺功能研究基地之一。

王会仍在浙江省中医院最大的机遇就是有一个良好的读书和求知环境。在肺功能研究室的这段时间,他有一种技术突飞猛进的感觉。一是有难得的良师相伴以教导,二是有一个包含中外杂志及书籍的可供浏览的图书馆。马老经常在科里开讲,传授当代最新的医学知识和进展。首先给王会仍的感觉是马老的学识很新潮,而且科研思路很有超前意识且执着,如为了研究心脏三维超声图像及肺音图,他特为此引进一位浙江大学计算机系本科生,虽然也争取到浙江省卫生厅的科研项目,也做了一些前期的工作,但生前一直未能如愿;特别是肺音图的科研设想,原本来自日本学者的研究,限于当时的技术条件,并非一个单位单枪匹马所能做到的事,故未能继续开展。马老虽为资深的西医专家,但颇热衷于中西医结合,他曾在中医病房指导查房,名老中医李学铭也曾与他协作进行过肾病的研究,很受李老的好评。

此外,王会仍还得益于浙江省中医院已故的名老中医杨继荪老院长的教导。在"文化大革命"以前,王会仍早就耳闻杨老大名,但一直未曾谋面,直至1971年后,杨老从其他医院调到浙江省中医院工作,王会仍至今还牢记不忘与杨老相处的日子。杨老是一位博古通今、思维敏捷、学验俱丰的国家级名老中医,一生为人谦和,提倡"继承不泥古,创新不离宗",擅长治疗内科杂病,如冠心病、高血压、肺心病、中风、肝胆脾胃病以及多种中医急证如热病、湿温、血证等。在任浙江省中医院院长期间,杨老为中医院的建设及引进先进的新医疗设备做出了很大的贡献;同时,在培养和提高后代学术方面也竭尽全力做好其传承工作,是深受浙江省中医院职工爱戴的中医临床学家。王会仍与杨老虽不是师承关系,但却胜出师承,他经常聆听杨老的教导,学习其精湛的学术观点和治疗经验。另外,还有一位精通心血管疾病的知名教授陈过老卫生厅厅长,也曾经在浙江省中医院以中医为主的三病区

浙江中医临床名家·王会仍

参加查房。杨老和陈老早就有知交之谊，那时二老还合写了《肺心病防治手册》一书，供广大从事呼吸系统疾病的医务人员参考。杨老对王会仍还有提携之恩，"文化大革命"之后在筹备成立浙江省中医药学会时，杨老负责筹备工作，他特地安排了王会仍作筹备组秘书。在浙江省中医药学会成立后，王会仍被推选为学会理事，任首届中医内科学会秘书。

"读书破万卷，下笔如有神"。在王会仍成长的医学道路上，他自认为读书虽不能破万卷，但一生笔耕不辍倒是确有其事。他之所以能有书读，有杂志阅览，有中外古今书籍和中外文杂志看，当然要有一个可供阅读的场所和书屋。这个场所和书屋就是浙江省中医院图书馆。浙江省中医院的图书馆虽然面积不大，比较简陋，比不上院外那些图书馆场面大、藏书丰富，但中外杂志及一些可供参考的古今名著还是不少的。王会仍大半的业余时间都浸泡在浙江省中医院的图书馆里。古人常有"书中自有黄金屋""书中自有颜如玉"之说，这种说法常常遭到批判，但王会仍认为这句话不能负面地曲解为只要读书，就能获得"黄金"般的生活享受，应该正面理解为"读书"是广求博取知识的源泉。应该说，人们的观点不同，看书的感觉也有差别，有位文学家曾以《红楼梦》为例，你以"淫"去看，它就是"淫"；你以正确的眼光去看，它就是一本值得读的好书，因而王会仍特别强调，读书的态度一定要端正，读后要有所心得才行。虽然如此，王会仍也不提倡"两耳不闻窗外事，一心只读圣贤书"，所以他在读书之外，非常喜欢听专家的学术讲座，耳濡目染，融会新知更能胜出一筹。说到写论文或综述，在毕业后的几年里，他连想都不敢想，更不要说写作了。自从参加防治"老年慢性支气管炎"后，撰写临床报道已是家常便饭。他记得最初的论文是在"文化大革命"后的初期发表在《新中医杂志》上，题目是《祖国医学对慢性气管炎的认识与治疗》。自此以后，王老更是马不停蹄，陆续又撰写了《中西医综合疗法在慢性气管炎临床应用中的初步体会》《慢性肺心病中西医结合分型和治疗的探讨》《变应性亚败血症中西医结合治疗的初步研究》《香叶醇胶丸治疗慢性支气管炎的临床研究》等论文；于20世纪80年代起，他发表的论文更为常见，如《肺气虚与肺功能变化规律的初步探讨》《中西医结合治疗42例慢性阻塞性肺疾病的疗效观察》《从心肺功能变化看肺气与心血的关系》《肺气虚患者舌下瘀筋程度与肺功能变化规律的探讨》《参麦针对慢性肺心病低氧血症及酸碱失衡的影响》《绞股蓝冲剂治疗白细胞减少症及高脂血症》《益气活血法治疗慢性阻塞性肺疾病的临床研究》等多篇论著分别发表于《中医杂志》《中国医药学报》（现称《中华中医药杂志》）、《中国中西医结合杂志》《中成药杂志》等国家一级的知名杂志。

　　"天才在于努力，成功在于积累"。除了撰写论文外，王会仍对综述及讲座类文章，也颇热衷。撰写一篇具有参考价值的综述性文章，不是一蹴而就的，必须博览群书，善于寻找热点，并有较强的集思博采能力。他开始写综述，起初只涉及中医药学领域，所写不多。有一次，由于浙江省中医院已故中医眼科专家柏超然名家常在《上海中医药杂志》上发表论文，与该刊编辑部比较熟悉，他建议王会仍也不妨一试，于是王会仍写了一篇有关"亚败血症"的中医诊治综述，王会仍自认为这类综述尚不多见，本来已将要发表，后来编辑部告知因这类文章已有人综述了，不拟再予发表。其实，综述类文章都是取之原文作者的内容，重复采用一些原意不可避免，而且王会仍这篇文章有自己的取舍和观点，步入抄袭之嫌自认无奈，从此以后他不再写中医药类的综述，因为写这类文章的国内作者太多了，几乎俯首皆是。也正因为如此，他开始转变于撰写国外文献的综述文章。以往，王会仍在国外时学了一些英语，但只知皮毛，并未深入，且多年未曾接触，几乎忘得一干二净了；只是日文，在大学时学了一些，不过也是一个门外汉。为了准确地进行翻译，他选择从日文资料着手，因为日文与中文，在许多方面存在字同义，但也有字同而义异者。王会仍为此特别购买了不少日汉两用辞典及中医院校日语统一教材，每天无时无刻地坚持自学，浏览相关文献资料，熟悉医学用语，除了在浙江省中医院拥有的一些日文资料外，他还在浙江省科委下属的科技图书馆借阅一些相关资料。经过艰辛的努力，王会仍于 1986 年首次在《国外医学：呼吸分册》（现已改为《国际呼吸杂志》）发表了《糖尿病与肺的研究概况》；继后，又在《医师进修杂志》、浙江省内的《现代应用药学杂志》、《浙江医学情报》（现在改为《浙江实用医学杂志》）等医学杂志上陆续发表近 10 篇综述，虽然都是参考外文文献所写以现代医学为内容的文章，但对他来说也是一种学习和锻炼。20 世纪 90 年代以来，在他带教的学生中，为了提高他们的学术水平，他又经常指导这些学生进行综述的撰写，近几年来已在《国际呼吸杂志》《国外医学：老年医学分册》上发表综述 10 余篇。

　　王会仍一生读书不拘一格，中意的文献资料不但抄录、复印，而且不惜重金购买以一睹为快。此外，他还喜欢剪集一些报刊，甚至一些路边小报，凡有参考价值的内容他都会剪贴收集成本，至今已有 10 余本之多。他个人认为，别小看这些短文，有的知识大有胜读一本教材的作用。

报刊小报也是科普知识的传播者，很多人们未知的知识往往在这些报刊、小报上获得。过去，人们知道，古代杀人常用"鹤顶红"，因其杀人无数，且无法救治；当然，还有"砒霜"之类，古人也将其列为最毒杀人之物，但含有砒霜成分的中成药在中医药丸、锭、散等中又并非罕见，更奇妙的是，从民间秘方中发现含有三氧化二砷（即砒霜）毒性成分者居然对白血病具有良好的治疗效果，且实验表明还有平喘作用；还有一个很少为人所知的杀人药物马钱子，因为这药会使人抽筋而死，所以它的名称是"牵机（肌）散"，真所谓是"实至名归"。历史上有一位五代十国时期南唐末代皇帝李煜，他因善写诗词而名扬后世，因有亡国怨恨而写了一首流传千古的名作《虞美人》，因此而遭杀身之祸，当时毒死李煜的就是马钱子酿成的"牵机（肌）酒"。众所周知，马钱子又称番木鳖，其入药一般都认为始载于明代李时珍的《本草纲目》。其实并非如此，马钱子原为西域所产，元代以前可能已传入中国，宋代之前可能并未收录。马钱子之毒性剧烈，通络止痛有奇效，并能散结消肿，所含的主要成分为番木鳖碱，对肌肉有兴奋作用，自古以来就常外用治疗喉痹症、面神经麻痹、三叉神经痛、带状疱疹、银屑病、手足瘫；内服治疗呼吸肌麻痹、格林－巴利综合征及不射精症，近年浙江省中医院裘昌林教授忽发奇招，应用极小剂量做成胶囊剂型，作为治疗重症肌无力的科研课题，并初步进行临床试验，结论尚待确定。诸如此类具有毒性成分的中药，如雷公藤、昆明山海棠、蟾蜍等只要掌握好安全剂量、做好炮制及提取有效剂量，经过从实验动物到人的应用程序，去毒为宝应是可取的。王会仍指出，这些知识往往在中医教材或中医药物和方剂中很难见有记载，往往是尊古者多，融会者少。他认为报刊、小报版面虽小，但阅后获益良多，且趣味性强，有些内容也颇引人入胜。

声 名 鹊 起

第一节　身有医术气自华

人逢喜事精神爽，所谓'喜事'、在王老眼里，不求名利，只求在医学领域能做到精益求精，提高自身的学术水平并有所收获就是他自己的"喜事"，这也是他一生的向往和追求。"文化大革命"之前，在校时他得益于著名经方学家何任教授及吴颂康、泮国贤、史沛棠、泮澄濂等知名中医学者的教导，临床实践时又得到朱承汉、黄叔文、吴士元等名老中医临床学家的经验传承；"文化大革命"之后时逢盛世开启，最值一表的是跟随西医名家马孔阜及刘钟盐两位教授一起从事肺功能及呼吸系统疾病的临床研究，他对这两位主任丰富的医学知识及敬业精神深为钦佩；同时，王老在这段时期里又常聆听名老中医杨继荪老院长的教诲。所有这些，都是助他成就为一名中西医兼容者的缘由。他一路走来，虽有艰辛，也有甜蜜。从住院医师、主治医师、副主任医师、主任医师到第一届浙江省名中医及第二批全国老中医药专家学术经验继承工作指导老师，大约经历了20年的时间，王老的医术也从此得到了进一步的提高。同时，他在浙江省防治慢性气管炎协作组的科研工作结束之后，取得了浙江省卫生厅的科研项目"慢性肺心病的临床研究"及浙江省自然科学基金会项目"肺气虚与慢性阻塞性肺疾病关系的临床研究"，并获得浙江省卫生厅科技成果三等奖。这是王老首次独立申请获批的科研项目，他也曾以此为荣。

"海阔凭鱼跃，天高任鸟飞"。由于王老勤奋好学，临床和科研能力有了进一步提高，于1996年获得了"浙汇省名中医"的荣誉称号；旋即于1997年1月又获得了"第二批全国老中医药专家学术经验继承工作指导老师"的

荣誉称号，开始带领高徒进行学术传承工作。人们都说："严师出高徒"，王老的两位高徒骆仙芳和蔡宛如在当时都已有 10 年以上的临床经验，在医院两级分科后的呼吸科病房都能掌握中西医两套本领。这与以往的中医师不能独立值班已有天壤之别，她们不但能独立值班，而且能参加夜间的二呼会诊（即病区当班医生无法解决疑难病的处理时呼叫负责当班的上级医师）。因此，王老认为他只能在中医学术上起到领路人的作用，说到底是师徒相互学习的过程。皇天不负有心人，两位高才生不但具有领导能力，而且胜任教学、科研、临床的各项任务，一个任浙江省中医院肺功能研究室主任，着重于开展临床科研；另一个则任呼吸内科主任，着重于临床、科研、教学工作，一直至转任浙江中医药大学附属新华医院的院长，一路凯歌高奏中带领着她们旗下的硕士生和博士生不断取得新的成果，他们在呼吸领域中都各有千秋。任院长的蔡宛如教授已是当下的省级名中医、国医名师和全国老中医药专家学术经验继承工作指导老师，她的硕、博士研究生先后算来已数十名之多。在几年之前，已完成国家中医药管理局建立以王老命名的"名医工作室"的任务，并深受好评。名医工作室的人才更多，除骆仙芳、蔡宛如两位外，还囊括了王真、陈芳、李晓娟、王媛、赵玮、徐婷贞、洪辉华、徐俪颖等众多子弟，且不少是已具备硕、博士研究生学历的高才生，为名医工作室的发展奠定了坚实的基础。王老为这些杰出人才组成的团队深感自豪！

王老一直以来为人低调，一生孜孜不倦地奉献于中医药事业。在他的一生中，还有一些鲜为人知的事情。值得一说的是，20 世纪 70 年代王老曾为当今名誉海内外的抗衰老保健品"青春宝"出过力。王老至今还记得浙江省卫生厅中医处的张詠泉同志，通过时任浙江省中医院办公室主任的朱鹏飞（后为浙江中医学院的院长）委托他对两个保健品方写一个审批意见，分别名叫"青春恢复片"和"妇女青春恢复片"，可能是保密的原因，当时并未透露为明代宫廷秘方。张詠泉同志只告知，两方均已经浙江医科大学药理实验证实具有抗衰老作用，因港商急要制成中成药向外推销，希望能尽快成文上报，于是王老只能根据其处方的内容进行评析，所给的两方中，王老认为既然都是"青春恢复片"，不必重复采用"妇女青春恢复片"之方。因此，他只给名为"青春恢复片"写了评述，由医院办公室盖章上交张詠泉同志。此后，王老曾几次与一些医界人士参加杭州第二中药厂的座谈会，并有"青春恢复片"赠用，在香港上市后更名为"青春宝"，一时蜚声鹊起，名震中外。为了更好地发展和扩大"青春宝"这一具有抗衰老优势的保健品的影响力，其后厂方又邀请了以著名临床学家杨继荪为主，联合省内诸多中医界的名老中医组成的专家团一起对"青春宝"重新进行评议。鉴于此方原属于宫廷内部养生保健用方，专家们一致认为，青春不易恢复，港方命名为"青春宝"与人们愿望颇相吻合，并将之定位为明代宫廷用方。从此，"青春宝"产品，一路顺风，至今仍深受广大消费者的欢迎。这次集思广益的评议会，虽然王老并未受邀，但名老中医们的客观评论，王老自认为这是他望尘莫及的。

第二节 熔古铸就谱新篇

中医药自古就未曾停止过对外交流的步伐。改革开放以来，我国原创的传统中医药开始走向世界舞台，不仅起着与西方主流医学相互弥补的良好作用，也传播了优秀的中医文化，目前已与 183 个国家签订合作协议，前景十分喜人。

众所周知，借助于文艺复兴后的欧洲，现代医学的兴起及走向世界为时并不长，而传统的中医药学约在 6 世纪就已经传至朝鲜、日本等国，由于中医药学所蕴含的丰富文化内涵和治疗实效，日本、朝鲜两国陆续派人前来学习，并把学到的中医药学理论和实践经验带回他们的国家，将之发扬光大，根植于本土医学，直至现在仍沿用不衰。公元 7 世纪前后，唐代玄奘西天取经，推动了中印的医学交流，同时通过阿拉伯、波斯等国向欧洲传播也早已有之。直到明代著名航海家郑和七下西洋开创了规模空前的海上丝绸之路，推动了世界各国与中国海上交易的发展，中医药的中外交流也借势而上，得到了新的发展。世间曾流传"海水到处，都有华侨华人"，特别是临近中国南海的众多东南亚国家，中医药的传播尤见兴盛。王老早先在新加坡时，虽然有个别诊所开展中医医疗服务，但缺乏知名度。1985 年，王老重返故地探亲之时，他耳闻目睹了当地的中医发展情况。当地不但拥有一千多名医生从事中医诊疗工作，而且还有新加坡中医学院、新加坡同济中医药研究学院及新加坡中医公会等中医组织。新加坡当时是东南亚中医药传播的中心，前几年中医针灸治疗已获得了当地政府的认可，可以通过考试取得行医的资格。王老在探亲期间，曾被邀请在新加坡中医公会及新加坡同济中医药研究学院做过专题讲座，当时中新因未建交，中医学界多邀请我国台湾的中医学者进行学术讲座。如今已不同以往，已有颇多新加坡的中医从业人士前来我国大陆深造，其中取得硕士及博士学位者也为数不少，近年南京中医药大学与新加坡中医学院有合作关系，据说新加坡中医学院的现任院长是南京中医药大学的一位教授。东南亚一带求学中医的人士，都有坚实的中文基础，有的古文知识还非常深厚，所以对中医药的理解能力极强，是海外传承中医的强大力量。

最令人兴奋的是，乘着"一带一路"倡议的东风，作为历经锤炼的中国原创的中医药学正在走向世界与主流医学的西方医学一起服务于人类的健康。最近，新消息不断传来，中医药已被世界卫生组织（WHO）以主流医学进行收载。可以设想，中医药的传承发展将迎来新的机遇。

纵观当下，鉴于现代医学对很多疾病的疗效不够理想或有较明显的不良反应，世界各国药企都转向经过长期临床应用证明安全有效的传统医学，政府和民间大量资金投向对传统医学的研究，如美国政府专门资助建立了过敏性哮喘、肠易激综合征、癌症辅助等数个中医药治疗研究中心，在美国一些著名的大学如哈佛大学、斯坦福大学等都建立了专门研究室，据统计目前美国有中医药机构146个，研究内容涉及针灸原理、艾滋病治疗等，并研究从中草药中提取有效化学成分。德国有百余家机构经营中药或植物药，10余个中药研究机构，它们对中药活性成分的提取、质量检测、体内代谢和药剂特性的研究很有成绩。日本有10多所汉方医药专业研究机构，44所医科、药科大学建立了生物研究部门，20多所综合大学设有汉方医学研究组织。由此可见，目前世界各国对于中医药的关注度已非同以往了。同时，他们所采用的研究方法随着科学技术的发展而不断更新，后来居上，完全是可能的。因此，我们在重视传承的基础上，显然也必须与时俱进，关注国内外中医药的研究进展及市场需求的变化，做到知己知彼，才能立足于高端，义不容辞地走在中医药走向国际化的道路中，重在抓好和落实好话语权。

不容置疑，中医药是一个源远流长、不断传承、不断创新和不断完善的传统医学，也是一个具有系统性理论与临床实践、既讲究疗效又讲究安全的科学性医学。在药学方面，我国最早的药学经典《神农本草经》就认为"是药三分毒"，很明确地指出药物不同于食物，它强调特殊性，就是凡是药物都带有一定的毒性。它还把药物分级为3类，上品药健身，几乎无毒；下品药治病，具有一定程度的毒性，必须视其需要，掌握其"度"，包括用量、用药时间及其适应证；中品药则是健身与治病兼容，有利者用之，无利有害者避之。在科学技术并不发达的古代，能有如此分类是很高明的，但不得不说这是需要付出代价的，那就是我们的祖先神农氏，他为了后代子孙，不惜以身试毒，"一日而遇七十毒"，所以后世留下来的神农氏画像面容并非姣好，而是畸形且恐怖的，这就是神农氏尝药而受毒的结果。

中医药在理论上也很有建树。我国现存最早的经典医学著作是《黄帝内经》，它首先关注的是生命科学和如何养生保健以保障人体的健康问题，通俗地说，是一部黄帝为了研究生命科学，请教其医学老师岐伯的对话记录。其实，《黄帝内经》不但是一部中医理论纲领性医书，还包括医世、医人、医国、医社会等包罗万象的内容。除了《黄帝内经》外，继后的医圣张仲景所著的《伤寒论》，开创了中医"辨证论治"及"八纲辨证"的原则，历代以来都以此为宗，影响极为深远。

王老一向认为，《黄帝内经》一书中许多观点很不寻常，对于三千年前的时代而言，有的论述颇具有超前意识，这里暂且简单举几个例子，看看我们祖先的智慧结晶。

对于人类的寿限，《黄帝内经》的记载是："春秋皆度百岁，而动作不衰"，后世医家认为所谓"度百岁者，百二十岁也"，现代的观点也认为人的寿限可高达 120 ～ 175 岁，这显然与古人的观点颇相吻合。现在人类活到 100 岁者已非罕见，但鲜有超过 120 岁者。

人体的生理周期，男女有别。《素问·上古天真论》说："女子七岁，肾气盛，齿更发长；二七而天癸至，任脉通，太冲脉盛，月事以时下，故有子；三七，肾气平均，故真牙生而长极；四七，筋骨坚，发长极，身体盛壮；五七，阳明脉衰，面始焦，发始堕；六七，三阳脉衰于上，面皆焦，发始白；七七，任脉虚，太冲脉衰少，天癸竭，地道不通，故形坏而无子也。丈夫八岁，肾气实，发长齿更；二八，肾气盛，天癸至，精气溢泻，阴阳和，故能有子；三八，肾气平均，筋骨劲强，故真牙生而长极；四八，筋骨隆盛，肌肉满壮；五八，肾气衰，发堕齿槁；六八，阳气衰竭于上，面焦，发鬓颁白；七八，肝气衰，筋不能动，天癸竭，精少，肾脏衰，形体皆极；八八，则齿发去。"这一段经文，对人体生长发育、盛极而衰的描述，虽然不能说完美，但与现代医学的观点有一定近似性，现代医学观点认为人体从 35 岁开始衰退，而古人观点认为是从 40 岁左右开始衰退，两者比较接近。

健康一直是当今人们最关心的热点话题。早在《黄帝内经》中就已指出，要"食饮有节，起居有常，不妄作劳""恬淡虚无"，并且告诫人们不要"以酒为浆，以妄为常"，若能如此，则健康将会无时不在。两千多年前，我们祖先的这些至理名言，除了当时没有烟草之害而未提出"戒烟"一项外，其内容完全与当代维多利亚宣言"合理饮食，戒烟限酒，适当运动，心理平衡"

的健康四大基石没有两样。更重要的是,《黄帝内经》所提出的"上工不治已病治未病"的"治未病"观点,正是当代所热衷于将"治病"前移至"防病"相适应的理念。

王老多年来从事呼吸系统疾病的研究。1977年美国学者Irwin教授所提出的"慢性咳嗽"概念,拉开了现代医学对咳嗽病因、病理、发病机制、流行病学及其相关疾病等系统性研究的序幕。王老认为,就咳嗽一病而论,早在《黄帝内经》巨著中,就已经说过"五脏六腑皆令人咳,非独肺也",明确指出咳嗽之症,不止于肺,也不离于肺,后世医家又进一步将咳嗽分为外感和内伤两大类,由此可见,其论述不但科学,而且比现代医学还早了近两千年,这是不争的事实。

如从中外医史而言,不论西医或中医,在没有先进科技的远古时代,中西医道各有本源,但并不完全相左。在17世纪之前,中西医学的一些观点与发明有一定共通性。据文献资料记载,人所共知的西方医学之父希波克拉底所处的年代相当于中国的战国时期,稍先于中医学的奠基经典《黄帝内经》。中医学所崇奉的是"阴阳五行"学说,讲究"阴平阳秘"的平衡观点,疾病之因在于"偏阴偏阳",因此必须纠偏,使之达到"阴阳平衡",其治疗方法除中药本草外,还有针灸等治法;西方医学的源头,远古时代沿自于希波克拉底,其生理学以体液说(humour)为本,认为健康状态是基于血液(blood)、黏液(phlegm)、黄胆汁(chole)和黑胆汁(melancholia)的内在调和平衡,失衡则得病,其治疗方法提倡"放血疗法",认为通过放血可以帮助人体恢复体液的平衡,并使疾病痊愈。希波克拉底所提出的体液学说,成为放血疗法的理论基础。其实,在相当长的时间内,放血疗法是由理发师进行操作的,现在的理发店门口红、蓝、白三色标记,就是这段历史的遗迹,红色代表动脉、蓝色代表静脉、白色则代表包扎伤口的绷带。放血疗法经过一代代医生们的传承和发扬,直到17~18世纪,还处于巅峰状况,对这一疗法的崇拜也曾根深蒂固,即使是英国著名的诗人拜伦死于放血疗法,其地位也未能动摇,其后还曾经作为一种保健养生的手段而被推荐,由于传统观念的强大惯性,放血疗法坚持使用了很长时间才逐渐退出历史舞台。

中西医学分界线的历史殊途,关键在欧洲文艺复兴时期。由于维萨留斯所著的《人体结构》的问世及意大利医学家马尔皮基把显微镜引入生物学和医学解剖,现代医学的基础由人体解剖移向细胞微观生理和病理的层次,以"实验"为主的西方医学由此步入"微观"研究的不归路,进而快速在20世纪进入分子生物学和遗传基因研究的世界。中医学的最大优势是"医药不分家"，从古至今都是以《黄帝内经》《神农本草经》及张仲景的《伤寒杂病论》为经典，将"天人合一""顺乎自然"的理念不断进行传承。王老认为中医传承似是一种"为渊驱鱼，为丛驱雀"的方式，即为我所用做载体。说透彻了，就是以《黄帝内经》《神农本草经》为纲，一切"创新"都应以纲为宗，及至后人由此总结出为中医学界所能普遍接受的原则，即"继承不泥古，创新不离宗"。纵观古今，《黄帝内经》之后出现的《伤寒杂病论》，显然是发展了一大步，从理论到临床，归纳出一套"方证相应"及"六经辨证"体系，并由"六经辨证"提出"辨证论治"。这一方法可谓后世楷模。但是这也只能是"目"或"论"，不能"越雷池一步"。隋代太医巢元方的《诸病源候论》，承继了张仲景《伤寒论》的严谨临床风格，突破了前人以"经"为本的理论，其贡献在于对病症的严格描述，并进行分类诊断，具体详述了1739种疾病和证候，奠定了中医学病症分类的基础。后至唐、宋、金、元时期，有孙思邈的《千金方》《太平惠民和剂局方》及出现百家争鸣的"金元四大家"的创新局面，在四大家之外还有一位重要医学家张元素，他是李杲的老师，他的贡献是创立"脏腑辨证"理论，并区分药物气味与升降浮沉药性，创建了"药物归经"学说，为中医药学创立了分类范畴，居功至伟。继而明代的李时珍所著的《本草纲目》，堪称百科全书式的药物经典，即使放在世界药物学史书上，也不愧是极不平凡的学术成果。

随着年代的转变，明末清初时期，由于江南地区发生瘟疫，出现了一位著名医家吴又可，在其所著的《温疫论》一书中强烈责疑时下医者"误以伤寒之法治之，未尝见其不殆也"，又提出，瘟疫之病因，不是"风、寒、暑、湿"，而应是另有传染性极高的"异气""戾气"，并断定此病必是从口鼻而入，人与人之间相继感染而发病。吴氏之后，叶天士、吴鞠通等著名医家继续探索温病的诊治，叶氏的《温热论》《临证指南医案》提出了"卫、气、营、血"的温病演变过程，"卫、气、营、血"理论是温病辨证的基础；吴鞠通的《温病条辨》则载有温病各阶段的创新方剂，成为弥补《伤寒论》的新学派。此外，清朝中末期，西方传教士将西方医学传入中国，当时人们虽然感觉西方医学有点神奇，但不视为威胁，无论医家、学者或社会公众，都有积极吸纳西方医学知识的例子。在中医学史上，直接声称要为传统医学"改错"的第一人是王清任。他亲自前往墓地坟旁观看被狗咬破的尸体，以及去刑场看被处决的犯人尸身，据此撰写了《医林改错》，因非动手解剖，虽有

不少错误之处，但敢于挑战当时处于主流地位的中医学，提出"治病不明脏腑，何异于盲子夜行？"这种实事求是的精神是难能可贵的。王氏痛斥时弊，提倡"活血化瘀"治法及其原理，为现代医学对心、脑血管疾病及高凝血症等提供了具有实用价值的防治方法，无疑是很有裨益的。清末民初，因西医东渐日盛，不少中医学家受到影响而提倡中西医汇通，最具代表性的著作是著名医家唐容川的《血证论》及张锡纯的《医学衷中参西录》。新文化运动之后，中医药学虽然受到了极大的冲击，一时处于低潮，但中华人民共和国成立后，中医药学受到了党和政府的关怀和重视，国家制定了中医政策，在全国各地建立了中医院校等高等学府，使中医教育从师承制转向院校系统教育制，以培养高层次中医人才；并号召西医学习中医，其目的都在提高中医药的学术水平，奠定中医学发展的基础。新近国家更是明确提出要大力发展中医药，建设健康中国，国务院颁布了《中华人民共和国中医药法》，目前中医药正向国际化的道路迈进。

"学而不思则罔，思而不学则殆"。王老认为，中医药应在继承中提高、创新中发展。独立于世界之林的优秀的中华文化，包括文学艺术、饮食及中医药在内，都充满着浓郁的中华民族的气息。我国的文学、国画、书法、舞蹈、乐曲、戏剧、烹饪和中医药等自古至今都深受广大群众的喜爱，并且都在不同程度上吸纳了外来文化的精华，即所谓的"洋为中用"，但这种吸纳不是盲目接轨。王老非常欣赏著名的国画和西洋画兼容画家徐悲鸿的独到见解："古法之佳者守之，垂绝者继之，不佳者改之，未足者增之，西方绘画可采入者融之"。毛泽东主席曾经说过："祖国医学是一个伟大的宝库，应该努力发掘，加以提高"的同时，又加以指出"取其精华，弃其糟粕"，我们应遵循这一原则，必须努力做到"与时俱进""科学发展观"，在中医药发展上圆我们的"中国梦"。这无疑是时代赋予中医人的光荣任务。

王老从医已近60年岁月，他认为中医药学是一个博大精深的医学，但也并非完美无缺。不可否认，中医传承固然重要，但任何事物的生命力都在于发展，中医药也不例外。显而易见，要发展就必须创新，创新是中医药发展的动力。从古代的《黄帝内经》《神农本草经》到东汉张仲景，从金元四大家、李时珍的《本草纲目》等到清代的温病学，中医药都是处于一个不断发展的过程。由此可见，中医药学之所以能有今天如此壮大，应该归功历代医家的不断探索和努力创新。我们应该清楚，西方医学的兴起和发展，依赖于科技进步而前行，是一门从求实证而依据实验研究为主的医学。因此，当代的中医学要创新，就不能老是回头看，要诠释、考据、引证前人的论述以指导我们的现在和未来中医药发展的方向。事实证明，在向国际化的进军中，针刺的研究和进展已有目共睹，中药的研究和进展也较为乐观，通过中药现代化的实验证明中药的安全性与有效性已基本公认，有些中医界人士则颇不以为然，认为这是给老鼠喂药，不适合论证中医药的功效。

王老还认为，现在人们已开始了智能化的当代生活，中医界的思维不能永远留恋在过去的年代。中医要发展就要明白，不是科技随着中医药的发展而发展，而是中医药随着现代科技的发展而发展。首先，我们要做到疾病的病名要统一，如果按辨病与辨证相结合的思路走，则中医在研究与临床上就不宜以证代病。中药的药名应统一，不能一药多名，因取之自然界，各地区生产的药物有效含量不一致，致使药物的安全性与药效存在差异，因此必须讲究药物质量，道地中药材具有核心作用，应加以提倡；中药的临床用药剂量及其适应证应有严格而统一的标准和范围，不能随意任用，虽然有《中国药典》规定，但当前并未起到制约的作用，尤其是有毒中药更要严加监管，做到合理用药；此外，中药的炮制、贮存、服用方法、给药途径及剂型的改革都要加以重视。只要以分秒必争的精神，做好符合 WHO 的要求，中医药走向世界将指日可待。

至于中医的现代临床诊查，仅限于"四诊"，王老认为还远远不够，不少隐匿性疾病，都没有任何征兆，特别是癌症，很多都是通过体检而发现的，早发现、早诊断、早治疗，这与远古时代提出的"上工治未病"理论颇相吻合，这种超前的意识非常科学，我们应该加以传承和弘扬。中医的"四诊"，将"望""闻"放在前，而将最重要的"问诊"放在后，从临床而言，这非常不符合实际。为此，他特别强调，现代中医临床应该以问、望、切、闻为序，对历来的排序进行修正，这与西医的观点也甚相近，何乐而不为。

问诊之所以重要，包括了现病史、既往史、家族史、个人史等重要内容，王老的很多时间都专于呼吸系统疾病的研究和防治。针对呼吸系统疾病的特点，首先想到的是咳、痰、喘、哮等症状，特别是了解咳嗽的时间和特点、痰量多少及性状、有无气急喘鸣；其次是否咯血或痰血，属清属浊，有无鼻塞流涕。咽痒声嘶等鼻及咽喉疾病，有无烧心、反酸等胃、食管反流存在；同时，还要问明是否吸烟、每日吸烟支数和年数，是否接触二手烟甚至三手烟（家人在外吸烟但带烟味者），以及是否接触过装修的环境；此外，还需

要问及相关的家族史,很多疾病多少都存在遗传因素,有时还须了解患者是否存在对某些东西的敏感情况。所有这些情况,王老都问得非常仔细。

次要的是望诊。中医临床的望诊,主要指舌诊及肤色、面色、是否存在浮肿、患者体态等表现。在呼吸系统疾病中,王老还特别注意患者的胖瘦情况,胖者必问有无打鼾、是否有"三高"(高血压、高血脂、高血糖)存在。同时,还注重体重指数 [BMI= 体重(kg)/ 身高(m)^2] 的高低,如出现超重或肥胖症(BMI 大于 24,甚至 27 以上),特别是男性,绝大多数都存在阻塞性呼吸暂停低通气综合征;如果指数低于 18,为患者存在营养不良,这在不少慢性呼吸系统疾病可能都会出现,特别是肺癌、慢性阻塞性肺疾病、慢性肺心病等。此外,呼吸衰竭时,患者常出现口唇发绀,表现为低氧血症状态。因此,王老强调,望诊居次是有其道理的。

史上还有一个通过望诊能断人生死的传奇人物,这篇名为《扁鹊见蔡桓公》的记载,以白话文叙述于下。

扁鹊见蔡桓公,站了一会儿,扁鹊说:"君王,您的皮肤间有点小病,不医治的话,恐怕会加重。"桓侯说:"我无病。"扁鹊走后,桓侯不以为然地说:"医生喜欢给无病的人治病,以此夸赞其本领。"过了 10 天,扁鹊又见到桓侯,再对他说:"君王,您的病已深至肌肉里,不医治会更重。"桓侯没有理睬,扁鹊走后,桓侯很不高兴。又过了 10 天,再见桓侯说:"君王,您的病已经侵入肠胃,不医治会更加严重。"桓侯更不高兴了。又过了 10 天,扁鹊见了桓侯,不再说话,转身就跑。桓侯此时特地派人追问,扁鹊说:"病在皮肤,烫熨就能治愈;病到肌肉,针灸也能治好;病深入肠胃,采用火剂汤药,仍可医治;但病侵犯到骨髓之中,医药已经无能为力了,现在他已病入膏肓,所以无法治疗了,我也就没有什么话可说了。"过了 5 天,桓侯浑身疼痛,派人去找扁鹊,此时扁鹊早已远走高飞,躲到秦国了。于是,桓侯也就不治而亡了。

这篇名文讲述了名医扁鹊为蔡桓公治病的故事。扁鹊初见蔡桓公,一望而知其身体有小病,多次提醒并提出为桓侯治疗,但多次被拒绝。当桓侯感觉到病重危及生命时,才想到寻医求治。讳疾忌医,这显然是桓侯一生的悲剧。

中医学历代都非常讲究脉诊,即我们通常所说的"切脉""号脉"。切脉诊法初期,并不像现在中医师一样,只摸手腕。其实,中医的切脉还包括切人迎、趺阳,过去常称之为"三部九候诊脉法",后来经过长期的观察和发展，成为现在以手腕为主的切脉诊查法，通过左右手腕的"寸关尺"部位，可基本反映全身的健康状况。现代科学已证明，血管的搏动可以反映心脏的搏动，所以脉象最能直接体现心脏功能，《黄帝内经》谓："心者，其充在血脉。"脉搏的跳动与心脏搏动的频率和节律是基本一致的。应该强调的是，最佳的切脉时间是在早上刚起床，还没有吃早餐，没有做任何运动的时候。因为清晨起床、未进餐时，体内外环境相对稳定，脉象能较为准确地反映机体的新陈代谢等生理情况，同时也能比较容易发现病理性脉象。影响脉象的因素很多，如情志失调、活动程度及服用药物等都会影响脉象的变化，因而切脉应排除或减少外部因素的干扰。切脉的定位，通常以腕后高骨（桡骨茎突）为标记，关部位于与之相对应的手腕内侧处；寸部位于关前靠近手掌的一侧处；尺部位于关后靠近肘部的一侧处。中医认为右手寸关尺与肺脾肾相关联，有助于联系脏腑疾病；左手寸关尺则与心肝肾相关联，可供区别其相关疾病。王老认为，这种观点只供参考，不能作为依据。须知，在古代长期处于男女授受不亲的社会环境，皇族及士大夫阶层，女性的脉诊是使用一根长线连着手腕，凭线抖动进行脉诊，以此判断疾病显然是不准确的。诊脉的力度分浮、中、沉，诊脉时间一般不应少于 50 次脉搏，每次诊脉应不少于 3 分钟，两手以 6 分钟为宜。古人提出诊脉需要诊"五十动"，其意义有二，一是有利于仔细辨别脉搏的节律变化，了解脉搏跳动 50 次中有无出现脉搏节律失常的促、结、代等脉象，或者是否有时快时慢、三五不调的现象，如果在脉搏跳动中未出现节律不齐，则以后一般不会再出现节律不齐的情况。自切脉手法作为辨证施治的四诊之一以后，总结出常见脉象有浮、沉、迟、数、滑、涩、虚、实、长、短、洪、微、紧、缓、弦、芤、革、牢、濡、弱、散、细、伏、动、促、结、代、疾 28 种，现代诊脉基本上都以此为基准。其中，以浮、沉、迟、数、虚、缓、滑、弦、促、结、代等比较容易掌握。其实，还要加上健康的平脉，共 29 种，但平脉很少见于医案。我国民间非常崇拜脉诊。有一些患者，就诊时不首先告知病况，总要医生能像算命先生那样，一切脉就能说出所以然来。王老曾听已故的中医临床学家杨继荪老院长说过，杭州市有个"中医半仙"，凭脉诊就能说出求诊者吃过"黄金瓜"，患者一听一个医生能从切脉中知道他吃了"黄金瓜"，于是连呼称"半仙"，从此一传十、十传百地传开了，其实当时正值"黄金瓜"上市，"半仙"是凭其生活经验而作的预测而已。中医治病查因，并非单靠脉诊以确定疾病及其病情，至于那种一搭脉就立即开药处方，甚至借此以"神医"扬名，在现实生活中是一种不负责任的行为。

浙江中医临床名家·王会仍

时下有个别江湖医生，只凭"三指"就给患者诊病处方，据悉信之者颇众，日诊竟有300人次之多。这种行为，无疑是有违医德的。在中医有一个"舍症从脉""舍舌从脉"的理论，在某种特殊情况下，如忽然昏厥、昏迷、不省人事时其作用就非常重要，特别是在无血压计、听诊器等可供选择的紧急情况下，切脉是一种非常有价值的应急方法。当然中医也有一个"舍脉从症"的理论，这就是中医学中"双向效应"的诊疗观，这种理论并非罕见，如"异病同治""同病异治"也是。其实，这些观点，在西方医学中也是同样存在的。传承中医，尤其是脉诊，没有一定的临床经验积累，要一蹴而是很难的，但并非深不可测，有些人总说得神乎其神，甚至教人学习切脉要到黄河边上用手指去测其波浪起伏的变化以体会切脉的真谛。王老强调，研究脉学，以现代科技的手段进行阐明才是正确的方法。

有一个颇有说服力的"舍脉从望"的真实趣事。浙江省中医院名老中医徐志瑛老院长，为熊猫治病的事迹被人们点赞。这件事显然体现了中医治病的特色，其一是熊猫手术后发现因大量竹叶塞满胃部而导致胃扩张，中医诊断提示为食积，从治疗上看，给中医提供了实践经验；其二是中医历来的"望、闻、问、切"四诊诊察手段，缺少切、闻，重在望、问。其问诊应是饲养员提供了熊猫病情，虽是间接，但也是诊治依据。结果疗效非常好，熊猫的病情好了起来。实践是检验真理的唯一标准，这只熊猫治疗之初西医曾用抗生素，反而越治越坏，出现了肝肾功能损害，当然手术除去了大量竹叶负荷，不可否认，这也可能为中医药的治疗提供了一些帮助，但中医药的作用应该是值得信赖和肯定的。王老认为，中医药成功地治愈了熊猫，也证实中医"舍脉从症"理论的意义。

目前，中医界同仁，对中西医的区别颇有兴趣。时下经常流行的一些似是而非的说法，如"中医是治病的人，西医是治人的病"，这种说法好像能体现中医高明之处是治"未病"之人，而西医是治"已病"之人。且不说这种说法有所偏颇，就以事论事而言，不论中医或西医，都是为人类的健康和救死扶伤而来，防治是一个整体，目的同是一个，都同样注重防与治，不可分家。网上还有一个说法是"中医使人糊里糊涂地活着，西医使人明明白白地死去"，这也不符合事实，中西医都同样存在着"糊里糊涂地活着"和"明明白白地死去"。王老认为，这样的例子有很多，不可谬传。王老认为，如果真要指出中西医不同之处，即中医注重整体观点，强调"天人合一""顺乎自然"，基础理论是"辨证论治"，强调因人、因地、因时而治，走的是经验为主、主张传承的道路，治疗药物取于自然界，来自农业生产，归属农业部门；西医注重微观，以实验为主，讲究循证医学，药物是植物提取有效成分及化学合成的方法，来自工业生产，归属工业部门。两者各有优势，也各有局限性，因此都需要不断发展，没有发展，就没有生命力。在此，值得一提的是，晋代葛洪所创制的古代炼丹术，其实已具备近似于现代医学药物化学合成的雏形。但可惜的是，炼丹术被错误地应用于古代帝王将相寻求长生不老的"道家仙药"的迷途，以致屡遭非议而束之高阁。王老认为，这不能不说是中医药学的一大损失。

王老一直强调，要学好中医，深研经典及熟读历代名著是非常必要的。国学大师南怀瑾先生曾经说过，《黄帝内经》及其后的医书都是繁体字，如果现代的中医人只能认识简化字而缺少坚实的古文基础，就难以领略古人医学的智慧和经验。此外，要提高中医药的学术水平，就必须与外界互相学习和交流。在推广中医药及推动中医药走向全球的过程中，当今最重要的一个条件就是需要懂得与现代世界相通的语言。作为现代人，我们每天生活在现代社会的环境中，生活方式和思维模式都已经与以往截然不同，我们面临的挑战就是如何沟通和缩小与古代中医语言和词汇上的差距，这就需要与现代接轨的方式，尽量应用现代人能理解的文字和语言来表达中医药学的内涵，实现中国语言国际化，使之能更快地进入全球的视野，改变西方医学多年统领主流地位的局面。因此，现代中医药的教材及文献资料应与时俱进，讲究科学发展观，要求能用现代人可以理解的语言来表达历代前贤的学术观点和理念，让现代人能比较容易与古人的医学智慧和理念发生共鸣，从而能更好地弘扬中医药学，发扬其独特优势。

"莫道桑榆晚，为霞尚满天"。人老心不老，王老虽年近耄耋，但仍然孜孜不倦地发挥余力，退休后每周还坚持定期参加门诊，既为患者解除痛苦，又为传承中医药服务。医务之余，他依然与以往一样积极地追古溯今，笔耕不辍，他的座右铭是："活到老而学到老"。王老非常赞赏晚清国学大师王国维在其《人间词话》中把北宋晏殊、柳永及南宋辛弃疾三大词家之词各取一段归纳为古今之成大事业、大学问者，必经过的三种境界：

"昨夜西风凋碧树，独上高楼，望尽天涯路。衣带渐宽终不悔，为伊消得人憔悴。众里寻他千百度，蓦然回首，那人却在灯火阑珊处。"

王老指出，我们传承中医药，也需要这样的精神和毅力。只有如此，才能无往而不胜。

高 超 医 术

第一节　擅长防治呼吸病

一、临床诊治重五法

王老从医 50 余年来，一直专研中医内科常见病、多发病及一些疑难杂症，尤擅中西医结合防治呼吸系统疾病，对其中一些疑难的呼吸系统疾病更是倾注了大量时间研读中外文献，临床中反复体会琢磨，积累了一定的经验。"肺主一身之气"，具有宣发和肃降的功能，但肺又是一个"娇脏"，其生理特点是"喜润恶燥，不耐寒热，不容他物"。王老在其多年的临床诊疗实践中，针对其功能及生理特点提出"清""补""润""肃""宣"五大治疗原则，并以"清"为主导，贯穿始终。

（一）清肺

所谓清肺，就是指清除肺中邪热。无论是外感新邪引起的咳嗽或是新感引动宿疾呈急性发作的咳嗽，其起因均是由于感受外邪，表邪不解，循经入里，郁而化热，出现咳嗽咳痰，痰多黏稠，或黄，或白，或咳痰不爽，甚则气促、痰中带血或咯血等症状。王老认为其形成的主因是热由邪生、咳由热起、痰由热成、喘由热郁、毒由热盛。因此，清肺除热应是治疗咳嗽的首选治法。王老在临床中，除选用竹叶、石膏、芦根、玉竹、知母、桑白皮、天冬、麦冬、黄芩、地骨皮、桑叶等清肺药外，重用具有清热解毒的中药如金银花、板蓝根、金荞麦、鱼腥草、重楼、大青叶、三叶青、白花蛇舌草、小春花、芙蓉叶（花）、败酱草等，其中金荞麦、三叶青、小春花等更是其频用之药。这些中药虽然在现代临床应用中尚欠广泛，但其功效远胜于常用的清热解毒药，而且还具有抗邪扶正的双重作用。

1. 金荞麦

金荞麦又称苦荞麦、野荞麦根、开金锁等，性凉，味苦、辛，归肺经。《中华本草》《新修本草》《本草纲目拾遗》等均记载，该药具有"清热解毒，活血消痈，排脓祛痰，祛风除湿，抗疮毒，治赤白游疹和虫蛇咬伤"等功效，是治疗肺热咳嗽、肺痈、痢疾、风湿痹痛等多种疾病的首选之药。现代研究认为，该药是一种新抗感染中药，除抗肿瘤、抗病毒、抑菌、镇痛止咳外，还能增强机体免疫功能。临床常用于治疗上呼吸道感染、各种炎症性疾病及癌症。已故名医姜春华教授擅用该药治疗慢性支气管炎及肺部感染；国医大师朱良春则以该药治疗肺脓肿，临床疗效显著。

2. 三叶青

三叶青又称金线吊葫芦、石猴子、蛇附子，四川一带称为"破石珠"，以浙江产者为上品。该药性平，味辛、微苦，无毒，归肺、心、肝、肾经。据《中华本草》《全国中草药汇编》《浙江民间草药》等记载，三叶青具有"清热解毒，祛风化痰，散结消肿"等功效。适用于肺热咳嗽、小儿高热惊厥、疔疮痈疽、淋巴结核、痢疾、毒蛇咬伤等的治疗。临床常用于病毒性脑膜炎，以及上呼吸道感染、肺炎、肺脓肿、咽炎、肠炎、胆道感染等炎症性疾病的治疗，被称为不可替代的"植物抗生素"。其抗癌效果也颇令人瞩目。浙江省中医药研究院国家级名老中医魏克明教授进行了长达8年的临床和实验研究，认为三叶青具有多环节、多靶点、多方位抑杀肿瘤细胞，以及提高人体细胞免疫和体液免疫的双重作用；并能高效迅速改善癌性发热、癌性疼痛及放化疗所致的白细胞减少、厌食、乏力等恶病质状态，可广泛应用于治疗肺癌、胃癌、食管癌、肝癌、胰腺癌、膀胱癌、淋巴癌、宫颈癌等各种癌症，被称为"中医药的宝中宝"，是植物抗癌的"神药"。王老认为，三叶青是一种集抗癌、抗炎、抗病毒、清热镇痛、增强免疫、健脾益胃等多种特性为一体的清热解毒药，其抗菌效果颇佳，可用于治疗肺部感染，特别是支气管扩张并发感染。该药无毒、无耐药性，长用无碍，但要注意与"线线吊葫芦"（土栾儿）相鉴别。金线吊葫芦（三叶青）为葡萄科蔓生藤本植物，开花，橘红色颗粒，长三瓣叶，生长于山谷树林或石壁的阴面，块根颗粒小于鹌鹑蛋，切面为粉白色，横切面可见黏液，无毒；线线吊葫芦（土栾儿）为豆科植物，开花豆类，生长于路旁田埂上，块根颗粒大小与土豆相仿，切面为粉红色，横切面未见黏液，有小毒，与前者不同，千万不可服用。

3. 小春花

小春花别名阴地蕨、一朵云、独立金鸡，性凉，味甘、微苦，归肺、肝经。《本草图经》《天宝本草》言其具有"清热解毒，平肝息风，明目去翳，散结消肿，凉血止血"等功效，可用于肺热咳嗽、小儿惊厥、痢疾、疮疡肿毒、痹病等疾病的治疗。现代药理研究表明，小春花可抗菌消炎，对各种致病真菌有显著的抑制作用，还可利尿消肿。王老常将该药用于上呼吸道感染、咽炎、肺部感染及支气管扩张的治疗，但表现为虚寒腹泻者慎用。

（二）补肺

补肺是补益肺气及固表防御外邪袭肺的治法。至于前人有"肺无补法"之诫，其实是指治疗咳嗽，特别是急性咳嗽，多为实证，不可骤用补法，补肺恐招致闭门留寇之虞，而慢性咳嗽往往因久咳肺虚，常处于正虚邪恋的状况，补肺可达到扶正祛邪的目的。尤其是慢性咳嗽相关疾病的稳定期，不补会助邪复萌留肺为患，反而易生变证。所以王老认为慢性咳嗽由虚而致，由虚而甚，不可不补，补肺才是正途。中医有"肺不虚不咳，脾不虚不久咳，肾不虚不咳喘"之说。因此补肺必须健脾、补肾兼顾。王老常选用补肺汤、生脉饮、黄芪生脉饮、七味都气丸、参苓白术散等方剂，以及人参、太子参、西洋参、黄芪、白术、茯苓、山药、党参、百合、金蝉花、灵芝、绞股蓝、五味子、麦冬、地黄、蛤蚧、阿胶、冬虫夏草、燕窝等中药。王老在补肺药中尤喜用人参、金蝉花、红景天等以益气养阴、健脾补肾，现将这类药物简介如下。

1. 人参、太子参、党参

这三类参均为常用的补益中药，在功效上均有补气之功，但作用却不尽相同，临床使用也有所不同。人参素称"补气之王"，因产地、加工的不同，而有野山人参、园参、高丽参、吉林参、生晒参、移山参、红参等多种名称，其偏于大补元气，且有复脉固脱、补脾益胃、养心安神、回阳救逆之功。党参偏于补中益气，健脾益胃；太子参则偏于益气生津，健脾补肺。这是由三者的有效化学成分不同所决定的。人参的有效成分为人参皂苷，党参含有蒲公英萜醇、乙酸醋和木栓酮，太子参则含有果糖、精氨酸等。若用于补气益血、扶正祛邪，三者作用均相同。但小儿、青少年，宜选用太子参，因其无促进性早熟之弊；中年及青壮年选用党参为好；而老年人则选用人参为宜，

浙江中医临床名家·王会仍

因人参有防老、抗衰、抗癌等作用。就病种来说，治疗消渴以人参为好。因其能减少尿糖，改善全身症状，而党参正相反，可使血糖升高，不宜选用。人参因具有回阳救逆、大补元气的作用，故常被用于抢救危重病患者；一般伤阴者以用太子参为宜，用之可补阴生津；对有肾性蛋白尿者，以党参为宜，但此药可致白细胞减少，应予慎用。总之，用于止咳平喘，可选人参、太子参，两者均为拟肾上腺素类药，对呼吸系统疾病有较好的疗效；而党参为抗肾上腺素类药物，不宜选用。所以应用三参时要辨证选药。

2. 金蝉花

金蝉花是多年生虫生真菌，是苦竹蝉或山蝉感染蝉拟青霉后形成的"虫""花"复合体，蝉花又称蝉菌蝙蝠草或大蝉草。金蝉花含有多种药理活性成分，功效和冬虫夏草类似，两者仅有药性的差别，金蝉花为寒性，冬虫夏草为温性，适宜人群基本相同。金蝉花珍奇稀少，功效卓著，贵如黄金，故称为金蝉花。产于横断山脉、天目山脉者为上品。金蝉花的药用记载比冬虫夏草还早800年，是中医药中最古老的虫草。在两千多年前的《神农本草经》中就有具体描述："（金）蝉花，稀缺，生于岭南峰间凹处，时隐时现之密竹林，雾缭绕，上以厚落叶覆之，雨后出，所见白花，六七月者佳，苦竹蝉者良，药用之，有奇效，服之，可不老，身轻，延年益寿"；至南北朝，在《雷公炮炙论》中就有加工蝉花的记载；宋代唐慎微的《证类本草》和明代李时珍的《本草纲目》及之后的药典中，对其功效和应用都做了较为系统的阐述。根据历代医书所载，金蝉花味甘，性寒，无毒，最早应用于外感风热、头昏、头痛、小儿惊风、麻疹初期、疹出不畅、夜啼、目赤翳睛、心悸失眠等的治疗。金蝉花含有丰富的蛋白质、多种人体所必需的氨基酸、脂肪酸、维生素、虫草酸、虫草多糖、腺苷、麦角甾醇、多球壳菌素及硒、钙、锌等多种微量元素，其营养成分多样，是一种极佳的滋补药。日韩等国已将该药广泛应用于医疗保健。现代药理和临床研究表明，金蝉花所含的氨基酸、虫草酸、腺苷等有效成分均高于冬虫夏草，并具有与冬虫夏草相似的免疫调节、抗疲劳、抗癌、抗辐射、改善肾功能和改善睡眠障碍的良好作用。近有报告指出，金蝉花对改善肿瘤放化疗所致的白细胞减少、脱发、食欲减退、乏力、恶心、呕吐等不良反应，消除癌性疼痛，改善恶病质，提高生存期都有较好的效果，目前已用于治疗肾间质性病变、慢性肾炎、肾功能不全、性功能障碍、失眠、糖尿病、高脂血症及肺癌等各种疾病的治疗。金蝉花不但功效与冬虫夏草相仿，其性寒又不同于冬虫夏草之性温，因此更适用于益气养阴、补肺止咳。近年来，王老将此药应用于治疗闭塞性细支气管炎、弥漫性泛细支气管扩张、间质性肺疾病等肺部疾病，其疗效颇令人满意。

在临床上，应用金蝉花时，要注意与类蝉花相鉴别。据有关报道，类蝉花极易造成中毒，不能药用，是柳蝉或鸣蝉感染真菌而成，外观上与苦竹蝉金蝉花难以区别，即使药学家也难辨别真伪，有时需基因图谱方能鉴别，因此在购买应用金蝉花时一定要慎之又慎。

3. 红景天

红景天是近几年来被发现具有与人参、刺五加等相似作用的珍奇天然植物，主要分布于海拔 800 ～ 2500m 高寒无污染的岩石缝隙和高山砾石中。由于其生长在寒冷、缺氧、紫外线照射强及昼夜温差很大的环境恶劣地带，从遗传上造就了其他植物所没有的生命力强、适应性好的特性。红景天为藏族常用药物，其味甘、苦，性平，归肺、心经。我国古代第一部药学名著《神农本草经》将之列为上品，并认为红景天能"主养命以应天，无毒，多服久服不伤人"且有"轻身益气，不老延年"之功效；藏医的《四部药典》记载红景天"善润肺，能补肾，理气养血，主治周身乏力、胸闷、恶心、体虚等症"；明代李时珍的《本草纲目》则记载："红景天，《本经》上品，祛邪恶气，补诸不足"，是"已知补益药中所罕见"。红景天品种超过 200 个，我国分布有 73 种，其中西藏分布有 32 种、2 个变种，其中小花红景天、大花红景天、蔷薇红景天、圣地红景天等品种，尤其是蔷薇红景天，已被广泛研究和应用。红景天主要以根和根茎入药，全株也可入药。其萃取物中，含有复杂的植化素成分，如黄酮素类、单萜类、三萜类、酚酸类等，而这些植化物正是红景天能起到显著的抗衰老、抗缺氧、抗不良刺激、抗病毒及肺癌、抗疲劳和机体双向调节作用的根本原因。本品临床常用于预防衰老、高原反应及肺部疾病所致的低氧血症，还可作为治疗心绞痛、心律失常、癌症及放化疗的辅助用药；此外，可用于糖尿病、老年性脑萎缩、类风湿关节炎及性功能勃起障碍等多种疾病的防治。民间为防高原低氧反应，很多人入藏工作或旅游之前总要带点红景天以备需要时服用。清代康熙皇帝因红景天具有突出的强身健体、防病治病的功效，而将之赐名为"仙赐草"。现在，王老常在补肺方及膏方中加用红景天，并用于间质性肺炎、慢性阻塞性肺疾病、支气管哮喘、支气管扩张、冠心病、心律失常、老年性痴呆及亚健康人群的防治。

（三）润肺

润肺就是应用滋阴润肺或生津润肺法以治疗咳嗽的方法。凡肺热消退的后期或恢复期的慢性咳嗽而表现以阴虚内热为主者，症见干咳、痰中带血、咳嗽痰少、咽干而痒、声音嘶哑、盗汗口渴、大便干结等，可选用桑杏汤、沙参麦冬汤等方剂，以及甘寒润肺的药物，如桑白皮、地骨皮、桑叶、知母、石膏、玉竹、天冬、麦冬、生蛤壳、百合、铁皮石斛、芦根、天花粉、沙参、连翘、板蓝根、大青叶等。在润肺药中，王老认为玉竹、百合、铁皮石斛等甘寒养阴类中药，具有润而不滞的特点，尤其是属于石斛类珍品中的铁皮石斛，其味甘，性凉，滋阴生津之功更佳，用于润肺最宜。

（四）肃肺

肃肺主要为肃降下气、降气化痰之治法。肺气以下行为顺，凡因肺气失降而上逆引起咳嗽、气急的患者，均可用降肺法进行治疗。降肺法一般可用于慢性咳喘的治疗，特别是正虚邪实的患者为宜，但要注意的是，由肺热引起的急性咳喘或慢性咳喘，因肺气大虚而出现阴竭阳脱的状态时，不宜用肃肺法治疗。临床上多选用三子养亲汤、苏子降气汤、沉香降气汤等，常用药物为苏子、杏仁、旋覆花、白前、沉香、半夏、枇杷叶、莱菔子、白芥子、当归等。降肺药物以汤剂温服为宜。

（五）宣肺

宣肺即宣发肺气、发散表邪、宣通郁滞以达到调节肌表功能，使之恢复正常的治法。宣肺常用于外感初期，外邪侵袭肺卫时的治疗。宣发有辛温、辛凉之分，辛温宣肺适用于风寒咳嗽，凡有恶寒发热、无汗、头痛、身痛、咳痰、痰多清稀等表现者，可选用杏苏散、金沸草散以宣肺散寒；辛凉宣肺之剂适用于外感风热，凡咳嗽、微恶风寒、发热、口渴、咽痛等表现者，可选用桑菊饮、银翘散宣肺散热。但这些治法只能暂用，不宜长用。临床常选用荆芥、紫苏叶、防风、麻黄、旋覆花、金银花、薄荷、牛蒡子、桑叶、菊花、淡豆豉等中药。

王老指出，临床上咳嗽常常虚实夹杂，寒热并存，或因先天禀赋不足，后天失养，脏腑功能失调而起。但"肺"是"清虚"之脏，不论是宣、是润、是肃、是补，都必须以"清"为主。因此临床常常以"清宣""清肃""清补""清润"并称。

浙江中医临床名家·王会仍

二、主要病种精琢磨

王老最擅长中西医结合诊治呼吸系统疾病，对于其中的常见病、多发病诸多生理病理机制、最新进展了然于胸。呼吸系统疾病的主要病变虽然都在气管、支气管、肺部及胸腔，然则也会累及全身多个系统，轻者咳嗽、咳痰、胸痛、咯血，重者呼吸困难、缺氧，甚至呼吸衰竭而致死。王老细细梳理并撷取了一些常见病种，有慢性阻塞性肺疾病、支气管哮喘、支气管扩张、特发性肺纤维化、睡眠呼吸暂停综合征、结节病与肺部结节，也有少见病种如弥漫性泛细支气管炎、特发性肺含铁血黄素沉着症等，现将其逐一介绍于下，以飨同道。

（一）慢性阻塞性肺疾病

1. 概述

慢性阻塞性肺疾病（以下简称慢阻肺或COPD）是一种以持续气流受限为特征的、可以预防和治疗的疾病，其气流受限多呈进行性发展，特征性症状是慢性、进行性加重的呼吸困难，咳嗽和咳痰等，与气道和肺组织对烟草、烟雾等有害气体或有害颗粒的慢性炎性反应增强有关。慢阻肺的发病与吸烟史、职业史、有害物质接触史等有关。随着城市化的不断推进，空气污染也不断加重，现代人出行最关心的便是当日的PM2.5指数。空气质量下降也导致了慢阻肺这个疾病发病率的升高。慢阻肺不仅影响呼吸系统，还可累及骨骼肌肉、心脏等，发展成肺源性心脏病，最终导致呼吸衰竭和全身脏器衰竭。慢阻肺的患病率和病死率均较高，预计到2020年其病死率将跃居全球第3位，成为经济负担第5位的疾病。早在2007年，著名的呼吸疾病专家钟南山教授就发起过一项全国性调查，其调查结果显示中国40岁及以上人群的慢阻肺患病率为8.2%。若一个人每年有2～3次病情急性加重，5年病死率将近30%～40%，据2016年初步统计，全国慢阻肺患者已达4200万。2018年4月10日，王辰院士在国际权威医学期刊《柳叶刀》（Lancet）上发表了其完成的大规模人群研究"中国成人肺部健康研究"，首次明确我国慢阻肺患者人数约1亿。此次研究发现我国20岁及以上人群慢阻肺患病率为8.6%，这意味着目前中国约有9990万慢阻肺患者；40岁及以上人群患病率为13.7%。我国60岁及以上人群慢阻肺患病率高达27.4%，男性患病率显著高于女性（男性11.9%，女性5.4%），农村患病率显著高于城市（农村9.6%，城市 7.4%）。由此可见，慢阻肺是一种常见的影响人民群众身体健康的慢性疾病。慢阻肺可分为急性加重期和稳定期。对于稳定期患者，如有吸烟，首先应教育和劝导患者戒烟，避免或防止粉尘、烟雾及有害气体吸入。对于有症状或症状反复的患者可长期规则服用支气管舒张剂，如 β_2 受体激动剂：沙丁胺醇、特布他林；抗胆碱药：异丙托溴铵。对一秒钟用力呼气量（FEV_1）< 50% 预计值的患者可长期规律吸入糖皮质激素。研究认为，联合使用糖皮质激素和 β_2 受体激动剂比各自单用效果更好，常用的药物有福莫特罗 / 布地奈德（信必可）、沙美特罗 / 替卡松（舒利迭）等，有条件者可进行家庭氧疗。另外，应鼓励患者进行呼吸康复，如肺康复操。在慢阻肺急性加重期，西医治疗主要是应用抗生素控制感染，支气管舒张药舒张气道，控制性氧疗改善通气和换气功能；对于呼吸衰竭的患者可进行机械通气治疗。

根据慢阻肺咳嗽、咳痰、胸闷、气急等症状，可将其归属于中医"咳嗽""肺胀""肺痿""痰饮""胸痹"等范畴。早在中医经典《黄帝内经》一书中对本病已有所记载，如《灵枢·胀论》曰："肺胀者，虚满而喘咳。"又说："肺手太阴之脉……是动则病肺胀满，膨膨而喘咳。"动则生喘咳，这显然与慢阻肺动则气急的临床表现极其相似。汉代著名医学家张仲景所著的《伤寒论》和《金匮要略》不仅指出了慢阻肺的主要症状为"喘而上气，此为肺胀，其人喘，目如脱状""咳逆倚息，短气不得卧，其形如肿"，而且还提出了以麻黄为主药的小青龙汤、麻杏石甘汤、射干麻黄汤、越婢加半夏汤等治疗方药。除麻黄类方剂外，在《金匮要略》中还有不少止咳平喘的方药，如葶苈大枣泻肺汤、桂枝厚朴杏子汤、苓桂术甘汤、金匮肾气丸、五苓散、皂荚丸、木防己汤等，对充实和丰富慢阻肺的治疗，无疑提供了更多的选择。唐宋时期，治疗咳喘的方书将之分门别类，可说是洋洋大观，诸如《备急千金要方》《圣济总录》《太平惠民和剂局方》等所记载的苏子降气汤、二陈汤、三拗汤、紫雪丹、至宝丹等均为当今临床选用的方剂；从金元到晚清时期，名医辈出，相继创制出不少临床实用的方剂，如清瘟败毒散、三子养亲汤、补肺汤、涤痰汤、安宫牛黄丸等名方，为慢阻肺急性加重期和稳定期的治疗奠定了坚实的基础。清末以来，由于西医东渐，涌现了不少"中西医汇通派"医家，特别是近年著名的国医大师，他们的学术思想和治疗慢阻肺的经验，也同样具有很高的参考价值。

2. 王老的学术观点和治疗特色

王老认为，慢阻肺的形成与吸烟、环境污染、感染及机体遗传因素有关。

中医认为，肺主气，司呼吸，又主皮毛，宣行卫阳之气，以清肃下降为顺，壅塞为逆。如各种原因使肺气宣降失常，即可出现咳嗽、咳痰、气急、胸闷、喘息等症。肺朝百脉，气为血帅，气行则血行。若久咳肺气虚弱，则无力辅心运血，致心脉瘀阻、呼吸不畅、肺气壅塞，形成痰瘀阻肺、气道壅塞而成肺气肿。王老指出肺气虚是慢阻肺发生和发展的内在条件；吸烟、六淫外邪是导致慢阻肺发生和发展的主要外因，痰瘀内阻贯穿慢阻肺病程始终。王老认为，痰瘀阻肺，气机不利是慢阻肺的基本病机。此外，王老认为本病虽然表现一派肺系症状，但其本质与脾、肾关系颇为密切，尤其以肾阳不足为关键。先天禀赋不足或后天失养，而致脾肾亏虚，肺气根于肾，肾虚失于摄纳，动则气促；脾土为肺金之母，脾土虚弱，不能生肺金，则卫气不足，肺卫不密，易感外邪，脾虚损肺，肺虚失于宣肃，肺气上逆而久嗽不愈，甚至咳而兼喘。"久病必瘀"，病久经脉瘀阻，痰浊、瘀血互结，导致疾病缠绵难愈，反复发作。《济生方·痰饮论治》云："人之气道贵乎顺，顺则津液流通；气道闭塞，水饮停于胸膈，结而成痰。"痰瘀互为因果，内伏于肺，阻塞气道。《丹溪心法·咳嗽篇》说："肺胀而咳，或左或右不得眠，此痰挟瘀血碍气而病。"王老指出临床上慢阻肺无论在急性期或缓解期都存在着不同程度的瘀血见证。轻者舌紫暗；重者唇甲青紫，面色晦暗，胸闷痛等。综上所述，本虚标实是慢阻肺的基本特征，本虚涉及五脏六腑，而以肺、肾、脾功能失调为关键；标实多与痰瘀、六淫外邪等有关。

治则治法应根据不同期别区别对待，急性加重期多属于邪实或虚者加实为主，急者治其标，重用清肺豁痰法。缓解期多属肺、脾、肾三脏亏虚，缓则治其本，注重补肺健脾益肾。

（1）急性加重期需重用清肺豁痰法：急性加重期多因感受外邪而诱发，导致咳、痰、喘诸症加剧。临床以炎症征象较为突出，控制感染及感染所引起的各种兼症、变症，防止病势加重，是急性发作期非常重要和关键的一环。临床观察，慢阻肺急性发作期，中西医结合治疗疗效显著。中医治疗应以清热祛痰和活血化瘀为重点。清热药可增强抗生素抗菌及对抗细菌内毒素的作用。祛痰可改善气道通气状况，又可促使病原体排出，即中医之"祛邪外出"。王老指出，慢阻肺急性加重期热痰多于寒痰，即使感受风寒之邪诱发，但很快就会郁肺化热。因此，不必过于拘泥分型辨治，这时应重用清肺豁痰法以清泄痰热邪毒，保津护肺，为邪去正复创造有利时机。

在王老多年的临床实践中，常选用金荞麦、鱼腥草、金银花、连翘、牛蒡子、重楼、三叶青（金线吊葫芦）、小春花、鸭跖草、半枝莲、忍冬藤、川红藤、败酱草、黄芩等具有清热抗邪作用的中药。据报道，不少清热解毒类药物，尤其是在抗病毒、抗菌和中和细菌毒素方面，能起到"菌毒并治"及增强和调节机体免疫功能的作用。同时，在重视应用清肺法的同时，还应配合选用利肺涤痰的中药，诸如桑白皮、桔梗、皂角刺、鹅管石、浮海石、肺形草、鹿衔草、浙贝母、佛耳草、云雾草、竹沥半夏、天竺黄等，只有这样，才能取得较好的治疗效果。此外，慢阻肺急性加重时，如出现谵妄、抽搐、昏迷等神经精神症状，则可按其不同的临床表现，选用功效不同的中药"三宝"救治，即"乒乒乓乓紫雪丹，不声不响至宝丹，糊里糊涂牛黄丸（安宫牛黄丸）"，高热惊厥时还可选用神犀丹。

（2）稳定期注重补肺健脾益肾：王老认为慢阻肺的病因为外感邪气、久病体虚，其基本病机为咳嗽咳痰日久以致肺气亏虚，痰浊、水饮和血瘀渐生，复损肺、脾、肾三脏正常生理功能，以致病程缠绵迁延，咳嗽咳痰日久不愈。基于此，扶正祛邪，标本同治乃本病之根本大法。王老独创的针对肺胀稳定期的"保肺定喘汤"，在数十载的临床实践中取得良好的疗效。保肺定喘汤由黄芪、党参、熟地、麦冬、当归、丹参、地龙、仙灵脾、桔梗、甘草等中草药组成，立足于气血阴阳，以补为要。方中黄芪、党参为补益肺脾之气的基本药对，出自李东垣的"补中益气汤"，黄芪性微温，味甘，归肺、脾二经，功补气升气、益气固表；党参性平味甘，入肺、脾二经，擅补中益气、生津润肺。二者共为君药，合用则壮脾胃而杜痰源，更能补气升阳。烟火之邪熏蒸气道，易炼液成痰，痰郁而化火，因此方中加入了适量养阴填精之品：熟地入肾经，功养血滋阴和补精益髓，麦冬入肺经，专润肺养阴及除烦生津。当归性温，味甘，丹参性寒，味苦，一温一寒，一甘一苦，前者补血活血，后者活血通经，二者相伍，更添活血之效。以上四味共为臣药，与君药相配，气血阴阳并补，效缓而绵长。仙灵脾能温补肾阳而宣化水湿，地龙有平喘通络之效，更为血肉有情之品，特点为走而不守，载诸药通行十二经无所不至。桔梗辛散苦泄，开肺气而祛痰利咽，引诸药上行，甘草入中焦补脾和中，与桔梗相伍，又有止咳利咽之效。诸药相伍，重点针对肺、脾、肾三脏，起到宣肺止咳、健脾化痰、温肾纳气的作用，兼活血、化痰、祛湿，标本兼顾，使气血津液得畅，阴阳自调，起到扶正固本、祛邪通络的作用。本方继承了温补学派代表薛己补气升阳的学术思想和丹溪学派倡用滋阴降火的治法，并守正出新，使升阳和滋阴趋于平衡，并特异性地用于治疗肺胀稳定期，乃浙派中医智慧的集大成者。临床观察显示，该方具有止咳化痰平喘及较强的抗炎作用，能够有效地改善患者活动后气急症状及减少患者急性发作次数。王老所在的课题组进一步研究表明，该方能明显改善致模因素对大鼠肺脏造成的病理损害，对肺气肿模型大鼠有较好的防治作用，其作用机制可能与内皮素（ET-1）的拮抗作用相关；保肺定喘汤可对体外缺氧条件下，肺动脉平滑肌细胞（PASMC）增殖产生影响，改善模型大鼠肺血管炎性细胞浸润及肺动脉管腔狭窄，减少模型组大鼠肺动脉周围胶原纤维沉积，同时能抑制肺动脉平滑肌细胞血管内皮生长因子（VEGF）的表达；此外，还能减轻慢阻肺大鼠气道重塑，增加体重，提高血清瘦素水平，降低肿瘤坏死因子 α（TNF-α）水平，从而改善慢阻肺全身慢性炎症反应及脂质代谢；并可通过调节血栓素 B（TXB$_2$）、6- 酮 - 前列腺素 F$_{1\alpha}$（6-keto-PGF$_{1\alpha}$）、一氧化氮（NO）、ET-1 的代谢和减轻肺血管重构，在一定程度上防治肺源性心脏病，在临床上可广泛运用于慢阻肺稳定期患者，也可运用于支气管哮喘和慢性支气管炎缓解期等见肺肾两虚，气虚血瘀证候者。

（3）治疗慢阻肺强调"三通"法：慢阻肺患者反复感受外邪，邪犯于肺，肺失肃降，而滋生痰浊。同时由于长期反复发作，气机升降失利，水湿运化失常，致聚湿生痰。所以痰或由内而生，或由外而生，贯穿慢阻肺的始终，既是病理产物，更是致病因子，若不清除，将造成恶性循环，因此"通气道""通水道""通神窍"应贯穿于整个治疗过程。

1）"通气道"——降气平喘，活血化瘀的重要性："气能统血""气能生血""气能行血""血为气母""血以载气"，气不通则难以推动心之血脉，心血运行不畅而瘀阻，则症见咳嗽咳痰，气急喘息，口唇发绀，舌暗有瘀点无苔，脉沉细涩等，即由肺病累及于心，而致肺心同病，导致慢性肺源性心脏病，其发生、发展和预后均与气血有关，气机通畅则肺气宣降得以恢复正常，心血得助而运行自如；心血得化则心血运行畅通而瘀阻消散，肺气得助而宣降有力。因此，王老在临证时注重遵循"气血相关"学说，强调心肺同治，在清热化痰、宣肺止咳的同时，酌加活血化瘀药物，如当归、地龙、虎杖根等。而慢阻肺患者若失治误治，转化为慢性肺源性心脏病，应针对肺源性心脏病"虚、瘀、痰、热"等病理特点，选择相应药物配伍。

2）"通水道"——宣肺利尿，通调水道法：治疗心力衰竭《黄帝内经》中亦云"肺主行水""肺为水之上源"。《素问·经脉别论》曰："饮入于胃……上归于肺，通调水道……"凡外感邪气致水道失常者，多系肺失宣降，上窍闭而致下窍不通、玄府阻闭，发作时，由于水液疏布失常，聚而成痰，痰涎壅盛，不易咯出，以致气道阻塞，往往造成肺通调失节，水道不利，因果循环，遂使病情进一步加重。且慢阻肺后期导致慢性肺源性心脏病心力衰竭者多久病伤正，气虚日久则伤及肾阳，肾阳虚衰，则见胸闷心悸，气急尿少，肢体肿胀，大汗淋漓，四肢厥冷，面色淡白，舌淡苔白，脉虚等症，当通肺气则下窍自利，温振元阳则正气渐复，故其发作期治宜通阳利水，而非单单补益气血，养心复脉。西医治疗慢阻肺心力衰竭者多用利尿剂等药物，往往容易引起水电解质紊乱，日久伤阴，加重病情。相比之下，五苓散合防己黄芪汤或真武汤等中药方剂通利水道，可降低血液黏滞性，减低血流阻力，减轻心脏负担，增加肾血流量，使尿量增加，达到消肿化瘀的目的。

3）"通神窍"——开窍醒神法：肺气上逆则咳，升降失司则喘，津液失于输化则聚而化痰，气血失和则血行瘀滞，导致通气/血流比例失调，使清气不能入、浊气不能出，而发生缺氧和二氧化碳潴留等表现。在病变过程中，尽管存在着由肺及脾、及肾，乃至及心、及肝之演变，以及病理性质的虚实之分，痰邪和瘀血始终贯穿在疾病发展过程中。呼吸衰竭患者临床上以气虚、痰瘀闭阻证为多见，因此在西医常规治疗及机械通气的基础上加用中药益气活血化痰、开窍醒神之剂，能获良效。

（4）"治未病"应贯穿于慢阻肺的始终：众所周知，肺的代偿功能很大，一般来说，人在正常活动时，1/20 的肺功能就能维持身体健康的需要，人的肺功能损害尚未超过 50% 时，身体一般不会有感觉，等到超过 50% 出现明显的咳嗽、咳嗽、气急等症状再去就诊，就已经失去了最佳时机，这时人的肺功能已经处于不可逆转的状态。因此，早诊断、早治疗有利于防治慢阻肺。王老认为慢阻肺病变首先在肺，而肺气虚是其首要条件。如不治或失治、误治，则可累及脾肾，后期病及于心而出现肺外病变。根据"治未病"理论"防其未生""防其未成""防其未发"观点，首先着重于保肺和养肺，提高机体抵抗力。根据"天气通于肺"及"天人相应"的观点，要想保护肺的"吸清呼浊"的生理功能，必须阻止和清除风险因素的侵犯。烟雾是慢阻肺的主要病因之一。王老在慢阻肺的研究中发现，慢阻肺患者中吸烟者占 70% 以上，同时，对吸烟人群及非吸烟人群进行肺功能检查的结果表明，吸烟人群不论是从通气功能和换气功能或血气分析结果来看，均显示肺功能损害非常显著，且动脉血氧饱和度及血氧分压均见明显降低。早在 20 世纪 80 年代，王老研究发现吸烟者在未达到肺气虚的临床标准时，已存在小气道功能异常，存在

浙江中医临床名家·王会仍

肺气失调的病理性表现。故王老非常重视劝导患者戒烟，并强调在出现咳嗽、咳痰症状而无气流受限时就必须开始防治，或扶正，或调气，或扶正祛邪相结合。同时，王老还强调以下5点：①预防六淫外邪侵袭：肺为华盖，外合皮毛，最易受六淫外邪侵犯，因此要根据四季寒暑变化规律顺时养生保健，体质虚弱的中老年人尤需注意。对于体虚易感者给予玉屏风散、药膳、膏方等调治。②适宜的居住和工作环境：应尽量选择空气清新、水源清洁、阳光充足的绿色环境，保证肺"吸清呼浊"是保护肺健康的重要条件之一。③保持良好心态：推荐静神养生法以节制情志，顺应自然，还可用"喜胜忧"之法等。④注意饮食调养：肺喜润恶燥，养肺最适宜的是品性微凉而清润的果蔬，并根据季节而变换、增减。蔬菜以胡萝卜、西红柿、丝瓜、鲜藕、竹笋、菠菜、南瓜、黄瓜等为主；水果以柑橘、梨、苹果、葡萄为宜。忌油腻炸物及辛辣之品。⑤适当锻炼，增强体质：因人而异进行呼吸保健操、跑步、散步、五禽戏、太极拳、健身操等以提高肺的抗病能力。

秋冬交替是慢阻肺的高发季节，反复发作的慢阻肺急性加重（AECOPD）会导致肺功能急剧下降和死亡风险呈指数上升。WHO 等发布的《慢阻肺全球防治倡议》（GOLD）强调，慢阻肺稳定期治疗的主要目标是缓解症状和降低未来急性加重的风险。目前，慢阻肺的防治都偏重于现代医学的治疗方案，即使用支气管扩张剂包括长效抗胆碱药（LAMA）、长效 β_2 受体激动剂（LABA）及吸入性激素（ICS）预防 AECOPD，虽然研究提示该方案有减缓肺功能下降、改善患者的生活质量及预防急性加重的作用，但临床预期效果并不十分理想，最近又开始推出更加强效的双支扩剂，LAMA 联合 LABA，即乌美溴铵联合维兰特罗（欧乐欣），其防治效果尚待观察。一直以来，中医药在慢阻肺及其急性加重中的防治效果并未引起我国医学界的关注。

值得称赞的是，中医药防治慢阻肺及其急性加重风险的研究已取得了不错的成绩。其中，由我国著名的呼吸疾病专家钟南山院士领衔的团队一直致力于应用中医沿用已久的名方玉屏风（散）颗粒联合太极拳开展慢阻肺稳定期防控与康复治疗的研究影响甚广。众所周知，玉屏风颗粒是中医扶正固表经典名方，应用至今已有 700 余年历史。现代药理学研究表明，该方具有增强人体免疫功能和抗变态反应的双向免疫调节作用，此外还具有抗细菌黏附作用。据披露，该团队于 2014 年 4 月启动该方对慢阻肺急性加重影响评价的临床研究，历时 4 年完成，是一项采取随机、双盲、平行、安慰剂对照、多中心的临床研究，由广州医科大学附属第一医院、首都医科大学附属北京友谊医院、复旦大学附属中山医院等 8 家医疗机构共同参与。研究结果显示，常规治疗联合使用玉屏风颗粒 52 周能显著减少中重度慢阻肺患者急性加重风险的 32.3%，与慢阻肺稳定期广泛使用的支气管扩张剂包括 LABA、LAMA 及 ICS 预防 AECOPD 的作用相当；玉屏风颗粒还能预防患者第二次出现急性加重的风险，并能明显延长首次出现加重时间和 AECOPD 的间隔时间；同时能改善症状评分，提高患者生活质量，且安全性好、使用方便、口感较好，患者依从性也较好，相对价格经济，是一种值得临床推广的稳定期慢阻肺患者长期规律治疗的方法。其相关成果已发表于国际医学期刊 *International Journal of COPD*。这项历时 4 年余的研究，还用太极拳替代传统的肺康复锻炼，这无疑是一项重要的促进呼吸功能康复的措施。王老认为，太极拳有很多优点，不但能健身，而且强调吸纳，类似于腹式呼吸，有利于改善肺功能。太极拳虽然无须费大力气，但是极重度肺功能损害患者，甚至连步行都感到困难，特别是有不少已有营养障碍的慢阻肺患者，太极拳往往难以进行。当然，对肺功能损害较轻的患者，应该是一项值得推荐的方法。

王老指出，诸如慢阻肺等很多慢性疾病，现代医学随着现代科学技术的进展，其诊断方法也随之而进，但治疗的手段仍然进展较慢，特别是西医引以为荣的抗生素，由于滥用，已面临无药可用的枯竭地步，我们不妨看看当下的报道。2009 年诺贝尔化学奖获得者阿达·约纳特指出，抗生素是 20 世纪的重要发明，治愈了许多传染病患者，但如今抗生素面临着严峻的耐药性问题。抗生素研究已经不是有吸引力的研究领域，多数大型制药公司已经停止了对抗生素耐药的研究，也没有新抗生素的研究。WHO 甚至指出，医药界将进入"后抗生素时代"。我们没有办法完全解决抗生素耐药问题，但必须采取应对措施。研究发现，抗生素的潜在结合位点，往往不参与蛋白质解码等过程，如果可以阻止这些结合位点的形成，就可以抑制抗生素耐药的产生。对此，研究的目的是对每一种致病菌制作出特异性的抗生素，这与传统的广谱抗生素有着极大的区别，不但避免了耐药性产生，也规避了抗生素可能对人体其他有益菌的影响，在生物降解方面做到最大的优化。虽然，新的研究正在进行，但显然不会是一个短期的过程。我们应该以玉屏风颗粒大型研究为例，遵循循证医学的方法，进一步加大对中医药相关理论及药物的研究。钟南山院士开展的玉屏风颗粒对慢阻肺防治的临床研究已证明中医药对慢阻肺的增效作用，其研究成果也已在国际相关杂志上发表，这对中医药走向世界无疑是有益的。这一研究也是首创之举，预告着中医未来发展的方向：

在传承的基础上创新!

3. 典型案例分析

病案 1 陈某,男,75 岁,2012 年 12 月 20 日初诊。

主诉:反复咳嗽、咳痰 30 余年,气急 10 年,加重 1 个月。

初诊:患者 30 多年来反复咳嗽、咳痰,气候骤变及冬春季节时易发,近 10 年来动则气急,胸闷。肺功能检查示:重度阻塞性通气功能障碍。诊断为"慢性阻塞性肺疾病"。1 个月前咳嗽、咳痰加重,痰白而黏,咳之不畅,伴有胸闷、气急、气短、神倦乏力,气促貌,声微口干,唇甲紫暗,舌偏红,边有瘀点,苔薄腻,脉弦滑。中医诊断:肺胀急性加重期(痰热壅肺,气虚血瘀证)。治以清肺化痰,宽胸平喘,兼以益气活血。处方:桑白皮 12g,淡子芩 12g,苦杏仁 10g,生甘草 6g,桔梗 10g,制半夏 10g,全瓜蒌 15g,炙薤白 10g,浮海石 12g,广地龙 15g,淫羊藿 10g,佛耳草 15g,太子参 15g,全当归 15g,七叶一枝花 15g。常法煎服,每日 1 剂,予方药 7 剂。

二诊:服药 7 剂后,患者咳嗽、咳痰减轻,气急、胸闷渐平,脉苔同前,再守原意,调理 1 个月后,患者胸宇舒畅,气急、咳嗽、唇甲紫暗诸症明显改善。

按语: 慢性阻塞性肺疾病相当于中医的"肺胀""咳嗽""喘证"范畴,以伏痰内留、肺气壅塞为基础,进而气虚血瘀,胸阳被痰浊、血瘀阻塞,历久积渐而成。王老认为慢性阻塞性肺疾病患者出现胸满闷塞,系由痰浊阻塞肺络,上焦清阳失旷,肺气壅滞,气机痹阻而致,颇似胸痹之证,故治疗时在清化痰热基础上加半夏瓜蒌薤白汤以通阳泄浊,展气豁痰,效果更令人满意。另外,本病还存在气虚血瘀的病理基础,治疗时当酌加益气活血之品如太子参、当归、丹参、地龙等,以鼓舞正气,达到标本兼治的目的。

病案 2 方某,男,70 岁,2002 年 6 月 5 日初诊。

主诉:反复咳嗽、气急 20 余年。

初诊:患者反复咳嗽、气急 20 余年,咳嗽不多,痰少,质黏,咳之不畅,动则气喘较甚,话不成句,起床、穿衣都感困难,有吸烟史 40 多年。胸部膨满,口唇轻度发绀,舌红,苔少,脉细数。西医诊断:慢性阻塞性肺疾病。中医诊断:肺胀(气阴两虚,痰瘀内阻证)。治拟益气滋阴,化痰祛瘀,降气平喘。方以保肺定喘汤加减。处方:党参 15g,黄芪 30g,熟地黄 12g,麦冬 12g,五味子 6g,丹参 15g,太子参 30g,当归 12g,广地龙 15g,怀山药 30g,降香 6g,苦杏仁 10g,桔梗 6g,甘草 6g,南北沙参各 15g,红景天 15g,14 剂。并嘱其戒烟,每日进行呼吸保健操。

浙江中医临床名家·王会仍

二诊：2002 年 6 月 19 日。患者咳嗽、气急有所缓解，继服前方 2 周。以后一直予以保肺定喘汤加减治疗，不出 1 年，气急明显好转。另外，给患者制订了冬病夏治、冬令膏方调治方案。2 年后生活质量显著提高。

按语： 保肺定喘汤系王老治疗慢性阻塞性肺疾病稳定期的经验方，临床和实验研究均表明其具有止咳、祛痰、平喘及抑制气道和肺血管重构等作用。该患者肺肾气虚，不能主气、纳气，故气喘声低，话不成句，生活不能自理；肺肾阴虚，则咳痰质黏，咯吐不利；肺气不足，血脉运行受阻，气虚血瘀，则见唇绀；舌红，苔少，脉细数均为气阴两虚之征。故予党参、太子参、黄芪、熟地、当归、麦冬、南北沙参、红景天益气补肺，养血滋阴。五味子敛肺止咳，杏仁降气，桔梗宣通肺气，共复肺气之宣降。"久病必瘀"，故适当加入广地龙、丹参、降香等活血之品，瘀去则脉通。本案对吸烟危险因素予以管理，配合呼吸吐纳保健操、冬病夏治、冬令膏方等防治措施，能更有效地防传防复，维护肺功能，从而明显改善了患者的生活质量。

病案 3 娄某，男，56 岁，2009 年 5 月 1 日初诊。

主诉： 反复咳嗽、咳痰、气急 10 余年，加重 3 年。

初诊： 患者 10 余年前无明显诱因出现反复气急，咳嗽咳痰，痰色白质稀，多次在当地医院就诊，诊断为慢性阻塞性肺疾病，每遇秋令或感冒而易复发，且逐年加重。近 3 年来多次因慢性肺源性心脏病心力衰竭而住院治疗（具体用药不详），目前使用沙美特罗/替卡松（50μg/500μg）等治疗。患者仍咳嗽咳痰，痰色白，量多质稀，胸闷气喘，动则尤甚，夜间常难平卧，伴有心悸、畏寒，唇绀，下肢浮肿。既往有高血压病史 2 年，有吸烟史 10 余年，每日 2 包，现已戒。查体：神清，精神软，唇绀，心率 100 次/分，律齐，桶状胸，两肺呼吸音低、未闻及明显干湿啰音，下肢轻度水肿，舌淡红，苔薄白，脉细滑。西医诊断：慢性阻塞性肺疾病、肺源性心脏病。中医诊断：肺胀（水饮凌心证）。治以通阳利水，宣肺降气，化痰祛瘀。方以五苓散加减主之。处方：猪苓 15g，茯苓 15g，炒白术 12g，炙桂枝 6g，黄芪 30g，太子参 20g，杏仁 10g，桑白皮 15g，炙苏子 12g，当归 12g，川芎 12g，红景天 15g，地龙 12g，仙灵脾 12g，野荞麦根 30g，三叶青 15g，虎杖 20g，合欢皮 20g。7 剂，每日 1 剂，煎服。并嘱其于家中吸氧。

二诊：2009 年 5 月 9 日。药后患者气急、咳嗽咳痰、胸闷心悸等症状减轻，唇绀改善，下肢仍有轻度浮肿，胃纳欠佳。前方去杏仁，加葶苈子 9g，六神曲 12g，川芎和广地龙改为各 15g。继续服药 7 剂。

浙江中医临床名家·王会仍

三诊：2009 年 5 月 16 日。诸症明显减轻，唇绀不著，浮肿基本消退，夜能平卧，治守原法。以后予健脾补肾、益气活血调治，病情平稳。

按语： 王老认为慢性肺源性心脏病与虚、瘀、水有关。"虚"，为肺、脾、肾三脏俱虚，肺虚不能化津，脾虚不能转输，肾虚不能蒸化，致水液代谢失常，痰浊潴留，喘咳持续难已；"瘀"，乃久病多瘀，气虚血瘀，故见唇甲发绀；"水"，乃阳虚水邪上逆，凌心犯肺，则咳逆上气、心悸、下肢浮肿。治疗时主张通阳利水和益气活血并用。在五苓散基础上，加用桑白皮、葶苈子、黄芪等泻肺平喘，利水消肿，起到上开下达，通调水道的作用；炙苏子、杏仁等降气化痰，止咳平喘；当归、川芎一动一静，补血调血，以增加利尿效果。待下肢浮肿、唇绀消退，扭转病情，杜绝传变后，则主张重用益气、健脾、补肾以扶正固本，巩固疗效。

病案 4 谢某，男，76 岁，2007 年 4 月 7 日初诊。

主诉： 咳嗽咳痰胸闷气急 20 余年，再发加重 2 周。

初诊： 患者有慢性阻塞性肺疾病病史 20 余年，每遇秋令或感冒而易复发，且逐年加重。近 3 年来多次因慢性肺源性心脏病心力衰竭而住院治疗，每年至少发生 2 次以上心力衰竭。此次就诊诉咳嗽气急 2 周，夜间常难平卧，痰多黏稠，心悸气短，胸闷腹胀，神疲纳少，咽痒时作，鼻塞流涕，但无畏寒发热，舌质暗，苔薄黄，脉弦滑。经本院急诊室就诊，应用抗生素、平喘药及吸氧等治疗，病情有所减轻，因不愿住院而要求中医药配合治疗。查体：神情，精神软，形体消瘦，唇绀，下肢浮肿，心率 108 次 / 分，律齐，两肺听诊呼吸音粗，可闻及湿啰音。患者有吸烟史 30 余年，已戒烟 4 年。本次发病因感冒而起，属中医溢饮之证。治以通阳利水，宣肺降气，化痰祛瘀。方以五苓散合防己黄芪汤加减主之。处方：猪苓 15g，茯苓 15g，炒白术 12g，泽泻 15g，炙桂枝 6g，车前草 20g，黄芪 30g，防己 12g，杏仁 10g，桑白皮 15g，葶苈子 12g，炙苏子 12g，当归 12g，川芎 15g，野荞麦根 30g，三叶青 15g，虎杖 20g。7 剂，每日 1 剂，煎汤口服。

二诊： 2007 年 4 月 17 日。治疗 1 周余，患者下肢浮肿、唇绀明显改善，咳嗽咳痰、心悸气急、胸闷腹胀等症状也见减轻。效不更方，继服 1 个月后，下肢浮肿基本消退，口唇发绀已见轻，咳嗽咳痰也见好转，夜能平卧，唯动则气急仍甚，嘱其继续家中吸氧。患者标实虽除，但正虚未复，故前方去车前草、防己、杏仁、三叶青，加广地龙 15g，淫羊藿 12g，红景天 15g，太子参 30g 以益气、健脾、补肾继治。患者坚持以此方化裁治疗 1 年余，病情稳定，未再住院或急诊。

按语： 纵观二诊，该患者为慢性肺源性心脏病急性发作期，采用五苓散合防己黄芪汤加减，同时选用清肺化痰药等进行治疗；缓解期，则用益气活血，健脾补肾为主进行治疗。方中茯苓甘淡，利小便以利水气，是制水除湿之要药；猪苓甘淡，功同茯苓，通利水道，其清泄水湿之力较茯苓更捷；泽泻甘寒，利水渗湿泻热，最善泄水道，为利尿之第一佳品；白术甘苦而温，健脾燥湿利水；少量桂枝辛温通阳利水，调和营卫。防己大苦辛寒，祛风利水降压，与黄芪相配，利水力强而不伤正；车前草、桑白皮、葶苈子等配伍黄芪泻肺平喘，利水消肿，能起到"上开下达"、通调水道的作用；炙苏子降气化痰，止咳平喘；当归、川芎一动一静，补血调血，以增加利尿效果；野荞麦、三叶青、虎杖合杏仁共奏苦降泄热、化痰止咳之功。下肢浮肿、唇绀消退后，则重用益气、活血、健脾、补肾之药以扶正固本，巩固疗效。

（二）支气管哮喘

1. 概述

支气管哮喘是由多种细胞，包括气道的炎性细胞、结构细胞（如嗜酸粒细胞、肥大细胞等）和细胞组分参与的气道慢性炎症性疾病。这种慢性炎症导致气道高反应性（AHR），通常出现广泛多变的可逆性气流受限，并引起反复发作性的喘息、气急、胸闷或咳嗽等症状，常在夜间和（或）清晨发作、加剧，多数患者可自行缓解或经治疗缓解。支气管哮喘是一种严重危害人体健康的慢性疾病。最近调查显示，近10年来我国哮喘发病率逐渐呈现上升态势，有效控制率较低，疾病控制总体状况不容乐观。我国目前有哮喘患者约3000万，全球哮喘患者约有3亿。咳嗽变异性哮喘（CVA）是指以慢性咳嗽为主要或唯一临床表现的一种特殊类型的哮喘。研究表明，慢性咳嗽中由CVA引起的占14%左右。有学者认为CVA是典型哮喘的前驱，随着接触变应原的时间不断增加，1/3～1/2的患者在经过一段时间后最终会发展为典型哮喘。王老认为，CVA虽然没有喘息、胸闷等典型哮喘的表现，但是它的病理、生理改变与哮喘一样，也存在持续气道炎症反应与气道高反应性，从中医"治未病"的观点出发，临床中也应按哮喘来治疗，应尽早完善肺功能等检查以明确诊断。哮喘的西医治疗以抗炎和舒张支气管为主。哮喘的基本病理改变是气道慢性炎症，所以抗感染治疗是哮喘治疗的基石，常用的抗炎药有糖皮质激素、白三烯调节剂、色甘酸钠、酮替芬和新一代抗组胺药如氯雷

浙江中医临床名家·王会仍

他定，其中糖皮质激素是目前控制哮喘发作最有效的药物，在重度或严重哮喘发作及处于哮喘持续状态时通过静脉给药。对于需要长期抗感染治疗的哮喘患者则常用吸入制剂，目前多用长效 β₂ 受体激动剂与吸入性糖皮质激素的联合制剂，如福莫特罗 / 布地奈德（信必可）、沙美特罗 / 替卡松（舒利迭）等。支气管扩张剂主要作用于气道平滑肌以逆转哮喘患者支气管收缩，可以缓解症状，但对炎症过程几乎没有作用。目前使用的支气管扩张剂分为三种，即 β₂ 受体激动剂、抗胆碱能剂和茶碱，其中以 β₂ 受体激动剂最为有效。β₂ 受体激动剂可活化广泛表达于气道的 β₂ 肾上腺素受体，可以通过增加细胞内环磷酸腺苷（cAMP）的水平，从而松弛支气管平滑肌和抑制某些炎症细胞，尤其是肥大细胞。

近年来，围绕慢性阻塞性肺疾病（COPD）与支气管哮喘之间异同关系的研究较多。最早认为两者都是气流受限的慢性炎症性疾病，但后来逐渐认识到两者存在一定区别。1995 年，美国胸科协会（ATS）制定了关于 COPD 诊断和治疗的相关文件，在谈到 COPD 与支气管哮喘（哮喘）的关系时指出，以往哮喘一般归类于 COPD 中，由于已经认识到哮喘具有其自身突出的特征，故将其从 COPD 中分离出来。在新的《慢性阻塞性肺疾病全球防治创议》（GOLD）及《全球哮喘防治创议》（GINA）诊治指南中，强调了 COPD 与哮喘的鉴别，并且明确指出哮喘不是 COPD。两者发病机制、病理生理改变、临床表现及对治疗的反应性等方面均有明显差异，由此也导致两者在临床治疗方面有较多不同之处。

从 GOLD 指南和 GINA 指南中可以看出，COPD 和哮喘均为非特异性炎性疾病，且均存在气流受限。在 COPD 中强调气流受限的不完全可逆性，而在哮喘中则强调气流受限的可逆性。但在临床上慢性哮喘患者的气流受限也存在不能完全逆转者，主要由于气道重塑所致，这类哮喘目前称为哮喘 - 慢性阻塞性肺疾病（ACO）。流行病学研究显示，ACO 占所有阻塞性气道疾病的 15% ～ 25%，且半数以上为老年患者。事实上，大多数慢性哮喘患者因存在慢性不可逆性的气流受限，存在对短、长效的支气管扩张剂和口服或吸入糖皮质激素治疗效果不是很理想的情况，使其表现出与 COPD 相似的临床特征。另外，临床上也存在一些 COPD 患者的气流受限可以有明显的可逆性成分，尤其是急性加重期的患者。COPD 中气流受限的不可逆成分主要是由于气道重塑、纤维化及小气道狭窄使固定的气道阻塞和气道阻力增加，而其可逆成分是指气道平滑肌收缩及支气管内黏液、血浆渗出液和炎性细胞积聚，经治疗后上述状况可得到改善，尤其在急性加重期应加以重视。2005 年 ATS 在与欧洲呼吸协会共同制定的关于 COPD 诊断和治疗的最新文件中指出，部分哮喘可以逐渐发生可逆性很小的气流受限，它们与 COPD 是难以鉴别的。所以，有时不可能完全将气流阻塞不完全可逆的哮喘与 COPD 区分。此外，哮喘患者通常伴有气道高反应性，而 COPD 患者并非一定伴有气道高反应性。在易患因素中，COPD 的危险因素主要包括遗传因素和环境因素，是一种多基因疾病，也是遗传 - 环境因素相互作用的范例，目前报道最详尽的 COPD 遗传性危险因素是先天性 α_1- 抗胰蛋白酶缺乏，吸烟则是其重要的发病因素。哮喘的危险因素主要也是遗传因素和环境因素，遗传因素是指个体的易患或保护机体防止发生哮喘的因素，环境因素是指影响易患个体发生哮喘的敏感性及导致哮喘加重和（或）症状持续的因素，新的 GINA 指南详细列出了能导致支气管收缩的药物或因素，有阿司匹林、β_2 受体阻滞剂、可卡因、造影剂、双嘧达莫、海洛因、白介素 -2、呋喃妥因、非甾体类抗炎药、普罗帕酮、鱼精蛋白等，提示在临床工作中需谨慎用药，避免医源性因素导致哮喘发作或病情恶化。

《黄帝内经》中的"喘促、上气"是对哮喘最早的记载。东汉张仲景所著的《金匮要略》中则有"咳而上气，喉中如水鸡声"的记载，对本病又做了进一步描述。嗣后《圣济总录》《太平圣惠方》《普济方》中所谓的"呷嗽"更与本病的临床表现相吻合。直至《丹溪心法》《医学入门》等书中开始出现"哮喘"之名，并认为"哮以声响言，喘以气息言"，指出喘是气道奔迫，主要在于气急；哮是气为痰阻，主要在于声音；喘不必兼哮，但哮可以兼喘，且因为哮证常见喘，所以连称为哮喘而一直沿用至今。至于哮喘一症，前人认为病位在肺。《素问·至真要大论》曰："诸气膹郁皆属于肺"；《诸病源候论》更明确地指出："肺主气，邪乘于肺则肺胀，胀则肺管不利，不利则气道涩，故气上喘逆，鸣息不通。"由此可见，古人已认识到哮喘的发病机制是气流阻塞，而且还认识到气流阻塞是因为外邪诱发所致。远在千年前就有这种认识，可以说是非常可贵的。

近年来，大多数医家认为，哮喘的主要病因在于痰瘀内伏于肺，痰瘀内伏是其发病的"宿根"。所谓痰瘀其实是一种内因，指的是气虚血滞于内，反复发作，久而成瘀，伏于肺络之故；从现代医学而言，也不妨理解为免疫功能失调而致的一种引起哮喘发病的病因。在此基础上，一经外感风寒、风热之邪，或由于烟雾刺激、污气侵袭、饮食不当、情志不遂及劳累过度等因

素诱发，则痰随气升，气因痰阻，相互搏击，壅塞气道，肺管狭窄，致使肺失宣降，哮喘由之而起。若因失治，迁延日久，寒痰伤及脾肾之阳，痰热耗灼肺肾之阴，可导致肺、脾、肾三脏俱虚，脏腑功能失调，气血津液生化受阻，水液代谢紊乱，出现本虚标实，甚则肺气衰竭或胸阳受遏，进而发生"暴喘""喘脱""水气凌心"或"痰迷心窍"等危候。因此，必须及早诊治。

2. 王老的学术观点和治疗特色

王老认为虽然哮喘有寒哮、热哮、食哮、盐哮、酒哮、糖哮、冷哮、水哮、风痰哮、年久哮等不同分类，但治疗上还要辨证施治。临床上，在分型辨治的同时，主要抓住祛邪、补虚两个关键环节，即"发时治肺""缓时治肾"。所谓"治肺"，主要指祛邪而言。哮喘发作时，因痰气交阻于肺，气道壅塞，升降失司，故必须以调气化痰、通畅气机为务。因寒痰阻肺而致病者，治宜温肺化痰、降气平喘，方以小青龙汤、射干麻黄汤、三拗汤等化裁，常用药物为麻黄、桂枝、干姜、生白芍、半夏、细辛、款冬花、苏子、杏仁、川朴、五味子、降香等。因痰热壅肺而致病者，治宜清肺泄热、豁痰下气，方以定喘汤加减，常用药物为白果、麻黄、黄芩、甘草、杏仁、前胡、桑白皮、佛耳草、老鹳草、生石膏、七叶一枝花、金荞麦、鱼腥草、广地龙、葶苈子等；由于热盛极易伤津灼液，往往又须酌加具有生津润肺功能的芦根、竹叶、羊乳、石斛等品。所谓"治肾"，主要指补虚扶正而言。现代一些研究已充分证明，哮喘患者肾虚的实质与肾上腺皮质功能低下、自主神经功能紊乱、β受体反应减弱及过敏介质的释放导致气道高反应性等多种因素有关。临床观察发现，附子、补骨脂、仙灵脾、菟丝子、锁阳、紫石英、熟地、冬虫夏草、狗脊、巴戟天等补肾或补肾壮阳类药，能显著提高哮喘患者降低的垂体-肾上腺皮质系统的功能，减轻哮喘患者对肾上腺皮质激素的依赖性，以及发挥改善β受体下调的作用；同时还能提高哮喘患者的抑制性 T 淋巴细胞，抑制血清 IgE 的季节性升高。推测其作用机制可能系通过下丘脑而对神经-内分泌-免疫网络发挥了多环节的调节作用，提高了机体的免疫自稳能力及降低了气道的高反应性，以达到防治哮喘的目的。同时，补肾的同时必须适当配伍黄芪、党参、白术、甘草、茯苓、怀山药、米仁、红枣等健脾益气的药物，借以旺盛其生化之源，此既有助于促进肾虚的尽快康复，又可杜绝"脾虚生痰"和"肺虚贮痰"之弊端，只有这样，才有利于提高机体的防御功能，改善肺功能，进而制止和减少哮喘的发作。

根据王老多年治疗哮喘的经验，要提高临床疗效，应掌握以下治疗要点：

（1）标本同治：无论哮喘发作期还是缓解期，王老都始终坚持"治标不离本""治本不离标"的治疗原则，将治标、治本有机地贯穿在一起。王老认为哮喘为沉疴顽疾，其病迁延，正气亏虚，发作时又多表现为虚实错杂之候。诚然，哮喘发作时以祛邪为急，但治疗时若一味投以宣肺化痰、降气平喘之剂，虽症状暂时可除，但药力过后，诸症复萌，疗效不易巩固。因此，必须在祛邪的同时酌加扶正之品，如太子参、黄芪、灵芝、绞股蓝、仙灵脾等，以促进病情尽快恢复。值得一提的是，绞股蓝系葫芦科多年生草质藤本植物，又名七叶胆，民间早就应用于治疗咳喘。研究已证实，绞股蓝富含人参皂苷及多种人体所必需的微量元素和氨基酸，因其具有类似于人参样广泛的药理活性，故被誉为"南方人参"，近来已作为扶正固本药，可与黄芪、党参等补气药同效，对哮喘的治疗，不论治标或治本，都是一味值得重视的免疫调节剂。同时，在哮喘急性期缓解后，由于宿根伏邪未清，应在扶正固本的同时，恰如其分地加用一些宣透、清肺、化痰等祛邪之品，如七叶一枝花、桔梗、桑白皮、金银花、云雾草等，以起到"邪去正安"的作用。

（2）寒热并用：哮喘急性发作时，不论寒痰抑或热痰，用药时都不能偏用温药或凉药。因温热太过，易伤阴灼液；而寒凉太过则易耗损阳气。中医组方讲究君、臣、佐、使，既考虑到与主药协同以加强主药的功效，又不忽视制约主药所引起的不良反应，这点应该是中医治病的一大优点。有鉴于此，在治疗哮喘发作时，王老喜用小青龙汤加黄芩、芦根、广地龙、仙灵脾，而对反复发作难愈者则常酌加太子参等，予以截断哮喘。组方所用之广地龙和仙灵脾，前者性寒，味咸属阴；后者性温，味甘属阳，两者相伍，一阴一阳，一寒一热，既可避免地龙之助寒伤阳，又可防止仙灵脾之助火伤阴，特别是哮喘长期发作兼有性功能障碍的中老年患者尤为合适。近年报道，地龙对阿司匹林性哮喘具有良好的平喘作用。黄芩为清肺要药，现代药理研究证明黄芩能通过阻断抗原、抗体的结合减轻变态反应，现有为数不少的临床医师喜欢加大黄芩用量至 15～20g，甚至更大的超用剂量，须知黄芩乃苦寒燥湿之药，不仅有伤脾损阳之弊，而且日本学者研究认为，黄芩所含的黄芩苷有致肺间质纤维化之嫌，不可不防，因此王老在应用本药时往往不超过 12g。

（3）痰瘀兼顾：宿疾内伏，壅塞气道，气壅失疏而血瘀，即"有痰必有瘀"；哮喘反复发作，日久肺气必虚，气为血帅，气虚则血瘀。因此，无论在哮喘发作期抑或缓解期，仅从补肺、补肾、健脾、化痰、平喘等法着手，往往收效不甚显著，此时如能"痰瘀兼顾"，在主方中配伍降香、丹参、当归、

浙江中医临床名家·王会仍

赤芍、莪术、川芎等一些具有活血化瘀作用的药物，有时虽加一二味，但常能迅速见效。对此，现代已有一些研究认为，具有促使血小板聚集作用的血小板激活因子（PAF）及近年发现的黏附因子，均有很强的支气管收缩作用，能诱发非特异性的气道反应性持续增高，是引起支气管哮喘发作的一种重要介质。已有报道称，应用丹参治疗哮喘，经过历时5年的临床观察和实验研究发现，丹参能明显降低IgE水平，并有改善肺微循环的作用，其抗过敏效果可与酮替芬相匹敌。还有研究应用川芎对哮喘患者进行了治疗观察，同样证明具有活血化瘀作用的川芎，其平喘效果也甚为显著，因而推测这类中药的作用机制可能与抗黏附及抗PAF或抑制血栓烷A_2（TXA_2）的释放等因素有关。朱丹溪早就明确指出"痰挟血遂成窠囊"，王老认为治喘应治痰，治痰要调气活血，活血则能使痰化，只有痰瘀兼顾，疗效方会卓著，古方苏子降气汤用当归即寓此意。

（4）祛风通窍：肺主气，外合皮毛，开窍于鼻。外邪从表自上而入，内合于肺而诱发哮喘，此时，鼻窍、皮毛首当其冲，故出现鼻塞、鼻中作痒、鼻流清涕、喷嚏等先兆症状。临床上所见支气管哮喘患者多伴有过敏性鼻炎，吸入花粉、烟尘、油漆味等会出现鼻塞流涕等症状。即使无明确的过敏原，亦常伴有上述症状。据有关报道，支气管哮喘伴有过敏性鼻炎、副鼻窦炎及鼻息肉等高达20%～50%，因此，适当加入一些祛风通窍及搜风镇痉的药物，诸如辛夷、苍耳子、白芷、防风等，常能收到令人鼓舞的效果。哮喘发作时存在平滑肌收缩和支气管痉挛。一些虫类药物，如地龙、蝉蜕、僵蚕、蛤蚧等，可祛风镇痉，有助于加强疏通气道壅塞及血脉痹阻，抗过敏，缓解支气管哮喘，从而达到平喘的良好作用。故可在辨证基础上，酌情配伍应用。但虫类药物，一般有燥血伤阴之弊，故宜中病即止，不可长期服用。

（5）因时制宜：因本病反复发作，迁延日久，多表现为阴阳俱虚。秋冬季节，气候由凉转寒，阴盛阳衰，人体腠理致密，阳气敛藏于内，致使阳气愈虚，不能卫外为固，一旦风寒之邪乘虚入侵而引起哮喘发作，此时应慎用苦寒之品以防伤阳，治疗应以温阳平喘为主；相反，春夏季节，气候由温转热，阳盛阴衰，阴液愈耗，此时又应慎用辛热之品，以防助热伤阴，故治以清肺平喘为主，这样方能顺乎自然，切中病机。

（6）因人制宜：人之先天禀赋和后天调养各异，临诊时需善于抓住各自的体质特点而酌情施治。对于女性，特别是经期前后发作的患者，因其以血为本的生理特点，治疗时应配伍一些养血活血之品，如当归、赤芍等，尤其是当归，本身具有止咳逆上气之功效，用之甚妙。老年哮喘患者机体适应能力、防御能力均低下，肾阳必虚，故用药上多偏于温补，可酌情选择仙灵脾、补骨脂、紫河车等。对于一些反复发作，并伴有胸胁苦满、少寐的哮喘患者，系由于情志不遂，忧思气结，肺气痹阻或郁怒伤肝，肝气上逆于肺，肺气不得肃降，气逆而发。因肝是通畅全身气机的枢纽，运用一些疏肝解郁、安神定志的药物，如柴胡、白蒺藜、远志、合欢皮、石菖蒲、夜交藤等，往往能使神定气顺，止喘于顷刻之间。

（7）中西医优化选择：中医治疗哮喘的历史，可以说是源远流长。王老指出单就《伤寒论》而言，以麻黄为主治疗哮喘的组方当不下 10 余种。从西医应用 β_2 受体激动剂类药治疗哮喘的历程看，最早系始于从麻黄中提取出来的麻黄素，继之则为肾上腺素、异丙肾上腺素等，直至 20 世纪 80 年代后才开始陆续开发出诸如特布他林、安通克、丙卡特罗、舒喘平、沙丁胺醇、班布特罗、奥克斯、沙美特罗、福莫特罗等效果好而不良反应少的各种新药。在这一点上，可以毫不夸张地说，我们祖先最早治疗哮喘所用的麻黄，应该是 β_2 受体激动剂类药的开山始祖。当然还不止于此，后继的三子养亲汤、苏子降气汤，以及可用于治疗食管反流性哮喘的旋覆代赭汤等，都是临床久用不衰的方剂。此外，还有民间用于治疗哮喘的洋金花、天仙子等单方验方，这些中药经药理研究证实都具有抗胆碱样作用，特别是天仙子，也就是现在所谓的山莨菪碱或东莨菪碱之类新药，不仅用于平喘、抗休克，而且还用于戒毒，并取得了令人瞩目的成绩。由此看来，中医药在防治哮喘方面也有其独特的优势和潜力。所以王老在临床中力倡中西医结合优化选择。在急性发作期，特别是危重阶段，王老认为西药占有较大的优势。肾上腺素受体激动药、茶碱、肾上腺皮质激素等药物往往作用迅速而有效，宜根据病情的轻、中、重度进行分级治疗。而在西药阶梯治疗方案基础上，同时运用中药宣肺化痰、降气平喘，可提高疗效，并使西药尽快降级治疗，缩短西药使用时间及减少其不良反应。对于短程大剂量运用激素的重症哮喘患者，王老常在中药中加入滋阴或滋阴泻火药物，如生地黄、黄柏、知母等；若长期中小剂量使用激素或激素减停时，选用益气药，如人参、甘草、绞股蓝、灵芝、刺五加等，或用温肾药如附子、肉苁蓉、淫羊藿、补骨脂、菟丝子等，既能继续发挥激素的止喘抗炎效果，又能去除其不良反应，为顺利撤除激素创造条件。

气道高反应性（AHR）是哮喘的特征性生理异常，反映了气道对多种吸入刺激物产生的过度的支气管平滑肌收缩。这些吸入物对正常气道不起作用，

浙江中医临床名家·王会仍

但对存在 AHR 的患者则可诱发支气管平滑肌收缩。AHR 增加与哮喘症状的发作频率相关，因此治疗后要点之一就是减轻 AHR。王老认为，所谓的刺激性吸入物指的就是过敏原，中医将之称为外邪，不论是过敏原或外邪，只对过敏体质者产生致病作用，所说的过敏体质在中医而言，应属于体虚或气虚者。中医认为疾病的发生与发展的观点一向是"外因决定于内因"。因此，中医治疗哮喘非常强调"发物"应该是可以接受和理解的。但是，强调过头了就会使人莫衷一是，不以为然了。对于生活方式，王老强调低盐饮食对防治哮喘的重要性。流行病学证明，高盐摄入与平滑肌痉挛性疾病、原发性高血压和支气管哮喘的发病有关。在高血压患者中，盐负荷使平滑肌 β_2 受体下调从而导致血管收缩，高盐摄入可引起哮喘患者的支气管平滑肌对致病原的刺激反应过度，促进支气管痉挛。有人对哮喘小鼠给予低盐饮食（氯化钠每天 5～6g）和高盐饮食（氯化钠每天 14～15g）进行对照研究，结果显示盐负荷可加重哮喘的症状，明显降低一秒用力呼气量和最大呼气流量，并经枸橼酸钠负荷证实，此效应是由钠离子的介导作用所致，而不是氯离子，但其加重哮喘的作用机制尚不清楚。由于支气管哮喘对盐十分敏感，盐负荷可恶化症状，降低肺功能，并增加抗哮喘药物的用量。中医对哮喘的分类中，也有"盐喘"或"咸喘"的说法。由此可见，中西医在低盐饮食能缓解哮喘症状的认识上的观点基本是一致的。所以，临床对哮喘患者应注意低盐饮食以发挥其防控哮喘的有利作用。

3. 典型案例分析

病案 1 李某，男，53 岁，2011 年 3 月 4 日初诊。

初诊：既往有哮喘病史 10 余年，常因接触冷空气、刺激性气味发作。1 个月前因受凉后出现咳嗽咳痰，痰色白、质黏不易咳出，伴胸闷气急，喷嚏频作，咽痒则咳喘作。两肺听诊可闻及哮鸣音。舌色淡，苔淡黄而厚腻，脉弦细。四诊合参，诊为哮证，证属寒哮。治拟宣肺化痰，降气平喘。处方：炙麻黄 10g，杏仁 10g，姜半夏 9g，陈皮 10g，茯苓 15g，前胡 10g，苏子 10g，莱菔子 10g，白芥子 10g，枳壳 10g，紫草 10g，茜草 10g，地肤子 10g，苍耳子 6g，辛夷 10g，野荞麦根 30g，甘草 6g，7 剂。嘱其避免烟尘异味、海货发物，饮食宜清淡为主。

二诊：服药 1 周后咳喘、流涕及喷嚏明显好转。效不更方，续服 14 剂。

三诊：服药后哮喘一直未发，咳嗽减轻，痰亦不多。效不更方，原方加减再服 28 剂，病未再发，嘱其平时可服六味地黄丸合二陈汤。随访至今，咳

浙江中医临床名家·王会仍

喘未再反复。

按语： 此病案为寒哮证。病机为外感风寒，引动伏痰，痰阻气结，壅塞气道，肺失宣肃，引发哮喘。方选名医焦树德自创方麻杏二三汤（麻黄、杏仁、姜半夏、陈皮、茯苓、苏子、莱菔子、白芥子、甘草）祛痰平喘，再合紫草、茜草、地肤子凉血祛风而抗过敏，苍耳子、辛夷祛风通窍，前胡、枳壳宽胸降气化痰。全方切准哮喘急性发作期的病机本质，使喘能平、痰能化，迅速控制症状，缓解患者的痛苦。

病案 2 王某，男，27岁，2009年3月14日初诊。

初诊： 患者20余年前无明显诱因下出现咳嗽，喉间哮鸣，在当地医院诊断为支气管哮喘。以后每逢气候突变易发，冬季尤著，一直未予规范治疗。1周前出现剧烈咳嗽，有时夜间喉间哮鸣，咳痰不多，色黄质稠，咽部时痒，无发热恶寒。查体：体胖，两肺呼吸音尚清，未闻及明显干湿啰音，心脏听诊无殊。舌质红，苔黄腻，脉滑。四诊合参，诊为哮证，证属热哮。治以清热宣肺，化痰定喘。以自拟方定哮汤加减治之。处方：炙麻黄6g，杏仁10g，甘草6g，黄芩12g，桑白皮15g，浙贝母15g，炙枇杷叶15g，前胡15g，桑叶15g，合欢皮20g，白术10g，防风6g，蝉蜕10g，辛夷10g，野荞麦根30g，三叶青12g，地肤子30g，7剂。

二诊： 服药1周后，咳嗽仍剧烈，咽痒，痰黏难咳，大便不畅，舌红，苔薄，脉滑。上方去浙贝母、桑白皮、防风、白术，加瘪桃干15g，桔梗10g，太子参15g，炙紫菀12g，鸭跖草30g，续服7剂。

三诊： 咳嗽明显缓解，咳痰不多，痰色稍黄，舌红，苔薄白，脉略滑。改太子参为20g，去桑叶、鸭跖草，加肺形草15g，鱼腥草30g，续服7剂，后咳嗽好转，病情稳定。

按语： 麻黄乃治喘第一要药，王老在临证时颇善用麻黄治疗哮喘，认为无论寒哮、热哮、久哮，但随症配伍，皆可用之。麻黄味辛、苦，性温，入肺、膀胱经，具有发汗、平喘、利水三大功效。根据现代药理研究证明，麻黄能抑制过敏介质的释放、降低IgE水平及增加cAMP的含量，从而舒张支气管平滑肌而平喘，其作用较为持久，对处于痉挛状态的支气管平滑肌作用更为显著。王老认为哮喘与过敏性鼻炎有关，都属于变态反应性疾病，往往开始于鼻，先累及鼻，鼻为上气道，后累及下气道而致哮喘，用麻黄既可松弛支气管平滑肌，又不作为减充剂，有利于通窍止涕。但是对有高血压、快速性心律失常或年老体弱者，王老常用黄荆子12g代替，因为黄荆子能行气祛风，

化痰平喘，有类似麻黄的作用，而无麻黄之弊端。

病案 3 李某，男，38 岁，2014 年 9 月 28 日初诊。

初诊：患者 4 年前不慎外感风寒，出现发热恶寒、咳嗽，后期伴有轻微哮喘，经西药抗感染、止咳等治疗，症状好转，但此后一旦感寒，就会发生哮喘，时轻时重。3 日前因受寒哮喘复发。症见：发热，呼吸困难，喉中有哮鸣音，伴咳嗽，痰白量少质黏，咳出不爽，夜间加重而影响睡眠，不得平卧，胸闷不舒，口干欲饮，舌红，苔黄腻，脉弦滑。诊断：哮证。治以清肺化痰，降气平喘。处方：炙麻黄 9g，杏仁 10g，桑白皮 12g，桔梗 10g，黄芩 12g，甘草 6g，射干 6g，地龙 12g，白僵蚕 12g，旋覆花 10g，浙贝母 12g，金荞麦 30g，七叶一枝花 10g，鱼腥草 30g，前胡 12g，肺形草 15g，炙枇杷叶 15g。嘱其禁烟忌酒，饮食规律，不要过度运动。

二诊：服药 3 剂后热退，哮喘渐平，余症亦减。改炙麻黄 6g，去枇杷叶，加太子参 20g，继服 7 剂，咳喘消失，病情稳定。

按语： 此病案为寒包热哮证。病机为外感风寒，却盲目使用止咳药，势必敛邪，伏痰乃生，今复感寒，引动伏痰，导致肺气郁闭，郁而化热，热灼津液，凝而为痰，继而痰阻气道，痰热壅肺，出现相应症状，故而选用麻杏石甘汤化裁。其中麻黄、杏仁、射干、桔梗宣肺化痰平喘、通利气道，同时兼治外感风寒；黄芩清泄里热；地龙、僵蚕具有通肺络、解痉止咳平喘和舒张痉挛气道的作用；桑白皮、川贝、射干清肺化痰，清除气道分泌物以止哮喘；伏痰多为顽痰，最不易化，故选旋覆花、白僵蚕。旋覆花辛苦温，善宣通，其性降，能止哮喘，又兼能软坚消顽痰，对痰黏难出者比较适宜。白僵蚕善软坚消顽痰，其性升，能拔邪外出，属虫类药，效专力强，善于搜刮隐伏之顽痰，此二药一降一升，可调气机，降则哮喘平，升则痰可上行而被咳出，以增强宣降化痰、止咳平喘作用；同时并用金荞麦、鱼腥草、七叶一枝花等清热解毒类药，全方寒热并用，既解表清里，又宣通气道，症状自然也随之消失，病情稳定。

病案 4 吕某，女，29 岁，2018 年 8 月 22 日初诊。

初诊：患者有过敏性鼻炎病史多年，1 年前于当地医院诊断为哮喘，服用沙美特罗／替卡松、孟鲁司特钠效果不明显。一旦感寒，就会发生哮喘，时轻时重。1 周前因受寒哮喘复发。症见：胸闷气急，呼吸困难，喉中有哮鸣音，伴咳嗽，咳少量白黏痰，痰不易咳出，夜间咳嗽明显而影响睡眠，不得平卧，胸闷不舒，口干苦，舌红苔黄，脉弦滑。诊断：哮证。治以清肺通

浙江中医临床名家·王会仍

窍，降气平喘。处方：炙麻黄 6g，杏仁 10g，桔梗 9g，黄芩 12g，甘草 6g，前胡 12g，浙贝母 12g，肺形草 15g，黄芪 30g，炒白术 12g，防风 5g，红景天 6g，辛夷 9g，白芷 6g，鹅不食草 4g，徐长卿 10g，金荞麦 30g，鱼腥草 25g，三叶青 6g，太子参 20g，7 剂。嘱其禁烟忌酒，饮食规律，不要过度运动。

二诊：服药后咳嗽减轻，哮喘缓解，余症亦减。予原方继服 7 剂，咳喘消失，病情稳定。

按语："王氏平喘汤"为王老自拟方，其基本组成为炙麻黄 6g，黄芩 10g，杏仁 10g，甘草 6g，桔梗 10g，前胡 10g，紫苏子 9g，地龙 15g。方中炙麻黄辛甘温，宣肺解表而平喘，且药力较强，不宜过量；黄芩性寒味苦，能清热燥湿、泻火解毒，使麻黄宣肺平喘力强而清肺发汗力弱；杏仁味苦性微温，苦降肺气，止咳平喘，既助麻黄、黄芩清泄肺热，又配合麻黄一降一宣，使气机得畅；甘草性平味甘，既调和麻黄、黄芩之寒温，又止咳化痰、清热解毒、顾护胃气。桔梗味苦辛性平，归肺经，善于宣肺祛痰，并能利咽排脓；前胡味苦辛性微寒，归肺经，善降气祛痰，并能疏散风热。前者主宣，后者主降，一宣一降，能宣发肃降而平喘。紫苏子及地龙增强君药麻黄平喘之力。临床中可根据患者病情，随症加减：气喘更甚者，麻黄加量，并加葶苈子等药；热盛痰多者，加浙贝母、桑白皮、炙枇杷叶等药；痰多不易咳出者，加旋覆花、白僵蚕等药；咽喉不适者，加苍耳子、桔梗、柴胡、射干、金银花、薄荷等药；胸闷者，加瓜蒌、薤白、枳壳等药；肾虚者，加肉苁蓉、冬虫夏草、桑寄生等药；呃逆欲呕者，加木蝴蝶、半夏、藿香、佩兰、炒麦芽、枳壳等药。临床研究表明，王氏平喘汤加减联合西医治疗支气管哮喘，能控制哮喘发作，明显改善肺功能，减轻不良反应。

病案 5 王某，女，33 岁，2005 年 12 月 20 日初诊。

主诉：反复咳嗽咳痰 2 年余，再发半月余。

初诊：患者 2 年前房屋装修后出现咳嗽症状，痰少，咽喉不适，每闻刺激性气味后症状加剧。近因受凉后咳嗽、咳痰、胸闷再发，昼轻夜重。舌红，边有齿痕，苔薄腻，脉细。肺功能检查：支气管激发试验阳性，诊断为 CVA。中医辨证属咳嗽风邪犯肺型。拟宣肺化痰，祛风解痉，利咽止咳法治之。拟方定哮汤加减。处方：炙麻黄 6g，黄芩 12g，杏仁 10g，甘草 6g，桑白皮 15g，太子参 15g，白前 12g，前胡 15g，野荞麦根 30g，蚤休 12g，制半夏 15g，茯苓 15g，陈皮 6g，炙枇杷叶 15g，蝉蜕 9g，地肤子 12g，僵蚕 10g，7 剂。

二诊：2005 年 12 月 27 日。患者服药 1 周后，胸闷、咳嗽症状减轻，前

方奏效，继进 7 剂后，病情明显好转，并嘱咐患者远离刺激性气味，忌食海鲜、腥辣、油炸食物。继续服用中药 2 个月，病情稳定。

按语： CVA 是气道慢性非特异性炎症，王老认为 CVA 属于中医"咳嗽"范畴。多为外感失治，久则邪郁于肺，肺管不利，气道挛急所致，病因以风邪为主。临床上常在应用炙麻黄、苦杏仁、生甘草、桑白皮、黄芩等宣肺平喘，清热化痰的基础上，重用蝉蜕、地肤子、地龙、僵蚕等祛风、解痉之品，使风邪外达，气道通利，咳嗽自解。由于该病迁延，正气亏虚，发作时多表现为虚实错杂之候，因此王老在祛邪的同时会酌加扶正之品，如黄芪、太子参、茯苓等，以促进病情尽快恢复。

（三）支气管扩张

1. 概述

支气管扩张是指支气管及其周围组织的慢性炎症所导致的支气管壁平滑肌和弹性组织破坏，管腔形成不可逆性扩张、变形，通常分为柱形支气管扩张、囊柱形支气管扩张和囊状支气管扩张三种类型。临床表现主要以慢性咳嗽、大量脓痰或反复咯血为特征，晚期可并发肺纤维化、肺气肿等，导致呼吸功能障碍及慢性肺源性心脏病。文献研究显示，支气管扩张的发病率为（53 ～ 566）/10 万，随着年龄的增加和诊断技术的提高，其发病率日趋升高，女性高于男性。在我国，支气管扩张并非少见病，但因重视不足，目前尚缺乏相关的流行病学资料。支气管扩张急性发作多由感染引起，因此，急性加重期的西医治疗以应用抗生素控制感染为主，必要时可联合多种抗生素以增加疗效，同时配合溴己新、氨溴索等化痰药和异丙托溴铵、特布他林等支气管扩张剂以促进痰液排出。必要时可支气管镜吸痰。对于少量咯血者常用卡巴克络、酚磺乙胺、氨甲苯酸、巴曲酶等对症止血治疗，而对于大量咯血者应立即静脉滴注垂体后叶素，对垂体后叶素有禁忌者，可用普鲁卡因。反复大咯血患者，经内科保守治疗无效时可紧急手术治疗。

支气管扩张在中医学中无相应的病名，按其发展的不同程度、阶段和临床表现，可归属于中医"咳嗽""肺痈""咯血"等范畴，后期亦可归属于"劳嗽""肺痿"等病证。《金匮要略·肺痿肺痈咳嗽上气病脉证治》云："咳而胸满，振寒，脉数，咽干不渴，时出浊唾腥臭，久久吐脓如米粥者，为肺痈。"支气管扩张伴感染，出现发热、咳嗽、吐痰腥臭，甚则咳吐脓血时，与肺痈表现极为相似。张仲景指出未成脓者治以泻肺，成脓者治以排脓，治疗上分

浙江中医临床名家·王会仍

别制定了"葶苈大枣泻肺汤""桔梗汤"等方剂。孙思邈在《备急千金要方》中创立的"苇茎汤"对后世医家影响深远，迄今该方仍广泛应用于临床。《外台秘要》中记载了"桔梗白散"治疗肺痈。到了明清时期，对本病的认识更加深入，出现了"清金饮""麦冬平肺饮""元参清肺饮"等众多方剂。有关咯血的论述最早见于《黄帝内经》，但在唐代之前多将咯血包括在吐血之内，《金匮要略·惊悸吐血下血胸满瘀血病脉证治》云："心气不足，吐血，衄血，泻心汤主之。"又云："吐血不止者，柏叶汤主之。"至元代，朱丹溪首将咯血列为专篇讨论，并创立"咳血方"。葛可久认识到诸药炒炭后能加强止血作用，提出"血见黑则止"的理论，在《十药神书》中提出用十灰散治呕血、咯血等症。现代医学证实，方药制成炭后其鞣质、黄酮、钙离子、炭素含量明显增多，而鞣质具有收敛止血作用，黄酮能降低毛细血管通透性和血管脆性，缩短出血时间；可溶性钙离子是促进凝血的主要因子，而炭素的吸附收敛作用可增强凝血作用、缩短止血时间。明代戴原礼在《证治要诀》中介绍："劳嗽……所嗽之痰，或脓，或时有血屡臭异常。"也比较符合本病症的表现。明代王肯堂的《证治准绳》所述的"肺痿，或咳沫，或咳血"，与支气管扩张亦颇为相似。清代李用粹的《证治汇补·胸膈门》认为肺痿"治宜养血润肺，养气清金，初用二地二冬汤以滋阴，后用门冬清肺饮以收功"。沈金鳌进一步指出肺痿的用药宜忌，认为切忌升散辛燥温热，大约此症总以养肺、养气、养血、清金、降火为主。

2. 王老的学术观点和治疗特色

王老认为支气管扩张的病机为痰热阻肺，热盛伤络，久则乃至气阴两虚，瘀热内伏于肺。故其治疗大法是：在急性发作阶段，以清肺、排痰、止血为主；在缓解期，以益气、养阴为主，辅以清肺化瘀。对于温燥伤阴药物，应慎用或不用为宜。王老常用太子参、南沙参、北沙参、黄芪、麦冬、百合、白芍、鲜石斛、芦根、甘草、七叶一枝花、野荞麦根、三七粉等。如病程较长，特别是由于长期间断性咯血或大咯血之后体虚未复、出现贫血征象，考虑病变由肺及脾及肾或阴损及阳，这时治疗的重点为补肺健脾益肾，调整阴阳，以旺盛生化之源。方予十全大补汤合麦味地黄汤酌加冬虫夏草、百合、北沙参、菟丝子等进行治疗。

对支气管扩张的治疗，王老非常重视清法的应用。清法是中医临床治疗热证以清除热邪的一种重要治法。清法所用的药物，王老将其分为两种：一是根据其功能分为清热泻火类药、清热凉血类药和清热燥湿类药；二是按其

性味分为苦寒清热类药、甘寒清热类药及咸寒清热类药。王老从多年的临床实践中认识到，支气管扩张的病理基础多为阴虚肺热或痰热互结，如因外邪诱发而引起急性发作者，其临床表现一般为实热证，此时常须应用苦寒类药以清热泻火，常用药物有黄芩、七叶一枝花、玄参等；邪热过甚而腑气不通者，还可兼用清热通腑的大黄等药；若热伤血络，迫血妄行而出现咯血症状者，则宜酌用凉血止血及清热生津之品，如白茅根、仙鹤草、侧柏炭、生地黄、丹皮等。王老在治疗支气管扩张时强调重用清热类药，以迅速控制病情。清热中药虽然在抗菌作用上不及抗生素，但是一般不会出现耐药，而且在抗病毒方面，中药具有独特的优势。抗生素虽具有较强的抗感染作用，但是过多运用会导致菌群失调及肝、肾功能损害等各种不良反应。另外，中西医结合的临床和实验研究结果证明，一般抗生素只有抑菌和杀菌作用，对由细菌所产生的毒素，尤其是革兰阴性杆菌感染所致的内毒素血症，却无明显的拮抗作用。中医临床常用的清热解毒类药物，其抑菌和杀菌作用不强，但却能增强机体的非特异性免疫功能，有不同程度的拮抗内毒素的良好作用。所以王老往往联用两三味清热药，以增强清肺的作用，提高机体的免疫力，以迅速控制病情，缩短病程。但苦寒泻火药物和清热通里药物过量或久用，有伤胃伤脾之弊；尤其对久病及脾胃虚弱者，攻伐太过有时会导致水电解质紊乱，故使用这类清热祛邪药物，宜中病即止。此外，对伴有副鼻窦炎和支气管哮喘的支气管扩张患者，王老在原有清法的基础上，适当加用透窍和平喘类药物，如苍耳子、辛夷、蝉蜕、地龙、佛耳草等，临床疗效明显提高。至于表现为虚热证者，大多见于支气管扩张的稳定阶段，此时，阴虚内热的矛盾较为突出，但也可能存在余邪未尽的情况，除应用益气养阴药物外，还常选用一些甘寒清热药物如地骨皮、银柴胡等，对生津润肺及加强清虚热不无裨益。如这类药物运用过久，因滋润太过将会助湿碍脾，故王老必酌加理气悦脾之品。

临床中，中西医治疗各有优势，王老提倡中西医结合优化选择。在支气管扩张急性发作阶段，重点是控制感染、排痰与止血，这时西医的优势比较明显，可根据细菌培养与药敏试验结果选择有效、合理的抗生素控制感染；对中、重度咯血者，运用垂体后叶素等往往取效较快。如药物治疗无效，可施行支气管动脉栓塞疗法，或外科手术治疗；因血块阻塞气管而引起窒息时，可及时做气管插管或切开。为达到杀菌、祛毒的目的，使用中西医结合进行治疗，对加强控制感染、改善全身中毒症状和缩短疗程，无疑会起到较好的

浙江中医临床名家·王会仍

作用。清热解毒药物中，王老善用金银花、连翘、七叶一枝花、黄芩、天葵子、野荞麦根、白茅根、夏枯草、鱼腥草等。在止血方面，轻度咯血可单纯以中医药辨证施治治疗：如痰热蕴肺型，予以清肺化痰、凉血止血，常用金银花、连翘、黄芩、桑白皮、焦山栀、鱼腥草、野荞麦根、七叶一枝花、仙鹤草、白茅根、花蕊石等；如肝旺气逆型，予清肝泻肺、降气止血，常用青黛、海蛤壳、桑白皮、地骨皮、黄芩、丹皮、焦山栀、旋覆花、代赭石、仙鹤草、白茅根、白及等。对于中、重度咯血者，以西药治疗为主，王老根据"血见黑则止"的理论，喜用一些炭类药，如蒲黄炭、贯众炭、地榆炭、茜草炭等，增强收敛止血功效，临床实践表明，中西医结合治疗有利于巩固和提高疗效。一般而言，对于支气管扩张咯血者，采用降气止血法较为重要。王老常用旋覆代赭汤、黛蛤散加减，以加强降气止血作用，临床疗效显著。因肺主气，性善肃降，气有余便是火，气降则火降，火降则气不上升，血随气行，无上溢咯出之患。王老认为中药发挥的作用不仅仅是止血，还具有一定的改善肺循环、通调气血等作用。在排痰方面，西药黏液促动剂如嗅己新、化痰片、沐舒坦等具有较强的化痰、排痰作用，但有胃肠道反应等不良反应；而中药不但药品丰富，如胆南星、天竺黄、桔梗、远志、鱼腥草、野荞麦根、浙贝母等，而且不良反应较少，在辨证基础上择优选取，有明显的化痰止咳作用。应该说，中药的化痰、祛痰作用优于西药制剂。随着症状的缓解，如何巩固疗效、防止再次复发，需要充分发挥、运用中医优势。

支气管扩张咯血者四季皆可发作，但由于季节不同，时令主气各异，且因患者素体阴阳属性各有所偏，虽同为咯血，但其临床脉证表现不同，因而其治疗也不相同。如春季风木当令，肝气升发，平素肝郁之人，感受外邪，表现以肝旺气逆者较为常见；交秋暑热、秋燥之邪易灼伤肺津，阴亏之人感之尤甚，临床表现以阴虚火旺较为多见；而秋冬天气转冷，感受寒邪，日久郁而化热，表现为肺热亢盛者颇不少见。在治疗上，王老根据气、血、热三者的关系选方用药，热偏盛者，以银翘栀芩汤加减清肺泄热，使邪去热清，妄行之血可不止而自止；偏阴虚火旺者，予百合固金汤加减以滋阴降火，阴复火降则血宁；气逆肝旺者，治以平肝降气，方以旋覆代赭汤、桑白皮汤、黛蛤散加减，以使气降火降，血由气摄，咯血即愈。

3. 典型案例分析

病案 1 唐某，男，29 岁，2000 年 10 月 27 日初诊。

主诉：反复咳嗽、咳痰、痰中带血 10 余年，再发半月余。

初诊：患者 10 余年来反复出现咳嗽、咳痰，痰色黄，时有痰中带血，色鲜红，每于劳累或感冒后发作，据胸部 X 线片诊断为支气管扩张。多方医治效果不显。半个月前因感冒后咳嗽复发，咳痰黏稠，痰色深黄，并夹有痰血，伴咽痒，黄浊涕，神疲乏力，舌质红，苔薄黄，脉弦滑。西医诊断：支气管扩张伴咯血。中医诊断：肺痈。拟清肺化痰，凉血止血，佐以养阴利咽治之。处方：南沙参 15g，北沙参 15g，炙桑白皮 15g，重楼 15g，佛耳草 15g，苦杏仁 10g，蝉蜕 10g，辛夷 10g，鱼腥草 30g，白茅根 30g，野荞麦根 30g，白花蛇舌草 30g，仙鹤草 30g，黄芩 12g，前胡 12g，浙贝母 20g，甘草 6g。水煎服，每日 1 剂，共 7 剂。

二诊：2000 年 11 月 3 日。7 剂后咳嗽、咳痰明显减轻，痰血、咽痒多涕等症消失，上方去仙鹤草、蝉蜕、辛夷，加太子参 20g，绞股蓝 15g，鲜石斛 30g，增强养阴润肺之功。上方连服 1 个月，病情基本控制，诸症皆除。嘱避风寒、慎起居、禁食辛辣刺激之品，并于每年秋季服用滋阴润肺为主的膏方调养。随访 2 年未复发。

按语：支气管扩张指支气管在组织结构上呈现不可复原的扩张变形，根据其临床表现，相当于中医学的"痰饮""肺痈""咯血"等范畴。本案例属"肺痈"范畴，属久病伤阴，复感外邪，邪郁化热，痰热蕴肺，热伤肺络。故治以养阴清肺，利咽通窍，化痰止血。方中南、北沙参养阴清肺；黄芩、野荞麦根、鱼腥草、白花蛇舌草、佛耳草、浙贝、重楼清热化痰；前胡、杏仁、桑白皮降气止咳；白茅根、仙鹤草凉血止血；蝉蜕、辛夷宣肺通窍；甘草调和诸药。患者支气管扩张病史较长，肺气已虚，病情容易反复，故病情好转后，即予以益气养阴，清肺化痰为主，标本兼顾，有助于巩固疗效。

病案 2 秦某，女，42 岁，2009 年 3 月 27 日初诊。

主诉：咳嗽咳痰 3 个月余。

初诊：患者于 3 个月余前受凉后出现咳嗽、咳痰，痰黄黏稠，量多，伴有气急，咽痛，无发热恶寒，无胸痛，无咯血。据胸部 CT 诊断为支气管扩张。患者幼年时曾有 2 次大叶性肺炎病史。患者发病以来神疲乏力，夜寐欠安。查体：两肺呼吸音粗，两下肺可闻及少量湿啰音。舌红，苔薄黄，脉弦滑。西医诊断：支气管扩张伴感染。中医诊断：肺痈（痰热壅肺证）。拟清肺化痰治之，方以王氏清肺化痰汤加减。处方：黄芩 12g，杏仁 10g，浙贝母 20g，桑白皮 15g，肺形草 15g，鹿衔草 15g，太子参 20g，八月札 12g，生白芍 15g，蝉蜕 10g，天竺黄 12g，竹沥半夏 10g，茯苓 15g，野荞麦根 30g，鱼

浙江中医临床名家·王会仍

腥草 30g，三叶青 15g，合欢皮 20g，甘草 6g。水煎服，每日 1 剂，共服 7 剂。

二诊：2009 年 4 月 4 日。服药 1 周后，咳嗽咳痰明显减轻，咽痛等症消失。上方去肺形草、天竺黄，加佛耳草 15g，浮海石 15g，佛手片 15g，再服 7 剂。后电话回访患者，其病情稳定，至今未再复发。

按语：王氏清肺化痰汤是王老自创的经验方，由泻白散与二陈汤化裁而来。王老在前两方的基础上加用太子参、五味子、黄芩、知母四药，使其清中有润、泻中有补。该方由桑白皮 15g，地骨皮 15g，陈皮 9g，竹沥半夏 12g，茯苓 12g，太子参 15g，五味子 10g，黄芩 12g，知母 12g，生甘草 6g 组成，具有清泻肺热、燥湿化痰、止咳平喘之功。方中桑白皮泄肺以清郁热，地骨皮泄肺中伏火，兼退虚热。二皮共为君药，皆在清泻肺热，以使金清气肃。竹沥半夏、陈皮燥湿化痰理气，辅以茯苓健脾渗湿，不仅可化既聚之痰，又能杜生痰之源；黄芩、知母皆苦寒，善清肺热，清肺利气共为臣药。佐以五味子上敛肺气，下滋肾阴，与二皮相伍，散中有收，收不留邪，且能调和肺司开合之职。"痰多必然耗气"，"气虚自然痰多"，因此给予太子参益气滋阴健脾以鼓舞正气，祛邪外出。甘草调和诸药，益气和中。全方清热而不伤阴，泻肺而不伤正，使肺气清肃，则咳喘自平；同时泻中兼补、寓补于宣、补泻适宜，临床上广泛应用于支气管扩张、慢性阻塞性肺疾病、支气管哮喘、慢性支气管炎、弥漫性泛细支气管炎等急性发作期见痰热蕴肺证候者。患者因邪热壅肺，灼津成痰，肺气肃降无权，故见咳嗽，咳痰黄稠；痰热壅肺，气机不畅，故见气急；痰热郁蒸，故见咽痛；舌红，苔薄黄，脉滑均为痰热壅肺之象。故治以清肺化痰。患者痰热壅盛，故加野荞麦、鱼腥草、三叶青、肺形草、天竺黄、杏仁、浙贝等清热化痰之品，并加入鹿衔草、八月札、白芍等以顾护正气。

病案 3 张某，女，42 岁，2014 年 10 月 25 日初诊。

主诉：反复咯血 5 年，加重 1 周。

初诊：患者 5 年前无明显诱因出现咯血，量约 100ml，在当地医院就诊，诊断为"支气管扩张"，予抗生素及止血药对症治疗后好转出院。近 5 年来反复咯血，多次就诊于当地医院，予抗生素及止血药物等治疗，未见明显好转。近 1 周数次咯血，每次约 5 ml，为求进一步治疗，求治中医。现症见：咳嗽咳痰，痰少色白，口干咽燥，神疲乏力，纳差，舌红，苔薄，脉细数。西医诊断：支气管扩张伴咯血。中医诊断：咯血。治当滋阴清肺，润肺止咳。

处方：百合 12g，麦冬 12g，南沙参 12g，北沙参 12g，生侧柏叶 15g，白茅

根 15g，生地 12g，熟地 12g，山药 15g，桑白皮 12g，平地木 10g，太子参 20g，佛手 10g，绞股蓝 15g，八月札 9g，白术 9g，地肤子 12g，蝉衣 6g，金荞麦 30g，三叶青 6g，甘草 6g。水煎服，每日 1 剂，共服 7 剂。并嘱其禁烟忌酒，饮食规律，不要过度运动。

二诊：服药 7 剂后咯血次数减少，咳嗽咳痰减少，痰中偶带血，余症亦减。复诊时，去平地木、八月札、蝉衣、地肤子，加黄芪 20g，继服 7 剂，咯血消失，病情稳定。

按语：本案中医辨病为咯血，辨证为阴虚肺热。患者反复咯血，致肺气阴两虚，肺失宣降，故出现咳嗽。病情迁延，反复发作，肺气虚耗，气虚失摄，或阴虚生内热、热迫血行，则血溢脉外，出现痰中带血；神疲乏力、纳差、脉细数均为气阴两虚之象。热煎津液，故痰少。故方中重用百合、麦冬、南北沙参、熟地等以养阴润肺；太子参、山药、白术健脾益气；生侧柏叶、白茅根、生地、金荞麦、三叶青清热凉血止血；桑白皮、佛手、八月札理气以复宣肃。

病案 4 蔡某，男，42 岁，2016 年 10 月 12 日初诊。

初诊：患支气管扩张由来已久，经王老中医治疗病情稳定，故求膏方调补。刻下偶有咳嗽痰黄，胸闷短气，时倦怠乏力，舌尖红，苔薄黄根略腻，脉弦。西医诊断：支气管扩张伴感染。辨证属痰热蕴肺，气阴两虚。治当清肺育阴，健脾滋肾。处方：太子参 300g，黄芪 300g，五味子 300g，茯苓 150g，竹沥半夏 90g，甘草 60g，生地 120g，熟地 120g，炒川芎 100g，当归 100g，炒白芍 120g，泽泻 120g，炒丹皮 90g，炒知母 90g，炒黄柏 90g，红景天 120g，生米仁 300g，绞股蓝 100g，制黄精 250g，生玉竹 90g，金荞麦 300g，鱼腥草 300g，三叶青 120g，肺形草 150g，佛耳草 150g，枸杞子 120g，菟丝子 100g，杜仲 120g，灵芝破壁孢子粉 40g，东阿阿胶 250g，龟甲胶 250g，冰糖 200g，黄酒 200g。

按语：膏方在慢性病调理中极具优势，王老基于肺系疾病的特点，主张以肺、脾、肾三脏为中心，从"清肺保肺、健脾益气、补肾填精"等角度出发，调节患者整体机能。同时王老指出，膏方的使用不必过度拘泥于时令，若处方合理，切中病机，四时可服，但需根据气候、环境灵活选择方药，谨记标本兼顾，疏补并重，同时在辨证的基础上，注重个体差异，做到"三因制宜"。本案患者罹患支气管扩张数年，证属气阴两虚，虚火内炽，炼津为痰，痰热蕴肺。故用黄芪生脉饮、知柏地黄丸，配以红景天、绞股蓝、甘草、生米仁等健脾益气；制黄精、生玉竹等补养阴血；菟丝子、杜仲、枸杞子补益肝肾，合而起到清肺滋肾、气阴双补的作用。咳嗽痰黄，此为肺热，复加含荞麦、三叶青、肺形草、佛耳草清泻肺火；竹沥半夏、鱼腥草、茯苓清化热痰，以攻逐在标实邪。在诸凉药中稍佐辛温的炙苏子降气平喘，以防凉过。用阿胶与龟甲胶收膏，乃清滋之首选。冰糖亦可润肺胃之津，清肺中伏火。此时正值秋月，金气当令，天地清肃，燥邪盛行。因肺为"清虚之脏"，故肺阴易伤，用药当清凉甘润，注重育阴，故合入四物汤，以滋生化。全方合于四时阴阳，遵"壮水之主，以制阳光"之训，体现了膏方在不同季节的灵活运用。

（四）特发性肺纤维化

1. 概述

特发性肺纤维化（idiopathic pulmonary fibrosis，IPF）是一种原因不明、局限于肺部的慢性致纤维化性间质性肺炎。组织病理学表现为弥漫性肺泡炎及肺泡单位结构紊乱。临床主要表现为进行性呼吸困难、咳嗽、发绀、杵状指等，咳嗽以干咳为主，多无喘息及端坐呼吸。该病大多起病隐匿，多发生于中老年人，发病年龄为 40 ～ 70 岁，平均发病年龄为 57 岁，男性多于女性。IPF 的发病率呈现逐年增加的趋势，预后差，是肺系疾病中缺乏有效治疗手段的难治病症之一。目前 IPF 的西医治疗主要为应用糖皮质激素和免疫抑制剂、吡非尼酮等抗纤维化类药、靶向药物、乙酰半胱氨酸等。随着技术革新，有适应证患者也可进行肺移植。激素和免疫抑制剂长期使用不良反应众多，患者依从性差。现阶段 IPF 的治疗缺乏疗效确切的药物，其治疗仍然是个难题，因此，IPF 是一种被称为"不是癌症，相当于癌症"的难治性肺部疾病，因为其纤维化的进展并非由于"慢性炎症"，而是由肺上皮细胞损伤和修复异常所致，是一种过度修复的重构过程。从总体而言，此病几乎无药可治，特别是急性进行性加重时，致死性比癌症更强。据文献报道，一旦确诊为 IPF，其预计生存期只有 2 ～ 4 年。

从中医观点来看，特发性肺纤维化属于"肺痿"范畴，肺痿一词，最早见于汉代张仲景的《金匮要略·肺痿肺痈咳嗽上气病脉证并治》中的"寸口脉数，其人咳，口中反有浊唾涎沫者何？师曰：为肺痿之病"。在该书中，张仲景将肺痿分为虚热与虚寒两种证型，认为肺痿是由"重亡津液"所引起。唐代孙思邈的《备急千金要方·肺痿门》将肺痿分为热在上焦及肺中虚冷两类，认为"肺痿虽有寒热之分，从无实热之例"；并提出虚寒肺痿可用生

姜甘草汤、甘草汤，虚热肺痿可用炙甘草汤、麦门冬汤等。历代医家均认识到肺痿是多种慢性肺系疾病的转归，肺痈、肺痨、久嗽、喘哮等伤肺，均有可能转化为肺痿。明清时代，对肺痿之归类、病因病机、证候特点、辨证论治及治疗原则等作了明确的归纳和简述。明代王肯堂的《证治准绳·诸气门》说："久嗽，咯血成肺痿。"清代尤在泾的《金匮要略心典·肺痿肺痈咳嗽上气病脉证并治》说："痿者，萎也，如草木之萎而不荣。"清代张璐的《张氏医通》对肺痿的鉴别、治法做了结论："肺痿属在无形之气，气伤宜徐理，兼润肺燥，然肺虽燥而不多渴，勿以其不渴而用燥热之药，此辨证用药之大法也"；并将其治疗要点概括为"缓而图之，生胃津，润肺燥，下逆气，开积痰，止浊唾，补真气，散火热"，旨在"以通肺之小管""以复肺之清肃"。清代沈金鳌的《杂病源流犀烛·脏腑门·肺病源流》进一步对肺痿的用药、忌宜等作了补充："其证之发，必寒热往来，自汗，气急，烦闷多唾，或带红线脓血，宜急治之，切忌升散辛燥温热。"清代周学海提出治疗肺痿"宜清热宣肺，养阴行瘀"的观点，对目前治疗 IPF 具有一定的参考作用。

2. 王老的学术观点和治疗特色

王老借鉴先人经验，通过多年的临床观察，总结归纳后认为 IPF 可按中医"肺痿"论治；认为其病源于肺虚，复加粉尘、烟雾、真菌、曲菌、病毒、毒性气体、有毒农药、除草剂、某些药物等外邪从鼻、皮毛、口而入，留滞于肺内，损伤肺脏而致发病。王老突破古人"肺痿无实证"的观点，提出本病属本虚标实、虚实错杂之证。临床上，王老在患者急性加重或进展期时，重在清肺止咳、降气平喘，务必扶正祛邪；若伴肺部感染而致咳嗽、痰多黏稠，或白或黄，则重于清肺化痰、止咳平喘。稳定时则注重益气养阴。

在治疗肺间质纤维化时，王老喜欢用百合，因百合含有适量的秋水仙碱，是一种药食两用的中药，对于痛风的治疗，王老也必用百合。现代医学研究认为，秋水仙碱能抑制来自于肺泡巨噬细胞的血小板源生长因子（PDGF）和胰岛素样生长因子（IGF）等成纤维细胞增殖因子的产生，进而抑制胶原的合成。1998 年，Douglas 等报告，以秋水仙碱 0.6mg、1mg、2mg 每日口服治疗 IPF 患者，其有效性和安全性与甲泼尼龙（PSL）相似，其后于 2000 年，Douglas 又指出，其预后与未治疗者比较并未见明显不同。其后，日本学者临床研究提示，本药对肺泡间质水平的损害有减轻作用。王老认为其临床研究只处于初级阶段，由于秋水仙碱长期应用有肝损害作用，很难开展深入研究。但中药百合不同，它是药食同源的药物，不像山慈菇长用有肝毒性，而且它是养阴润肺的药物，符合中医理论观点，长用无碍。当然，这也只是王老在临床实践中观察所得，并无定论。如果长期观察显示，其可能在间质性肺炎时有作用，而在纤维化期效果不大，但如果能维持病情不加重也就是有效了。在宋康教授对虎杖抗肺间质纤维化的动物实验研究中，动物实验前 2 周，虎杖的抗纤维化作用统计学结果显示有效，但此之后就无明显差异了。这提示，当 IPF 处于间质性肺炎阶段，药物治疗还有作用，但到肺重构阶段，即纤维化形成之后，任何药物都不能收效。

中医认为，心肺同居于上焦，心主一身之血，肺主一身之气，心主行血而肺主呼吸。血液的正常运行，必须依赖于心气的推动，亦有赖于肺气的辅助。肺朝百脉，助心行血，在病理上，若肺气虚弱或外邪犯肺，致使肺失宣降，肺气壅塞，无力推动血脉，则见心血瘀滞，即"有虚必有瘀"。因此，肺间质纤维化患者在咳嗽咳痰、喘息气急的同时，多具备胸闷、口唇发绀、舌暗有瘀点、脉沉细涩等血瘀症状。因此在治疗该病时，根据"气血相关"学说，王老主张心肺同治，在治肺的同时，兼顾活血化瘀。常用丹参、莪术、地鳖虫、当归、川芎、降香、地龙、穿山龙、虎杖根等以活血通络，恢复肺"清虚"之脏。其中，穿山龙便是其不二之选。穿山龙，别名穿龙薯蓣、野山药，为薯蓣科薯蓣属植物，具有舒筋活血、止咳化痰、祛风止痛等作用，常用于治疗腰腿疼痛、风湿痛、风湿关节痛、跌打损伤等以气血瘀滞为主要病理基础的疾病。现代研究亦发现，穿山龙含多种甾体皂苷，进入机体后可转化为甾体激素。现代药理研究表明，薯蓣根茎含有皂素和丰富的淀粉等，其中的薯蓣皂苷元（薯蓣皂素）与甾体激素类药物结构相近，是合成甾体激素的主要原料之一。因此在治疗肺间质纤维化时，适当选择穿山龙以活血化瘀，助心行血，助肺行气，可取得明显疗效。

王老还喜欢用虎杖和红景天。虎杖为蓼科植物，其性微寒味微苦，归肝、胆、肺经，具有利湿退黄、清热解毒、散瘀止痛、止咳化痰的作用。《名医别录》中记载"主通例月水，破留血癥结"，现在临床上主要用于治疗湿热黄疸、风湿痹痛、痈肿疮毒、水火烫伤、跌打损伤、肺热咳嗽等病。现代药理研究表明，虎杖具有广泛的药理作用，包括抗感染、抗炎、抗氧化、抗肿瘤、脂质调节等。多项研究表明，虎杖具有抗纤维化的作用，其抗纤维化作用可能是通过抗氧化应激、抗肺泡炎、抑制肌成纤维细胞增生和细胞外基质沉积来实现的。王老认为，肺间质纤维化多为致病因子侵入人体，损伤正气，

正虚邪乘，痰瘀内生，郁久化热，虎杖具有清热化瘀、止咳化痰的作用，可改善肺循环，改善通气血流比，提高肺的通气、换气功能。

红景天生长于海拔 800～3000m 的高原高寒地带，其药用价值不亚于长白山人参，故又有"高原人参"之称。早在两千多年前，红景天就被高寒地区土著居民用于抵御严寒，消除疲劳。《神农本草经》将红景天列为上品，认为其具有补肾益气、活血止血、清肺热、止泻等功效，主要用于周身乏力、胸闷的治疗。《四部医典》记载，红景天"性平，味涩，善润肺、能补肾、理气养血。主治周身乏力、胸闷、恶心、体虚等症"。肺间质纤维化患者肺功能损伤明显，长期处于缺氧状态，可见口唇发绀、胸闷气急、杵状指、舌紫暗等表现。而且，IPF 患者长期接受激素治疗，免疫力降低，王老认为红景天药性平和，既能润肺补肾，又能理气养血，可明显改善患者缺氧状态、改善肺功能和提高免疫力，故临床多用之，效果显著。

在扶正方面，《素问·评热病论》曰："邪之所凑，其气必虚。"王老认为，肺气虚为该病的病理基础，"肺主气，司呼吸"，若肺气亏虚，不但呼吸功能减弱，还影响宗气生成，导致各脏器功能不足，卫外不固则易反复外感，外邪犯肺，肺失宣发肃降，气机壅滞上逆而为咳喘。再结合肺"喜润恶燥"的生理特性，王老强调"益气养阴"为治本大法。

同时王老认为，不论外感还是本虚，肺部疾病都可导致肺失宣发肃降，出现咳喘，故提出"治肺首先治气"的学术思想。该病病程较长、虚实夹杂，病机特点为肺的宣发肃降紊乱、升降无序，故治疗上需宣肃兼以调畅气机。痰既是病理产物，也是主要致病因素，气机阻滞乃生痰的基本病机，而痰阻气机、壅塞肺络可病状多端。因此王老提出"治肺"当以调气化痰，宣畅气机为务，临床上以宣畅气机、通调水道治疗痰浊阻肺疗效颇佳。常选用麻黄、桔梗、前胡、桑叶等宣发肺气；杏仁、白前、紫菀、款冬花、枇杷叶、苏子等肃降肺气。两者合用，一宣一降，使肺之宣发肃降得以恢复。朱丹溪云："善治痰者，不治痰而先治气，气顺则一身之津液亦随之而顺矣。"这足以说明调畅气机对祛痰的重要意义，气顺则痰自化，痰去则气亦顺，喘咳自平。

芪冬活血饮加味方是王老治疗肺间质纤维化的常用方，其组成为黄芪30g，太子参 30g，麦冬 12g，五味子 6g，红景天 15g，百合 15～20g，穿山龙 20g，丹参 15g，金荞麦 30g，虎杖 15～20g，三叶青 15g，降香 6g，浙贝母 12g，杏仁 10g，前胡 12g，桑白皮 15g。方中以生脉散（太子参、麦冬、五味子）加黄芪、百合益气养阴，共奏气阴双补，扶正固本之功，使正旺而

浙江中医临床名家·王会仍

邪去。虎杖清热解毒、祛瘀化湿、通腑泄下，瘀去则脉通，改善肺循环，从而使肺血流量增加，改善通气血流比，提高肺的通气、换气功能。红景天、穿山龙、丹参、降香活血化瘀，润燥滑肠；结合金荞麦、三叶青清热解毒，杏仁、浙贝、桑白皮、前胡清热化痰止咳，泄肺平喘；甘草调和诸药。全方共奏益气养阴，活血行滞，止咳平喘之效。

3.典型案例分析

病案 1 张某，男，75 岁，2007 年 1 月 6 日初诊。

主诉：咳嗽、咳痰 10 个月，伴气急半年。

初诊：2006 年 12 月支气管镜病理：小块肺组织呈肺不张改变，肺泡间隔纤维增生，符合间质性肺病。肺功能提示：中度限制性通气功能障碍，肺弥散功能中度减退。每日口服泼尼松片 20mg，平时咳嗽时作，平卧尤甚，痰少色白，咳痰不畅，动则气喘，口干多饮，纳寐尚可，下肢浮肿，大便干结。查体：两下肺闻及裂帛音。舌红质暗，苔薄黄中剥，脉细数。西医诊断：特发性肺间质纤维化。中医诊断：肺痿（证属气阴两虚，痰热瘀阻）。治拟益气养阴，清热润燥，活血化瘀。处方：黄芪 30g，太子参 20g，麦冬 12g，五味子 6g，杏仁 10g，浙贝 20g，前胡 15g，野荞麦根 30g，虎杖根 20g，炙苏子 12g，三叶青 15g，肺形草 15g，百合 15g，山药 15g，车前子 15g，丹参 15g，穿山龙 15g，地鳖虫 6g，红景天 10g。

二诊：患者下肢水肿基本消退，咳痰顺畅，气急略减，拟原方去车前子、三叶青，加南北沙参各 15g。该患者以上方加减治疗 2 个月后，自觉咳痰减少，气急好转，余症皆消，两肺底仍闻及裂帛音，泼尼松减至每日 5mg 维持。

按语：患者肺病日久，肺气亏弱，外邪侵袭，致肺失宣肃，肺不布津，痰饮内生，出现咳喘、咳痰、下肢浮肿。加之长期口服激素，耗伤阴液，可见口干多饮，阴虚燥热，导致咳痰不畅、大便干结；日久肾不纳气，出现动则气喘。舌红，苔剥，脉细数乃肺肾阴虚之象，气虚则无力助血运行，气不行血，则血瘀为患，故见色暗。方中以黄芪、太子参、红景天补肺健脾；麦冬、五味子、百合、怀山药养阴生津；杏仁、前胡、苏子宣降肺气；野荞麦、三叶青、肺形草、浙贝清肺化痰；虎杖根、地鳖虫、丹参、穿山龙活血通络；车前子既清肺化痰又可利水消肿。纵观全方，攻补兼施，标本兼顾，将益气养阴、清肺润燥、活血通络之品有机组合，以达到补中有通、静中有动之寓意。

病案 2 宋某，女，53 岁，2006 年 5 月 20 日初诊。

初诊：因咳嗽、气急 5 个月余，曾在本省某医院住院治疗，经胸部 X 线、

浙江中医临床名家·王会仍

肺功能、纤维支气管镜等检查，确诊为 IPF，经用泼尼松（每日 30mg）治疗，活动后气急仍较甚，干咳明显，自觉神疲乏力，脘腹胀满，寐差。两肺听诊可及捻发音。舌色淡，苔薄，脉细。治拟益气养阴，活血化瘀，清肺止咳宁神。处方：黄芪 30g，太子参 20g，麦冬 12g，冬桑叶 12g，甘草 6g，浙贝母 20g，生白芍 15g，前胡 15g，杏仁 10g，百合 12g，野荞麦根 30g，虎杖 20g，穿山龙 20g，地鳖虫 6g，当归 12g，川芎 10g，怀山药 10g，南沙参 15g，北沙参 15g，7 剂。

该患者经治疗 2 个月后，咳痰已除，气急明显好转，激素减至每日 5mg。患者自觉良好，但肺部听诊仍可及少量捻发音。

按语： 根据其临床表现，IPF 可归属于中医"肺痿"范畴。本病目前尚无有效治疗药物，西医多以激素治疗为主，但效果甚微，且不良反应较多。王老治疗本病时，常采用益气养阴，活血化瘀法。选用黄芪、太子参、麦冬、百合、怀山药、南北沙参等以益气养阴；穿山龙、地鳖虫、当归、川芎、虎杖等以活血化瘀；辅以杏仁、桑叶、甘草、白芍、野荞麦根等清肺理气止咳。现代医学研究发现，在本病早期有小动脉和微血管的特征性改变，表现为动脉内膜胶原和基质增殖，甚至管腔严重狭窄；血液流变学表现为血液黏度增高，这些均提示血液呈多瘀倾向。由于本病常兼有阴虚，又因肺为娇脏，主宣发肃降，调畅气机，因此补益药不宜使用辛热补阳及厚味滋腻之品，此即所谓"甘以益虚也""甘药养正"之义也。本方中以黄芪、太子参、红景天、甘草补中益气，健脾助运，培土生金；再以穿山龙、地鳖虫行血，攻坚散瘀；浙贝母、前胡、杏仁降气止咳；怀山药、南北沙参、百合、麦冬滋阴润燥；冬桑叶、虎杖清热解毒，止咳化痰。纵观该方，消补兼施，标本兼顾，王老将益气养阴，活血化瘀，清热润燥之品有机结合，避免苦寒、燥肺、升提、破气、助阳之品，达到补中有通，从而获得最佳的治疗效果。

（五）睡眠呼吸暂停综合征

1. 概述

打呼噜，很多人已经习以为常，认为这是一个很正常的现象，有些人会认为打呼噜是睡得香、睡得好的表现，其实打呼噜是健康的隐形杀手，是威胁人体健康的重要因素之一。20 世纪 70 年代，美国学者 Guilleminault 教授把"打呼噜"现象命名为"睡眠呼吸暂停综合征（SAS）"。同时，将之分为"阻塞型睡眠呼吸暂停综合征（OSAS）""中枢型睡眠呼吸暂停综合征

浙江中医临床名家 · 王会仍

（CSAS）""混合型睡眠呼吸暂停综合征（MSAS）"。其中以 OSAS 最多见，绝大多数见于男性，少数见于女性，女性一般都在绝经后发生，且多见于体重超标或肥胖者。

据中国睡眠研究会理事长韩芳教授介绍，中国约有 6000 万人患有睡眠呼吸暂停综合征，但实际确诊的还不到 1%，得到治疗的更是微乎其微，还不到 0.1%。由于睡眠医学的研究刚刚起步，尚处于发展阶段，睡眠医疗服务远远不能满足人们的需求。如今，中国每百万公民只有 1～2 张病床可供睡眠测定，而且都集中在三甲医院，而德国每百万公民有 10 张病床可供睡眠测定。根据路透社报道，亚洲人比白种人更容易患 OSAS，因为其面部结构导致上呼吸道较小，近 11 年的一项研究发现，近 70% 的亚洲受试者患有某种程度的 OSAS。随着中国人均收入水平的提高与饮食习惯的改变，新的健康问题逐渐显现，其中就有慢性病患病率的提高，约 1/5 的中国成年人患有最常见的 OSAS。睡眠相关疾病已成为一个公共卫生问题，目前研究数据表明约 40% 的中国人患有某种睡眠障碍，这种情况也将会越来越多见。

最近有报道称，随着饮食和生活方式的改变，睡眠障碍问题在中国正变得更加严重。中国目前最需要关注的是，一种与睡眠障碍相关的睡眠呼吸异常停止的严重疾病：SAS，特别是最为多见的阻塞性睡眠呼吸暂停低通气综合征（OSAHS），这类患者常见的是严重超重和肥胖，尤其以男性更为多见。

本病的诊断，首先应注意症状。打鼾是睡眠呼吸障碍，尤其是 OSAHS 最常见的一种临床表现，是一种睡眠时上气道狭窄，阻力增高，用力吸气时，引起软组织震颤而发出的声音；白天严重嗜睡、乏力，不仅是诊断本病的线索，也是是否需要治疗的依据。其次的线索是肥胖或体重严重超标、颈围大小，是否有小颌畸形；是否有扁桃体、悬雍垂、舌体肥大；是否合并有其他可引起本病的疾患等。在检查仪器和诊断标准方面，经典的方法仍是进行多导睡眠图（PSG）检测。国际上通用的诊断标准是睡眠时呼吸暂停低通气指数（AHI）≥ 5。但应认识到这个诊断标准是有其局限性的，因 AHI 与症状的轻重程度并不平行，有的患者 AHI 虽然达到了诊断标准，甚至较高，但症状轻微；有的患者 AHI 虽未达到诊断标准，但白天嗜睡、乏力等症状却很严重，如上气道阻力综合征，睡眠时因上气道狭窄，阻力增高，常常用力吸气而发生打鼾，虽 AHI 不高，但因经常觉醒，而发生白天嗜睡，症状可与 OSAS 患者完全相同，这样的患者仍需治疗。多导睡眠记录仪，因价格昂贵，基层单位往往望而却步，是否每个患者都要用多导睡眠记录仪，即使在国外

浙江中医临床名家·王会仍

浙
江
中
医
临
床
名
家
·
王
会
仍

也有争议。因此，对重症患者来说，根据症状、体征，加上睡眠时初筛和血氧饱和度监测就可做出初步诊断，并据此进行相关治疗措施或施以持续气道正压通气（CPAP）呼吸机的治疗，如果症状明显改善，则进一步证实诊断是正确的，这种方法花钱不多，完全可以在基层推广，对症状较轻，表现不典型，诊断有疑问者仍应进行多导睡眠记录仪检查。这种诊断方法并不是说不需要复杂的仪器设备，而是应因地制宜。

　　SAS 临床表现多种多样。据日本东北大学医学院的统计，OSAHS 患者几乎全有打鼾的症状，有白天嗜睡的患者占 50%，这种白天嗜睡症状的发生与夜间呼吸暂停出现低氧血症、片断睡眠（sleep fragmentation）有关，比较轻者一般无嗜睡症状。OSAS 患者约半数以上有肥胖或体重严重超标，常常伴有抑郁、记忆力差、易怒、晨起头痛、认知能力较差等精神症状。此外，常合并高血压、性功能障碍、夜尿增多，甚至并发心、脑血管疾病，夜间猝死也并非少见，而且死亡时间多在清晨 4～6 时，这个时间段是人体交感神经活动最活跃的时期，相当于快动眼睡眠期（REM），是呼吸循环动态最不稳定的时间段，通常称之为"魔鬼时间"。

　　OSAS 预后的决定因素为有无心血管系统并发症，特别是缺血性心脏病的有无及其轻重程度；AHI > 20 的重度 OSAS 患者 5 年生存率为 84%，但经 CPAP 治疗者比未治疗者预后良好，而 AHI < 20 的轻度 OSAS 患者，经 CPAP 治疗，对其预后无明显影响。

　　流行病学调查显示，SAS 患病率约占全人口的 1%，患者症状常不典型，很少有症状出现，准确的患病率不详。目前诊断为 SAS 的患者中，OSAS 和 CSAS 之比为 10 : 1；本病男性占绝大多数，女性占 4%～12%，非常少见。其差异的原因推测可能是：男女间激素不同，特别是兴奋呼吸作用的甲羟孕酮女性含量较高，但甲羟孕酮治疗 SAS 效果并不明显，因此女性激素这一病因缺乏说服力；同体型和年龄的男女之间比较，女性 AHI 明显较低，且呼吸暂停时间短，同时随机抽取 SAS 男女患者进行比较，两者之间上气道结构有差异存在，女性尽管有高度肥胖，但 SAS 的患病率明显较低，可能与女性睡眠时上气道不易塌陷有关。

　　应该一提的是，在临床上有一些出现打鼾的儿童，多数是因腺样体增生影响儿童的正常发育，且因打鼾时张口呼吸，长期如此可造成儿童下颌发育不良，出现下颌窄小、后缩等表现，长此以往，最终会造成儿童面型发育异常，影响其容颜。更令人担忧的是，长期严重的打鼾会导致呼吸暂停而引起通气不足，血氧含量偏低，如果打鼾长久如此，就会与成人一样，演变成为OSAS，将会影响儿童智力和思维能力的正常发挥。此外，打鼾还会影响儿童嗅觉和听力。因此，王老认为，一定要关注儿童的健康成长，莫让打鼾给其带来终生"遗憾"。

对于OSAS，不能掉以轻心。早防、早治、早诊断是关键。在临床治疗中，首先要考虑患者打鼾的严重程度。如患者的主诉，对日间工作、生活的影响，是否合并高血压、心脑血管疾病、糖尿病等慢性病，应视其不同的临床表现采取相应的治疗措施。目前推荐的国际通用标准是，如患者只有单纯打鼾，不符合OSAS的诊断或符合OSAS的诊断，每小时呼吸暂停低通气的次数低于15次（AHI为15），但不合并高血压、心脑血管疾病等慢性病，不伴有白天嗜睡的症状，可嘱患者减肥、右侧卧睡眠，改善上气道阻力，并定期随诊。但要指出，当符合OSAS的诊断，且每小时睡眠呼吸暂停低通气≥15次/小时（AHI为15），即使不合并高血压及心脑血管病变等慢性病者也必须给予相应的治疗手段，以延缓病情的进展。

关于本病的治疗，目前第一线的治疗方法是应用CPAP或双水平气道正压（BPAP）。其适应证（通用标准）：AHI＞20；白天嗜睡、晨起头痛等自觉症状明显，不能坚持日常生活者；睡眠呼吸暂停有高血压、缺血性心脏病、脑血管损害等并发症者；BPAP适用重叠综合征、重度高碳酸血症及应用CPAP存在低氧血症者。应用CPAP或BPAP不仅可克服OSAS患者咽部狭窄造成的阻塞，也可因改善通气，去除导致呼吸控制失调的不稳定因素，恢复正常的通气功能以消除呼吸障碍，从而改善呼吸暂停症状，因其具有无创、高效、可携机回家长期治疗等优势，症状愈重接受程度愈高。

对于悬雍垂腭咽成型术（UPPP）则须严格按照适应证，不应轻率采用，UPPP术后，虽然鼾声可减轻，但大约只有50%的患者AHI可减少50%，有些患者OSAS纠正后，又发生CSAS，而且麻醉与手术本身均有一定的并发症，有些患者术后可发生腭咽功能不全、发音欠清晰及再应用CPAP机治疗发生咽腔漏气等问题。

口腔矫治器最常用于轻度OSAS或不能耐受CPAP的患者，有研究结果显示，该仪器可使2/3患者的AHI降低50%。口腔矫治器可以使下颌前提，进而使下颚重置、舌体前移，气道开放，个人特制设备效果更好。其优点是使用方法简单、易于携带、静音且无须连接电源，不良反应有颞下颌关节痛和牙齿松动。

浙江中医临床名家·王会仍

2. 王老的学术观点和治疗特色

中医学很早就关注睡眠疾病，早在《诸病源候论》一书中就有描述："鼾眠者，眠里喉咽间有声也。人喉咙，气上下也，气血若调，虽然痹痹不妨宣畅；气有不和，则冲击喉咽，而作声也。其有肥人眠作声者，但肥人气血沉厚，迫隘喉间，涩而不利亦作声"；《伤寒论》亦云："风温为病，脉阴阳俱浮，自汗出，身重，多眠睡，鼻息必鼾，语言难出"。由此可见，鼾证在中医学中由来已久，且有多种病因、病机。现代中医学多认为，此病由痰湿聚集所致，脾为生痰之源，肺为贮痰之器，肾的气化失常也会助生痰湿，所以鼾证与肺、脾、肾三脏的功能异常密切相关。

根据现代中医学观点，SAS 的发生系先天禀赋异常，后天调摄失当所致。其发病机制往往与下列因素有关。

（1）先天禀赋异常：如先天性鼻中隔偏曲、下颌后缩、小颌畸形、巨舌等上气道解剖结构异常，导致气道不畅，呼吸不利而暂停，具有一定的家族史。根据中医学理论"脾在体合肌肉""肾在体合骨"，王老推测这些现象可能与脾肾功能失常有关。"脾主为胃行其津液者也""肾者水脏，主津液"，脾肾功能失调，则"水精四布，五经并行"失常，水湿内聚生痰，阻塞气道出现呼吸不利甚至呼吸暂停。

（2）饮食不当：OSAHS 患者多有肥胖。随着生活水平的提高，肥胖者日渐增多。《脾胃论》曰："能食而肥……油腻，厚味，滋生痰涎。"嗜食酒酪肥甘、膏粱厚味，使脾失健运，不能运化与转输水谷精微，聚湿生痰，痰湿血脂聚集，以致体态臃肿。痰湿上阻于气道，壅滞不畅，痰气交阻，肺气不利，入夜益甚，使肺主气、司呼吸功能失常，出现鼾声如雷、呼吸暂停等症状。痰湿浊脂壅塞，则致血脉痹阻，痰、湿、气、瘀血交阻，互为因果，更是加重病情，而并发肺动脉高压、右心衰竭、冠心病、红细胞增多症与血栓形成等。

（3）嗜烟成性：烟草熏蒸气道，灼津成痰，上阻咽喉，肺失宣降，气机升降失常，痰气搏击气道而作鼾，甚至呼吸暂停。烟草为辛温有毒之品，其性属阳，"久服则肺焦""耗肺伤津""熏灼脏腑""多食伤气""无病之人频频熏灼，津涸液枯，暗损天年"。现代研究发现，吸烟会刺激咽部炎症和水肿，引起咽部狭窄，损害鼻黏膜敏感性，导致上气道阻力增加，同时引起肺血管收缩，加重肺动脉高压，使患者呼吸暂停指数增加。

浙江中医临床名家·王会仍

（4）外感六淫：感受风温热邪伤阴耗气，灼津成痰，咽喉肿胀壅塞，气血痹阻；或感受风寒湿之邪，引动痰湿，均将诱发或加重本病。

（5）体虚病后：素体虚弱，或病后体虚，或劳倦内伤，损伤脏腑功能。心主神明，统帅元神。肺主气、司呼吸，肺气通于鼻。"肺为气之主，肾为气之根，肺主出气，肾主纳气，阴阳相交呼吸乃和"。心阳不振，失却主神明、统帅作用；肺气虚弱，失于宣降；肾亏摄纳无权，呼吸失却均匀调和，则夜间打鼾、呼吸表浅甚至呼吸暂停。或肺脾肾虚，脾不能转输水湿，肺不能发散津液，肾不能蒸化水液，而致阴津水液凝聚成痰，壅遏肺气。

SAS 的发生多为先天禀赋异常，后天调摄失当所致，属本虚标实之证，其主要病理因素为痰湿、痰热、血瘀、气滞，本虚为肺脾肾气虚或阳虚。主要病机为痰湿内阻或痰热内壅，气滞血瘀，肺脾肾虚，心阳不足，尤以脾失健运，肺气不利为关键。一般来说，在疾病早期以脾虚痰湿内生，上阻肺气，肺气壅滞为先；进而导致气滞血瘀，复加肺脾气虚，血瘀益甚，故治疗上以健脾化痰、活血化瘀及疏理气机为主；若病程日久，病情得以进展，日久损及肾阳、心阳，而见胸中窒闷、心悸怔忡、阳痿、夜尿频多或遗尿等；晚期可阳损及阴，阴阳俱损，甚至痰蒙神窍而昏，治疗上则需温阳补肾之剂，同时仍需活血、理气、化痰。无论以实证为主，或以虚证为主，均须运用活血化痰开窍之品如石菖蒲、郁金、胆南星等。

王老临床上治疗 OSAS 常以二陈汤或温胆汤合石菖蒲和广郁金为基本方进行加减，肥胖严重者加荷叶、焦三仙、绞股蓝、泽泻、红景天、防己（汉防己）黄芪汤等以增强减脂减重之功。多年的临床实践证明，此法对改善 OSAS 患者打鼾等症状有明显效果。

王老对石菖蒲、郁金治疗 OSAS 颇为推崇，特别是石菖蒲，药用历史很长，早在《神农本草经》就有记载。菖蒲类药物，品种较多，何为品正质优，历代医家多有争议。按《神农本草经》所记载的菖蒲"生池泽""一名昌阳"进行考证，有人得出结论，认为正品为水菖蒲（别名泥菖蒲、白菖蒲）的可能性大。但后世的《名医别录》和《本草经集注》所记载的均为细根的石菖蒲，这可能是经过临床验证筛选之后的结果。后世认为大根的水菖蒲质量较次，加之古代文献中记载水菖蒲不可久服，而石菖蒲可久服，故以石菖蒲作为药材主流的药用地位被确定下来，一直沿用至今。明代著名的医药学家李时珍在《本草纲目》中记载："生于水石之间，叶具剑脊，瘦根节密，高尺余者，石菖蒲也。"可以认为，各种菖蒲多品种，药正质良者为石菖蒲。清末翰林

学士吴增甲有行楷诗轴，在写石菖蒲时曰："石上生菖蒲，一寸八九节。仙人劝我餐，令我颜色好。"落款处写"服食家重之"，其意是石菖蒲可助延年益寿。

民间为除"五毒"（蝎子、蛇、蜈蚣、蟾蜍、壁虎或说蜘蛛），端午节时民众"以艾为虎，菖蒲为剑"，悬于门户驱邪避晦，由于一些地区菖蒲生长并不普遍，以致今日多重艾草，而菖蒲日渐被冷落了。

千百年来，自《神农本草经》肇始，中医一直以来都把石菖蒲作为一味治病良药。起初还将之当作"仙草""灵药"看待。东晋葛洪的《神仙传》中载有汉武帝刘彻游嵩山，遇九嶷山人点拨，服食菖蒲以期延年益寿的故事。

石菖蒲还可用于治疗多尿症。传说宋代著名诗人陆游与唐琬婚后不久，新娘患有尿频症，昼夜排尿不止。一天，陆游好友郑樵来访，见新娘身体消瘦、面色憔悴，遂自荐为她诊治。据悉病况，便将石菖蒲与黄连等份研末，用酒冲服为治。唐琬依法服后数日，果然病症全除。陆游非常感激，于是写下了一首《石菖蒲》诗："雁山菖蒲昆山石，陈叟持来慰幽寂。寸根蹙密九节瘦，一拳突兀千金值。"可以说，在其诗中所写的也正是细根、多节的石菖蒲。

2015 年版《中国药典》规定，药用石菖蒲药材来源为天南星科多年生草本植物石菖蒲的干燥根茎。石菖蒲是一种应用比较广泛的药物。其味辛、苦，性温，入心、胃经，功能为化湿开胃、豁痰开窍、醒神益智。研究表明，石菖蒲对中枢神经系统有双向调节作用，对脑组织和神经细胞有很好的保护作用。不过，要想达到不同的保健和治疗效果，还得遵循辨证施治的原则，进行选方用药。只有这样，才能发挥其良好的作用。

郁金为姜科植物温郁金、姜黄、广西莪术或蓬莪术的干燥块根，最早载于《药性论》，其性寒，味苦、辛，归肝、胆、心经，具有活血止痛、行气解郁、凉血、利胆退黄的功效。临床上常常将菖蒲与郁金配伍，是开窍醒神、行气解郁、宁神益智的药对，可用于多发性抽动症、病毒性脑炎、睡眠障碍、抑郁症、痴呆、中风后遗症、肺性脑病等多种疾病。

浙江省已故著名老中医陆银华先生有一治疗睡眠障碍的琥珀安神汤：石菖蒲 10g，茯苓 10g，桑叶 10g，菊花 10g，琥珀 3g，生龙齿 20g。最近，王老将本方试用于 OSAHS 的治疗。

OSAS 是一种需要长期、多学科管理的慢性疾病。王老认为患者教育也十分重要，改变不良生活习惯同样是治疗疾病的一个重要方面，如戒烟酒，尽量少食用辛辣刺激食物，睡觉时改变睡眠体位（侧位睡眠），抬高床头，避免晚间服用镇静安眠类药物等。那些由于肥胖引起的 OSAS 患者，首选治疗为控制体重，而控制体重以限制饮食和增加体力活动为主。饮食上宜高蛋白，减少高脂肪、高胆固醇含量，限制总热量的摄入。宜多吃蔬菜和水果、瘦肉、鸡蛋、鱼类、豆类，少吃猪油、黄油、奶油、油酥点心、肥鹅、烤鸭、肥肉、花生、核桃及油炸食物；限制高胆固醇食物，如动物肝、脑、鱼子、蛋黄等；戒酒和咖啡；有饥饿感时，可供给低热量蔬菜如芹菜、冬瓜、南瓜等，以增加饱食感，减少热量的吸收；适当给予蛋白质如瘦肉、鱼虾、脱脂奶、豆制品等。运动锻炼可促进体内脂肪消耗，减轻体重。运动方式应配合患者具体情况而定，肥胖者运动锻炼主要以中等强度、较长时间的有氧运动为主，如步行、慢跑、划船、爬山、骑自行车和有氧韵律操等，或是一些球类运动，如足球、篮球、网球、保龄球和排球等。

3. 典型案例分析

病案 1 陈某，男，56 岁，2013 年 10 月 20 日初诊。

主诉：打鼾 10 余年。

初诊：患者打鼾 10 余年，曾由于胸闷、气短被诊为支气管哮喘，一直应用沙美特罗 / 替卡松 500μg/250μg 治疗，自觉胸闷、气短症状有一定改善，但打鼾仍无明显改善，睡眠监测（PSG）确诊为"重度 OSAHS"，西医建议 CPAP 治疗，患者拒绝，遂求助中医。刻诊：形体肥胖，眠时打鼾，鼾声响亮，时断时续，夜寐不实，时时憋醒，嗜睡，睡不解乏，晨起口干，伴胸闷气短，面色晦暗，神疲乏力，健忘，苔腻质暗，脉弦细。既往有高血压病史。本病案属痰浊壅塞，气滞血瘀。治以理气化痰、活血开窍兼顾。

处方：姜半夏 10g，茯苓 15g，甘草 6g，陈皮 9g，竹茹 6g，枳实 5g，石菖蒲 12g，广郁金 12g，丹参 15g，当归 12g，广地龙 9g，苍术 10g，升麻 10g，荷叶 10g，7 剂。

二诊：打鼾、乏力、睡眠欠佳症状减轻，嗜睡好转，再予上方加炙苏子 12g，太子参 20g，黄芪 30g，红景天 10g，仙灵脾 12g，14 剂。

三诊：打鼾、乏力、睡眠欠佳改善明显，仍予前方加减进行治疗，先后历时 1 年，上述症状未加重，病情一直稳定。

按语：本患者长期饮食不当，脾虚五谷失化，酒酿浊邪，痰湿内生，加之肥胖、年过半百等，导致病势迁延日久。辨体为痰湿体质，辨证属于痰浊壅塞、气滞血瘀。北宋医家庞安常说："天下无倒上之痰、逆流之水。"善治痰者，不治痰而治气，气顺则一身之津液亦随气而消。故拟理气化痰，活血化瘀之法，以温胆汤为基础方加减应用。本方以半夏为君，燥湿化痰，降逆和胃。臣以竹茹开胃土之郁，清肺金之燥。佐以枳实，苦辛微寒，破气消痰，使痰随气下，以通痞塞；陈皮辛苦而温，燥湿化痰；茯苓、石菖蒲、广郁金健脾渗湿，理气化痰，以杜生痰之源，且有宁心安神之效。使以甘草，益脾和中，协调诸药。煎加生姜，既可助君臣祛痰止呕，又可解半夏之毒。大枣一者与甘草、茯苓为伍，健脾补土以治湿；二者与生姜相配，调和脾胃，使中州健运。丹参、当归、地龙疏通经络以活血化瘀，入苍术、升麻、荷叶，取刘完素清震汤之意以升清降浊。诸药相合，共奏理气化痰、活血化瘀之效。复诊加太子参、黄芪、红景天、仙灵脾，取王师"以补为通"之法，补而不滞，扶正以祛邪。纵观全方，补中益气药与行气药并用，补血药与活血药并用，动静结合，补而不滞，药性温中兼凉，刚柔相济，为健脾渗湿、理气化痰、活血化瘀之良方。此外，王老嘱咐患者要健康饮食、合理作息、保持心情愉悦，只有这样方能有利于疾病康复。

病案 2 张某，男，45 岁。

主诉：反复打鼾 10 年，加重半年。

初诊：患者 10 余年前开始出现睡眠时鼾声阵作、鼾声如雷，经常憋气而醒，习惯高枕而眠，日间怠惰嗜睡，往往睡不解乏，晨起偶有头痛，记忆力衰退，工作能力下降，近半年来明显加重。同时，合并有慢性阻塞性肺疾病史，活动气急加重，故近年心情颇为郁闷。有吸烟史 20 余年，平均每日 20 支，平时饮酒不规则。患者形体肥胖，颈部粗短，口唇略暗，胸廓桶状，两肺听诊呼吸音低，未闻及明显干湿啰音，舌质暗红，苔薄白，脉弦滑。多导睡眠图（PSG）检查示重度 OSAHS、中度低氧血症；肺功能检查为以中度阻塞性为主的混合性通气功能障碍，支气管舒张试验阴性，诊断为 OSAHS-COPD 重叠综合征。中医诊断：鼾证，肺胀。证属痰浊壅滞、气虚血瘀。治以益气活血，祛痰化浊，开窍醒神。方以四君子汤、二陈汤、当归补血汤、菖蒲郁金汤等合方加减。处方：竹沥半夏 10g，茯苓 15g，甘草 6g，陈皮 9g，石菖蒲 10g，广郁金 10g，荷叶 15g，绞股蓝 12g，太子参 30g，黄芪 30g，红景天 12g，当归 12g，前胡 12g，桑白皮 15g，炒白术 12g，降香 6g，炙苏子 12g。

上方连服近 1 个月后，患者复诊，自觉打鼾大有改善，白天嗜睡现象减少，记忆力及乏力等症状明显好转，前方既效，再予继服 3 个月后，上述症状大有减轻，病情基本稳定。

按语： OSAHS 与 COPD 均为临床常见病，两者合并存在，称为 OSAHS-

COPD 重叠综合征（OSAHS-COPD overlap syndrome，OS）。这类患者较单纯 OSAHS 或 COPD 患者有更严重的与睡眠有关的低氧血症表现，且更容易引起肺动脉高压及发展成为慢性肺源性心脏病，甚至合并心力衰竭。王老认为这类鼾眠患者多形体肥胖，而其肥胖往往多由饮食失节、过食肥甘厚味及嗜酒佳肴所致。中医认为"肥人多痰湿"，痰湿壅盛，上阻气道，肺气失宣而为"鼾眠"。湿性重浊，其性黏腻，痰湿互结，留于上焦，清阳不升，脑失所养，故症见白天嗜睡、乏力及记忆力减退。本例患者发病正如上述，王老以二陈汤加桑白皮、前胡等化湿祛痰，以畅气机；四君子汤合当归补血汤加红景天、降香、苏子等，以益气活血，消滞化瘀，宣畅肺气；再以菖蒲、郁金开窍醒神，荷叶、绞股蓝等降脂减肥。并嘱患者戒烟戒酒，合理饮食和锻炼，效果由此可见也。

（六）结节病与肺部结节

1. 概述

结节病是一种非干酪样类上皮细胞肉芽肿性疾病，是一种病因不明的慢性疾病，可累及多脏器，症状随受累脏器不同而异。其中，以肺结节病最为常见。肺结节病初期多无明显临床症状，随着疾病的进展可出现咳嗽、咳痰、胸闷，或咯血等症状，往往伴有神倦乏力、气短、纳差。胸片示双侧肺门及纵隔对称性淋巴结肿大，伴有或不伴有肺内网状、结节状、片状阴影，Kveim 试验阳性，血管紧张素转换酶（sACE）活性升高，结核菌素试验阴性或弱阳性反应。结节病的发病率有以下特点：①女性高于男性。②具有地域性：其中欧洲发病率最高，美洲次之，亚洲、澳洲和非洲发病率较低。据报道，瑞典的年发病率居全球前列，为 64/10 万。另外，结节病多发生于北方寒冷地区。③与种族相关：黑人发病率最高，其次是黄种人，白种人最低。在美国，结节病的发病率白人为 10.9/10 万，黑人为 35.5/10 万。④发病年龄存在双高峰：25～30 岁和 50～60 岁两个年龄段是结节病的发病高峰。本病早期多无明显临床表现，常在体检时发现，患者多表现为两肺门及纵隔淋巴结肿大，单侧肺门异常者较为少见，根据胸片表现，肺结节病可分为 5 期，即 0～Ⅳ期。0 期，无异常；Ⅰ期，不规则肺门淋巴结肿大，无肺部异常；Ⅱ期，双侧肺门淋巴结肿大伴有肺部网状结节成片状阴影；Ⅲ期，肺部网状成片状阴影，无双侧肺门淋巴结肿大；Ⅳ期，肺纤维化、蜂窝肺、肺大泡、肺气肿。我国结节病发病率较低，很多医生，包括中医和西医对此病都缺乏了解。结节病

浙江中医临床名家·王会仍

作为一种系统性疾病，一旦侵犯心脏、中枢神经系统等重要器官，预后很差，所以有必要加强对结节病的认识。

从中医观点而言，历代虽无结节病之病名，但以往临床多以"痰核""咳嗽""肺胀""肺痿"等证候进行论治。而根据结节病的病理特点及临床表现，王老认为以"积聚"论之也无不可。所谓"积"，乃指有形之物，固定不变，属于血分；所谓"聚"，乃指无形之物，聚散无常，发有休止，属于气分。由此可以设想，其"积"在肺，为"肺积"；其积在"心"，为"心积"；其"积"在肝，为"肝积"；其"积"在脾，为"脾积"；其"积"在"肾"，为"肾积"，余则类推可也。病"积"为重，病"聚"为轻，故结节病初期无明显临床症状时，可归于"聚"，病变进展至后期者，症状显著而多样，应归于"积"。结节病患者病情多能自然缓解，部分患者病情久而难愈或恶化，这种演变过程，也完全符合"聚"和"积"的概念。因此，结节病与"积聚"的形成，可说是殊途同归。

治疗方面，对于无临床症状的早期结节病患者，可先跟踪随访3～6个月，对于进展到Ⅱ、Ⅲ期或出现胸外结节病患者，西医治疗主要予以肾上腺皮质激素控制结节病活动，保护重要脏器功能，但是因激素服用时间长，易出现各种不良反应，且在减量或停撤时常有反复，故必须配合中医治疗。中医药对0～Ⅰ期结节病患者具有独特的防治优势。对激素抵抗或病情进行性加重的患者可使用甲氨蝶呤或硫唑嘌呤治疗。若疾病进一步进展，则可按间质性肺炎进行论治。

2. 王老的学术观点和治疗特色

王老认为，本病应归于中医学"积聚"范畴，在结节病的形成中，一是因禀赋不足，正气虚弱，脏腑功能失调，以致气行不畅，血运失常，初则为聚为痰，渐则循经入络而成"积聚"；二因外邪侵犯，循经入肺，致使肺气失宣，同时，由于"肺主一身之气"，不但气道受阻，而且还影响周身气血的运行。如邪郁于肺，气滞血瘀而成"积聚"，则可出现咳嗽、气急、胸闷、胸痛，甚至咯血等症状；气滞于经络血脉而形成"积聚"，则视所患部位的不同而出现各异的临床症状。本病属本虚标实，多见虚实夹杂，治疗当"补虚与泻实兼顾"，若一味补益，势必敛邪，若一味祛邪，恐伤正气。补虚有补肺气阴、补肺肾之别，泻实有清肺化痰、理气止咳、活血化瘀、健脾化痰等不同。早期患者常无明显临床症状，根据中医"治未病"理论，应属于邪正相争，处于正虚邪恋阶段，王老常以补肺汤为基本方进行化裁。选用太子参、黄芪、甘草、桑白皮、红景天、百合、怀山药、五味子、熟地黄、绞股蓝、桔梗、化橘红、白术、姜半夏、茯苓、金荞麦、三叶青、虎杖等益气健脾、补肺消滞类药。晚期患者表现为正虚邪盛，痰瘀互结，则治以参蛤散为主，选用生晒参、黄芪、蛤蚧、甘草、桔梗、杏仁、浙贝母、炙苏子、当归、百合、金蝉花、穿山龙、红景天、三叶青、虎杖、皂角刺等药组成自拟方，重在益气活血、化痰散结。王老先后以此方治疗了10余例肺结节病患者，均有改善临床症状、稳定病情及提高肺功能的作用。

3. 典型案例分析

病案 1 方某，男，39岁。2009年5月29日初诊。

主诉：反复咳嗽1年余。

初诊：患者1年余前无明显诱因出现剧烈咳嗽，无咳痰咯血，无胸闷气急，无发热恶寒等。2008年3月22日于外院行肺部增强CT示：①双肺纹理增多；②纵隔及双肺改变。考虑结节病或淋巴瘤，经纵隔镜检查及活检病理明确为"肺结节病"。后一直口服激素治疗（最初治疗剂量为泼尼松40mg/d），咳嗽有所缓解。后多次复查肺部CT及胸片，病灶有明显缩小，sACE在正常范围内（22.9U/L）。目前患者稍有咳嗽，无痰中带血，伴有视物模糊，无低热盗汗，无胸闷气急等不适，舌红苔薄，脉细。每日服用泼尼松20mg。因病灶仍然未除，为提高疗效，缩短疗程，减少激素的不良反应，进而摆脱激素，防止复发，特来求治。根据患者影像学表现及病理活检结果确诊为肺结节病。四诊合参，符合中医学"积聚"范畴。此乃肺气失宣，病久则气虚血瘀所致。故治当益气养阴，活血化瘀。方选润肺止咳汤加减。处方：南北沙参各15g，白菊花12g，桑叶15g，甘草6g，桑白皮15g，莪术12g，百合15g，山药15g，穿山龙15g，太子参20g，黄芪20g，薏苡仁30g，麦冬12g，野荞麦根30g，三叶青15g，虎杖根20g，枸杞子15g。煎汤，每日1剂，嘱长期服用。

二诊：2009年12月23日。患者坚持服药，王老以上述方药为主方，酌情调整个别药物，同时逐渐减少泼尼松至10mg/d，2009年10月27日复查血sACE未见明显异常，胸部增强CT示：纵隔及两侧肺门淋巴结均<1cm。患者无腰背酸痛，无咳嗽气急，仅在久视后自觉视物模糊，仍守原义：薏苡仁30g，南沙参、北沙参各15g，乌元参12g，甘草6g，桑白皮15g，石见穿15g，山萸肉15g，山药15g，太子参20g，穿山龙15g，茯苓15g，熟地黄15g，野荞麦根30g，三叶青15g，虎杖根20g，绞股蓝15g，白蒺藜12g。7剂，

水煎服，每日 1 剂，分 2 次口服。患者此后多次就诊，目前无咳嗽气急，无明显视物模糊，继守前法。

按语： 根据胸片表现，肺结节病可分为 5 期，即 0～Ⅳ期。中医学中，无肺结节病名，但根据分期，0～Ⅲ期可归为"积聚"范畴；Ⅳ期可形成肺纤维化，归为"肺痿"之变证。根据该患者影像学表现，可归为结节病Ⅱ期，故属"积聚"。方以南北沙参、元参、百合、麦冬润肺养阴；太子参、黄芪、山药、薏苡仁健脾益气；穿山龙、虎杖活血化瘀；莪术消瘀散结；加桑白皮、金荞麦、三叶青以增清肺止咳之力。甘草调和诸药。诸药相伍，以达到益气养阴、活血化瘀的作用。因结节病除侵犯于肺外，还可侵犯其他器官，如眼、皮肤、肝脏等，是一种全身性的疾病，《黄帝内经》云："五脏六腑之精皆上之于目而为之睛。"故除稍有咳嗽外，常感视物模糊。故王老治疗肺的同时，酌加枸杞子、桑叶、菊花等以获养肝明目之效。

病案 2 潘某，女，44 岁，1999 年 8 月 4 日初诊。

主诉：反复咳嗽、咳痰、气急、胸闷 3 年。

初诊：患者 3 年前出现咳嗽，咳痰，痰多，色白而清稀，伴有气急、胸闷、神倦乏力。查血（sACE）为 66.5U/L，经 CT 及病理证实为肺结节病，服用泼尼松 7 个月后，肺结节消失。半年前病情复发，症状性质同前，血 sACE 又高达 60U/L，服用泼尼松后肺结节与症状都未见明显改善，遂自行停服激素。现症见：咳嗽咳痰，痰多，色白质稀，伴有气急、胸闷、神倦乏力，心肺听诊无殊，面色㿠白，舌淡胖，边有瘀点，苔薄，脉涩。四诊合参，此为中医学"咳嗽"范畴。属脾虚痰湿阻络，气虚血瘀痰凝。治以健脾益气，祛湿化痰，活血软坚。处方：太子参 30g，黄芪 30g，苍白术各 10g，姜半夏 10g，茯苓 15g，川厚朴 10g，生甘草 6g，瓜蒌皮 15g，桔梗 10g，丹参 30g，广郁金 15g，浮海石 15g，炙鳖甲 10g，老鹳草 15g。水煎服，日服 1 剂，共 7 剂。

二诊：1999 年 8 月 11 日。服药 7 剂后咳嗽、气急、胸闷有所减轻，痰量减少，大便偏烂，舌淡胖，苔薄，脉弦细。前方加生米仁 30g，灵芝 15g，煨葛根 30g，玫瑰花 6g。以后在原方基础上随症加减，2 个月后咳嗽、咳痰、气急、胸闷诸症明显减轻，坚持服用半年余，病情稳定，血 sACE 降为 30U/L，肺结节病变改善显著。

按语： 本例患者由于脾失运化，痰湿上聚于肺，肺失肃降，肺气上逆，则出现咳嗽、咳痰量多、气急；痰气阻络，气机不畅，则出现胸闷；神倦乏力、面色㿠白、舌淡胖为脾虚之象；舌有瘀点，脉涩，为血瘀之候。病情迁延，日久气滞、痰阻、血瘀交结壅塞而渐成肺结节。方以太子参、黄芪健脾益气；姜半夏、茯苓、苍白术、甘草、川厚朴健脾祛湿，理气化痰；丹参、郁金活血化瘀；鳖甲软坚散结；加瓜蒌皮、浮海石、桔梗、老鹳草增强化痰之力。诸药相伍，以达到健脾益气、祛湿化痰、活血软坚的作用，从而使肺结节的治疗获得较为满意的效果。

病案 3 李某，女，31 岁，2009 年 9 月 16 日初诊。

主诉：咳嗽、胸闷 2 个月余。

初诊：患者 2 个月余前因"咳嗽伴痰中带血 10 余日"入住上海胸科医院，肺部 CT 示：纵隔淋巴结肿大，sACE 阳性，于 2009 年 8 月 18 日行纵隔镜检查，病理结果确诊为"肺结节病"，予醋酸泼尼松至今。现仍有咳嗽咳痰，痰量较少，伴有胸闷不适，汗出较多，神疲乏力，胃纳欠佳，时有隐痛，二便如常，夜寐欠安。查体：心肺听诊无殊，稍焦虑貌，满月脸。舌暗红，苔薄白，脉细。西医诊断：肺结节病。中医诊断：咳嗽。辨证属气虚血瘀证。治以益气养阴，活血化瘀之法。以润肺止咳汤为基本方进行加减。处方：南沙参 15g，百合 15g，杏仁 10g，浙贝母 20g，甘草 6g，桑白皮 15g，炙枇杷叶 15g，前胡 15g，生白芍 15g，八月札 12g，合欢皮 20g，穿山龙 12g，太子参 15g，山药 15g，蝉衣 10g，地肤子 12g，野荞麦根 30g，蒲公英 30g，稆豆衣 20g，三叶青 15g。

该患者坚持治疗，近年来病情基本稳定。

按语：患者素喜肥甘，饮食不节，肠胃乃伤，脾虚湿蕴，痰湿上聚于肺，肺失肃降，肺气上逆，则出现咳嗽、咳痰量多、气急；母病及子，故痰咳不畅；宗气不足，故胸闷不适，喜深呼吸。气不卫外，故汗出神疲。脾虚肝旺，横逆犯胃，故纳差隐痛。心失所养，故夜寐欠安。邪滞痰凝，聚而成瘀，故见舌暗红；苔薄白，脉细，亦合气虚之象。方中南沙参、百合、太子参、生白芍、山药合用养阴益气以扶正治本，穿山龙活血化瘀、祛痰散结，佐以杏仁、浙贝母、甘草、桑白皮、炙枇杷叶、前胡等清肺理气止咳，复加野荞麦根、蒲公英、稆豆衣、三叶青等清热解毒药，不仅能清肺除邪，还能发挥止咳、平喘、利咽等作用。选用药对蝉衣配地肤子祛风通窍止咳。考虑到此类患者久病不愈，必兼七情内伤，王老强调治疗时要注意调畅气机，临床常用八月札、合欢皮等扶正解郁之品，疏肝解郁、扶助正气避免因郁致虚，因虚增郁等。诸药相伍，以达到益气养阴，活血化瘀的作用，从而使肺结节的治疗获得较为满意的效果。

浙江中医临床名家·王会仍

病案4 患者，女，59岁，2011年3月16日初诊。

主诉：反复皮肤结节伴咳嗽半年。

初诊：半年前因患皮肤结节于某医院皮肤科就诊，诊断未明，后因咳嗽至呼吸科门诊，经胸部CT发现两肺门及纵隔淋巴结肿大，经胸腔镜下活检证实为肺结节病，并作sACE测定异常（72.1U/L），即开始激素治疗，泼尼松30mg/d口服，1个月后皮肤结节消失，胸部CT显示为肺门及纵隔淋巴结明显缩小，咳嗽好转，但泼尼松递减至10mg/d时，皮肤结节复发，咳嗽尚轻，无明显气急症状，遂将泼尼松增量至20mg/d，1个月后皮肤结节消退，继服2个月后胸部CT检查示两肺门及纵隔淋巴结未见肿大，减至15mg/d时，患者为防止因激素减量后病情复发，故前来求中医治疗。就诊时自觉腰酸乏力、下肢略有轻度浮肿、胃部略感不适、仍有咳嗽，余无不适，舌质淡红，苔薄白，脉弦细。辨证为气虚血瘀，脾肾两虚。治拟益气活血，健脾补肾。处方：杏仁10g，浙贝母12g，甘草6g，桑白皮15g，百合15g，怀山药15g，姜半夏10g，猪苓12g，茯苓12g，白术12g，泽泻15g，穿山龙15g，太子参20g，黄芪30g，红景天15g，金荞麦30g，虎杖20g，赤芍12g，八月札12g。14剂，煎汤口服，每日1剂，分2次口服。

二诊：连续服药2周后患者自觉腰酸、疲倦、下肢浮肿好转，咳嗽已止，遂上方去杏仁、浙贝母、八月札、猪苓、茯苓，加金蝉花6g，生薏苡仁30g，苏梗12g，化橘红6g。1个月维持泼尼松为15mg/d，继服中药3个月后，泼尼松减至10mg/d，皮肤结节未见复发，胸部CT示两侧肺门淋巴结肿大缩小，患者虽未按时前来复诊，但一直以上方继续治疗。5个月后，泼尼松减至5mg/d，随访半年，病情稳定。

按语： 根据该患者影像学表现，本病例可归于结节病I期，可按中医学"积聚"辨证。肺为贮痰之器，脾为湿脏，脾虚不能健运水湿，水湿凝聚而成痰；肾主水、为水脏，肾阳亏虚则水泛。两脏虚弱均致痰气凝滞，痰结不散，郁结于肺，日久血运受阻而产生瘀滞，痰、气、瘀交结、壅塞而渐成结节状。本例患者素体脾肾气虚，由于脾失运化，痰湿上聚于肺，肺失肃降，肺气上逆，则出现咳嗽；肾虚水泛，则见下肢浮肿；神倦乏力、胃纳不适为脾虚之象。病情迁延，日久痰阻、血瘀，交结、壅塞而渐成肺结节。方以太子参、黄芪、山药健脾益气；姜半夏、猪苓、茯苓、白术、泽泻、甘草健脾祛湿，理气化痰；红景天、穿山龙、赤芍、虎杖活血化瘀；八月札理气活血；加杏仁、浙贝母、桑白皮、百合、金荞麦以增清肺止咳之力。诸药相伍，以达到健脾益气、祛

浙江中医临床名家·王会仍

湿化痰、活血散结的作用，从而使肺结节病的治疗获得较为满意的效果。

此外，需指出的是，结节病和肺部结节是两种不同的疾病。肺部结节是指影像学表现为直径≤3cm 的局灶性、类圆形、密度增高的实性或亚实性肺部阴影。其中单个病灶的称为孤立性，2 个及以上的病灶定义为多发性。研究表明，临床发现的孤立性肺结节（SPN）恶性肿瘤的概率为 20%～40%，且恶性概率随年龄增长明显升高，年龄在 30 岁以下 SPN 患者恶性率为1%～5%，超过 70 岁者恶性率达 88%。其中磨玻璃样肺部结节（GGN）的恶性率更高，单纯性 GGN 的恶性比例可达 59%～73%，伴有实性成分的GGN 恶性比例可高达 80% 以上。形成肺部结节的病因众多，在恶性孤立性肺结节中，大多数为原发性肺癌，约占 75%，以腺癌最常见，鳞状细胞癌次之。而良性结节 80% 为肉芽肿性或肺内淋巴结，10% 为错构瘤等少见病变。近年来，随着高分辨率 CT 的发展和肺癌筛查的普及，肺结节的检出率明显增高。

结节病是一种系统性疾病，可累及多个脏器，其中以肺结节病最常见，若不侵犯心脏等重要脏器，一般预后良好，但是发展到Ⅱ期以后则需要用激素治疗，激素治疗效果显著，但是容易复发，所以仍然需要长期观察。肺部结节的诊治关键在于判断结节是良性还是恶性。根据最新的专家共识，对于直径≤8mm 的肺部结节，一般根据是否存在危险因素，定期随访。对于存在危险因素、结节进行性变化者则需尽早明确结节性质，早期治疗。从中医而论，不论是结节病还是肺部结节，王老的观点都认为属于"积"与"聚""癥"与"瘕"的论治范畴，很难截然分开，主要根据临床中患者病变状况而定。其病因病机也具有相似性，疾病早期，多因外邪犯肺而致肺气失调、宣发失司，久而未愈，渐至肺气虚，由轻而重。根据中医气血学说："血为气帅""气行血行""气虚则血虚""气滞则血瘀"，其发生与发展的病理过程是肺气失调→肺气虚→气滞→血瘀。故王老主张在治肺的同时，兼顾活血，疗效显著。

无论是结节病还是肺部结节，疾病早期常无明显症状，往往无证可辨，因此在临证时，王老十分强调要运用"辨病与辨证相结合"及"宏观与微观相结合"的方法，特别是早期阶段，微观辨证更不可忽视，既要遵循中医"治未病"理论，又要积极吸取现代医学诊查的结果，方能提高诊疗水平。

（七）弥漫性泛细支气管炎

1. 概述

弥漫性泛细支气管炎（diffuse panbronchiolitis，DPB）是一种以弥漫存在

于两肺细支气管及呼吸性细支气管区域并累及管壁全层的慢性炎症为特征的肺部慢性、进展性、炎症性疾病。病理特征为弥漫性分布的以呼吸性细支气管为中心的细支气管炎及其周围炎，炎症累及呼吸性细支气管壁全层。DPB于 1969 年首先由日本学者山中、本间、谷本等首次报道，20 世纪 70 年代被作为一种独立疾病。主要临床表现为反复咳嗽、咳痰，伴有活动后呼吸困难，反复顽固性肺部感染，随着病情进展可出现支气管扩张、呼吸功能衰竭，甚至死亡，常伴有慢性副鼻窦炎。DPB 的临床症状缺乏特异性，易与其他慢性肺部疾病发生混淆。肺部高分辨率 CT 对 DPB 的诊断有重要价值，其典型改变为弥漫性小叶中心结节影伴"树芽征"。可根据典型症状及 CT 改变做出 DPB 临床诊断。肺组织病理学检查是确诊 DPB 的金标准。大环内酯类药物可显著改善 DPB 患者预后，其治疗机制也是目前研究的热点。日本是报道 DPB 病例数最多的国家，20 世纪 80 年代初统计的发病率为 11/10 万，至 1999 年临床诊断病例共 648 例。20 世纪 90 年代后，韩国、中国等东亚国家开始陆续报道 DPB 病例，然而欧美国家白种人发病罕见，其报道的极少数病例中 50% 为亚洲系人种。1996 年我国报道首例明确诊断的 DPB。目前认为 DPB 发病具有种族特异性，为东亚人种所特有。该病可发生于各年龄段，以 40 ～ 50 岁为发病高峰，无性别差异，儿童多于 10 岁后发病。而根据我国学者的调查研究表明，DPB 在中国并非罕见，因临床症状缺乏特异性，极易误诊。人们已经认识到 DPB 将近半个世纪，这是一个与遗传背景密切相关的疾病，但其病因及发病机制仍不明确。目前 DPB 的诊治中也存在一系列的问题和挑战。目前我国对 DPB 的诊断参照日本制订的诊断标准，CAT 对我国患者的诊断价值远不如日本患者，且误诊率高，我国人口众多，DPB 患者中被误诊为其他慢性肺部疾病者不在少数。治疗上既往通常采用类固醇激素及抗生素治疗，目前多主张应用大环内酯类药，效果只限于红霉素类及 14 环、15 环的大环内酯类药，即红霉素、克拉霉素及阿奇霉素，其他无效，并主张少量长期服用。但此类药物有导致心律失常的风险，而阿奇霉素较安全。虽然用红霉素有一定疗效，且能使病死率下降，但终究不能长期使用，尤其是胃肠道功能不良患者无法忍受长期服用红霉素。

2. 王老的学术观点和治疗特色

关于本病，中医在病因病机方面未有系统梳理。王老认为，不必去追寻古人有无这一病名，古人从证，现代已多从病。诚所谓"古人不见今时月，今月何时照古人"（唐代诗人张若虚原句是：江畔何人初照月，江月何年初

浙江中医临床名家·王会仍

照人，此句是王老改句），不必过于厔古人驾驭今人。他一向要求后辈，继承不是教人"依葫芦画瓢"，虽然可以逼真，但终究没有进步。王老认为本病治疗虽非重"喘"，主要病变机制是"痰""热""瘀""喘"，应着重于中医"痰饮"的范畴。主要病机为痰热蕴肺，胶固不解，肺气壅滞，痰浊内阻，气道壅塞，兼有鼻窍不通、咽喉不利等因素所致。在治疗上以清肺化痰，降气平喘为大法，兼以活血化痰、利呕通窍，待病情巩固后再予益气养阴，扶正固本治疗。

处方重用桑白皮、桔梗、天竺黄、皂角刺、黄芩、败酱草、七叶一枝花、金荞麦、鱼腥草、山海螺、海浮石、竹沥半夏、三叶青、半枝莲等清肺化痰解毒之品，加之杏仁、苏子、莱菔子、降香、厚朴、干蟾皮等降气祛痰，止咳平喘，兼以川芎、当归、赤芍、丹参、虎杖、降香等活血化瘀。其中桔梗剂量常用至 12 ～ 15g，重在宣肺化痰。古人治疗咳喘时桔梗用量限制在 3g，认为桔梗有"令人喘促而死"之弊。但王老在长期临床实践中运用较大剂量桔梗治疗本病，从未发现有这种毒副作用。故不可拘泥于前人之言。只有清肺化痰才不至于使痰液煎熬，稠而不化；只有清热解毒，才能清除气道炎症，解除气道阻塞，改善肺通气功能。

由于 DPB 患者约 84.18% 合并有慢性副鼻窦炎或既往有慢性副鼻窦炎病史，并有 20% 的患者有慢性副鼻窦炎的家族史。所以诊断 DPB 的最低条件为慢性副鼻窦炎病史，慢性咳嗽，多痰和活动性呼吸困难；X 线片多表现为弥漫结节影，其边缘不清；肺功能表现为阻塞性障碍；冷凝集试验呈持续性增加。从其诊断条件可以看出 DPB 与鼻的密切关系。鼻在此病中的作用非常微妙，既失去了它本来的保护作用，又成为一个致病源，使得肺系始终处于一个易感状态。鼻为肺之窍，副鼻窦炎还可诱发呼吸系统感染，致使疾病更加缠绵难愈。在此基础上王老有独特的鼻肺相关疾病的中西医论治经验。根据此病的发生特点，即往往与鼻部反复感受邪气侵袭，并使病邪传变入里有关，故在治疗时要把消除鼻部隐患作为重要组成部分，在清肺化痰或养阴清肺的同时加用针对鼻部的具有通窍作用的中药，故在治疗时多选择苍耳子、白芷、辛夷、蝉蜕、木蝴蝶、僵蚕、鹅不食草等祛风利咽药物。鼻窍通畅，咽喉舒适，则咳嗽气喘等症状亦能得到一定程度的改善。同时也可防止鼻病进一步影响肺脏而导致疾病加重。

至于治疗上何时予益气养阴，扶正固本之品。王老认为，由于本病感染顽固，迁延难愈，病程中时时存在肺气不足征象，故治疗时不可拘泥于痰白

或痰黄，而唯恐运用补益之品导致恋邪。须知，益气能提高机体免疫功能，增强机体抗病能力，可达到祛邪扶正的目的，正所谓"正气存内，邪不可干"是也。大量的临床和实验研究表明，益气药物能提高肺活量、最大通气量，还可提高动脉血氧分压、血氧饱和度，从而改善肺的通气和换气功能。王老在清肺化痰、祛瘀通窍的同时，往往会酌用太子参、党参、黄芪、白术、红景天、金蝉花等益气扶正之品，以利于邪气外达，有助于控制病情。在疾病缓解期加大益气固本药的用量能提高肺功能，并根据患者的不同体质分别施治。

3. 典型案例分析

病案 1 周某，男，42 岁，1997 年 4 月 1 日初诊。

主诉：反复频繁咳嗽，咳痰，气急 4 年。

初诊：患者 4 年前无明显诱因下出现频繁咳嗽，咳痰，色黄量多，动则气急，伴有鼻塞流浊涕，曾在上海某医院就诊，经胸部 X 线片、CT、肺功能等一系列检查，确诊为 DPB，予以红霉素、激素等治疗，诸症仍反复发作而无法正常上班。查体：气促貌，心率 89 次 / 分，律齐，两肺可闻及散在哮鸣音，两中下肺可闻及少量湿啰音。舌偏红，有瘀点，苔薄黄腻，脉细滑。西医诊断：弥漫性泛细支气管炎。中医诊断：咳嗽。辨证属痰热蕴肺，毒瘀内阻。治以清肺化痰，解毒活血。处方：桑白皮 12g，淡竹叶 15g，金银花 30g，鱼腥草 30g，七叶一枝花 15g，羊乳 30g，云雾草 15g，竹沥半夏 12g，桔梗 12g，苦杏仁 10g，甘草 6g，苍耳子 12g，瓜蒌皮 15g，广地龙 15g，紫丹参 18g，太子参 30g。水煎服，日服 1 剂，共服 14 剂。同时服用罗红霉素。

二诊：服药 2 周后，患者咳嗽、咳痰、气急等症状改善，肺部哮鸣音与湿啰音明显减轻。继续服用前方，每日 1 剂，连服 7 剂。

嗣后，在急性发作期适当合用罗红霉素等大环内酯类药及茶碱缓释胶囊、复方甲氧那明胶囊等平喘药；在缓解期，选用太子参、黄芪、麦冬、甘草、桑白皮、广地龙、仙灵脾、丹参、灵芝、半夏、杏仁、川厚朴等药组方进行治疗。追踪观察至今已 10 余年，肺部啰音基本消失，病情稳定，已能如常上班、工作。

按语：病见反复频繁咳嗽，咳痰，气急，可归属于中医学"痰饮"范畴。主要病机在于痰热蕴肺，胶痰与热邪胶固不解，肺气壅滞，瘀浊内阻，气道阻塞。痰热蕴肺，胶痰与热毒胶固不解，肺气壅滞，瘀浊内阻，气道阻塞，肺气上逆，故见咳嗽频繁，咳痰，色黄量多，动则气急。肺开窍于鼻，肺气

浙江中医临床名家·王会仍

雍塞，失于宣肃，故见鼻塞，流浊涕。舌偏红，有瘀点，苔薄黄腻，脉滑均为痰热瘀结之征。日久正气不足，故见脉细。故辨证为痰热蕴肺，毒瘀内阻。治法宜清肺化痰，解毒活血。因本病痰、热、瘀、虚并存，故治疗时运用大剂量的清肺化痰解毒之品，如金银花、黄芩、败酱草、鱼腥草、七叶一枝花、羊乳、制胆星、竹沥半夏等，以使热毒清，痰热解，清除慢性气道炎症，解除气道阻塞，改善肺的通气功能。在运用足量清肺化痰解毒之剂的同时适当加入广地龙、当归、太子参等益气活血之品，使血液、津液运行通畅，从而痰无所依附，达到消痰目的。本病临床控制后，按中医"损者益之""虚者补之"的治疗原则，继投以具有益气补肾、活血化瘀作用的方药扶正固本，目的在于"正气内存"以抵抗病邪再犯，故疗效颇为理想。

病案 2 匡某，女，61 岁，2006 年 12 月 20 日初诊。

主诉：反复咳嗽、咳痰、气急 8 年，加重伴痰血 1 周。

初诊：曾于 2006 年 10 月 30 日在上海仁济医院住院治疗，查胸部 HRCT 提示：两肺弥漫囊性支气管扩张伴感染可能，肺功能为阻塞性为主的混合性通气功能障碍。鼻旁窦 CT：双侧副鼻窦炎。结合纤维气管镜行肺泡灌洗、痰液、血气、血清冷凝集试验等一系列检查，诊断为 DPB，予以来立信联合阿奇霉素等治疗，稍好转后出院。近来咳嗽、咳痰等症状仍反复发作，痰黄稍黏稠，有时痰中带血丝，气急，鼻塞，流浊涕。舌色暗红，苔淡黄稍厚腻，脉细滑。西医诊断：弥漫性泛细支气管炎。中医诊断：咳嗽。辨证属痰热蕴肺证。治以清肺化痰，止咳平喘，佐以活血止血。处方：桑白皮 15g，黄芩 12g，佛耳草 15g，肺形草 15g，野荞麦根 30g，鱼腥草 30g，杏仁 10g，浙贝母 20g，甘草 6g，地骨皮 15g，仙鹤草 30g，蚤休 12g，南沙参 15g，北沙参 15g，炙麻黄 6g，辛夷 10g，苍耳子 10g，白茅根 30g，茜草 12g。水煎服，每日 1 剂，服 7 剂。

二诊：服药 1 周后，患者咳嗽、咳痰、气急等症状改善，肺部哮鸣音与湿啰音明显减轻。继续服用前方，每日 1 剂，连服 7 剂。

三诊：服药 1 周后，患者病情明显好转，未见痰中带血，再守原方，续服 7 剂。

按语： 患者反复咳嗽、咳痰、气急，当属于"痰饮"范畴。本病系由痰热蕴肺，肺气雍滞，气道阻塞，肺气上逆所致。痰热蕴肺，伤及肺络，可致痰黄稍黏稠，有时痰中带血丝。肺气雍滞，气道阻塞，肺气上逆则见反复咳嗽、气急。"鼻为肺之窍""肺鼻同病"，并发有慢性副鼻窦炎，伴有鼻塞、流浊涕。久病易致气滞血瘀，"肺主气，朝百脉""气为血帅，血为气母""气行则

浙江中医临床名家·王会仍

血行，气滞则血瘀"，故有舌色暗红。舌苔淡黄稍厚腻，脉细滑亦为痰热蕴肺之象。方拟清肺化痰，止咳平喘，佐以活血止血和通窍。用药重在清肺化痰，降气平喘，多用鱼腥草、野荞麦根、浙贝母、桑白皮、佛耳草、肺形草、黄芩、蚤休等药以清肺化痰解毒，"痰、热、毒"等邪气去之，则正气亦复。同时治疗上常加用苍耳子、白芷、辛夷、蝉蜕、木蝴蝶等祛风利咽通窍之品，鼻窍通畅、咽喉舒适，则咳嗽、气喘等症状亦能得到一定程度的改善。又常加用仙鹤草、白茅根、茜草、丹参、赤芍、虎杖等凉血活血化瘀之品。疾病缓解期，在根据患者症状施治的同时，加大益气固本之力，方能恰到好处，可有佳效。

（八）特发性肺含铁血黄素沉着症

1. 概述

特发性肺含铁血黄素沉着症（IPH）是一种较少见的铁代谢异常疾病，以肺泡毛细血管反复出血、肺间质含铁血黄素沉着为显著特点。IPH 的发病率为 0.24 ~ 1.23/100 万，多发生于新生儿及儿童，10 岁以内的儿童多见，成人虽可发病，但较少见，约占总体发病人群的 1/5，且预后优于儿童，偶见于老年人。儿童期发病无性别差异，成人以男性多见，男女之比为 2：1。其病因及发病机制尚未完全明了，过敏反应、霉菌感染、遗传环境等因素均可能诱发本病。IPH 临床表现多样，无明显特异性，主要表现为反复发作的咯血、气促和贫血。由于反复肺内出血而致贫血，患者最后多死于全身衰竭。因其临床表现不具有特异性，大部分患者最初会被误诊为贫血或胃肠道出血，因其与肺出血-肾炎综合征极其相似，误诊率极高。肺出血-肾炎综合征即 Goodpasture 综合征，该综合征的呼吸系统症状与 IPH 相似，多表现为咳嗽、呼吸困难和咯血，也常有贫血，不同的是可有血尿、蛋白尿；胸部 X 线典型表现为双侧弥漫性对称性肺门周围浸润。Goodpasture 综合征和 IPH 存在肺超微结构差异，Goodpasture 综合征主要表现为弥漫性血管损伤，内皮细胞间隙增宽，免疫荧光观察可见相当典型清晰的 IgG 线性沉积，有时可见毛细血管袢周围 IgM 沉积，偶可见 IgA 沉积，以此可以鉴别。至今为止，本病尚无特异性的治疗方案，主要治疗是使用激素及免疫抑制剂治疗，且预后较差。

2. 王老的学术观点和治疗特色

根据其出现的咳嗽、血痰、气急、衰弱及贫血等临床症状与体征，王老将其归属于中医学"咳嗽""虚劳""咯血""哮证""喘证"等范畴，且认为肺脏气阴两虚为本，痰、瘀、燥、热毒为标。根据"损则益之""虚则补之"的原则，治疗时以扶正培本为第一要义，主张扶正祛邪并重。临床用药上多采用补益气阴方药以提高机体免疫状态，增强机体抗病能力，以达到扶正祛邪的目的，此所谓"扶正即所以驱邪"是也。本病肺气清肃失司，气虚血亏严重，在后遗症期及间歇期应着重益气补血，补气不仅要补肺，而且还要补脾肾以旺其生化之源及纳气之根，可选用人参、黄芪、红景天、白术、甘草、茯苓、熟地黄、生地黄、当归、绞股蓝、灵芝、山药、冬虫夏草、金蝉花、山茱萸、杜仲、枸杞子等。人参、冬虫夏草较昂贵，王老常以太子参、生晒参、党参、西洋参及金蝉花等代替，这些药物的疗效也颇令人注目。

在治标方面，由于本病炎症部位广泛，感染顽固，主要病理特点是痰热蕴肺，其痰、热、燥、毒之邪气较甚，故在扶正的基础上重用桑白皮、黄芩、败酱草、鱼腥草、七叶一枝花、羊乳、海浮石、竹沥半夏等清肺化痰解毒之品。而对于具有清热燥湿作用的黄芩、黄柏、黄连等中药虽具清热之效，但因燥性易伤肺阴，长用不宜。只有热毒清才不至于使痰液煎熬、稠固不化；只有痰热清才能清除慢性气道炎症，解除气道阻塞，改善通气功能。肺司气机升降，气行则津液流通，痰液自化。正如朱丹溪所云："善治痰者，不治痰而治气"。故王老在治疗 IPH 时善用杏仁、苏子、莱菔子、降香、川朴、干蟾皮等降气祛痰、止咳平喘之品。

3. 典型案例分析

张某，男，2 岁，2004 年 8 月 20 日初诊。

主诉： 反复咳嗽、血痰，伴气急、贫血 4 个月余。

初诊： 精神欠佳，满月脸，贫血貌。舌淡苔白，脉弦细略数。经胸片、胃液和痰液检查，在痰和胃液中检出含铁血黄素吞噬细胞而被确诊为 IPH，给予肾上腺皮质激素治疗 2 个月余，咳嗽、血痰、气急等症状虽有减轻，但未完全消失，血红蛋白 78g/L。西医诊断：IPH。中医诊断：咯血（阴虚肺络瘀阻证）。治以益气养阴，清肺化痰，佐以凉血止血。处方：南沙参 10g，北沙参 10g，黄芪 10g，杏仁 5g，浙贝母 6g，甘草 3g，桑白皮 6g，太子参 10g，绞股蓝 10g，黄芩 5g，鱼腥草 12g，麻黄根 5g，七叶一枝花 6g，仙鹤草 10g，白茅根 12g，知母 5g，黄柏 5g。

二诊： 以上述方药为基础，随症加减，服 14 剂，咳嗽、血痰、气急明显减轻，继服 14 剂，咳嗽、咯血消失。追踪观察 3 年余，病情稳定。

按语： 患儿反复咳嗽、血痰，可归属于中医学"咯血"范畴。根据其临

床表现，辨证为阴虚肺络瘀阻证。治以益气养阴，清肺化痰，佐以凉血止血。肺部阴虚，不能濡养肺叶，致肺气上逆，则见咳嗽、气急。燥热伤肺，气损阴耗，"气为血帅，血为气母"，气不统血而妄行，故见咯血、血痰。失血日久，不能荣养头面，故见精神欠佳、面色惨白、舌淡苔白。脉弦细略数亦为阴虚肺络瘀阻之象。全方药性平和，融清热、通络、祛瘀、益气、养阴、止血等诸法为一体，既可补气摄血，使血循常道而不溢于肺，从根本上治疗本病；又能清除沉积之瘀血痰浊，祛邪不伤正，扶正不恋邪，故能奏效。此外，在治疗 IPH 时，王老偏好应用绞股蓝、知母、黄柏等药。现代研究表明，绞股蓝、知母、黄柏等药均具有减轻激素用量、逐渐摆脱对激素的依赖性的良好作用。尤其是绞股蓝，不仅富含人参皂苷，而且还含有多种人体所必需的氨基酸和微量元素，对调节机体免疫功能、提高机体防御能力及病后康复很有裨益。由于本例患儿激素治疗后已有库欣综合征的表现，因此方中选用绞股蓝、知母、黄柏，重点在于在改善患儿临床症状的同时，尽可能减轻激素的不良反应及逐步脱离对激素的依赖，并减少反复输血的次数。

第二节　养生保健治未病

健康，是幸福的起点，也是成长的前提；是立身之本，也是立国之基；是全面建成小康社会的重要内涵，也是人类社会发展福祉的永恒追求。党的十八届五中全会明确提出了推进健康中国建设任务。

一、养生体系和理念

古今中外，上至帝王、达官贵人，下至平民百姓，长生不老都是其追求的美好梦想，但是无数的偏方、验方、秘方、仙方试过了；无数的滋补品都用过了，却从未出现一个长生不老的人，甚至适得其反，短命夭折。以史为鉴让人们客观清醒地认识到生命的有限性，开始正确地对待生命。生老病死是生命发展的必然规律，人们不再纠结于奢求长生不老，而是更多地把精力放在健康长寿上，"催开健康之花，撷取长寿之果"正是人类坚持不懈追求的。王老在长期临证诊疗过程中，总结出一套养生心得，时常告诫患者，并以此为律，从而维持脑力充盛，脏腑无疾，得以坚持悬壶济世，笔耕不辍。

（一）需守精护气宁神

中医养生特别强调精、气、神，中医认为这三大人体最重要的物质与功能活动是生命之本，是维持生命的三大要素。精充、气足、神全是健康的保证，精亏、气虚、神耗是衰老的原因，精、气、神三者是不可分割的一个整体，相互作用。张景岳说："善养生者，必宝其精，精盈则气盛，气盛则神全，神全则身健，身健则病少。"王老认为如何保证和维持精气神的整体统一是养生的关键，只有精气神正常地相互协调，人体的健康长寿才能得到有效的保证。这也正是养生的关键所在，正如《吕氏春秋·尽数篇》说："故精神安乎形，而年寿得长也。"

精、气、神是中医养生重要的组成部分，评价人体是否健康，精、气、神是必不可少的重要标志。从中医养生体系而言，认为"精"是"生命物质"，包括先天之精及后天之精，后天之精主要强调饮食的重要性；"气"是"维护生命的功能"，包括吸入的气及内在的气，推动人体的动力及新陈代谢；"神"是"思维的能力"，多指人的思维变化，关乎人的生命力，还包括如何养神健脑益智的方方面面，得神则昌，失神则亡。这种抽象的概念，要想真正理解其含义，运用现代科学语言进行诠释是很有必要的。

1. 精

中医理论所谓的"精"，认为是构成人体生命活动的物质基础。精的来源有二，其一是指先天之精，与生俱来，禀受于先天，为生命的原物质，是"阴阳合"的结果；其二是指后天之精，是饮食水谷化生的精微物质，也就是现代医学所说的营养物质。生命赖以生存、成长壮大，精微物质是必不可少的。由此可见，"精"既是生命的原物质，又具有维持人体生长发育的功能，是人体需要的营养成分。

因此养精的方法除了节欲保精之外，主要在于均衡营养，注意补精。"得谷者昌，失谷者亡"，尤其是体弱之人要依据饮食营养来充实气血。在饮食中，动物肾脏、黑芝麻、黑豆、山药、核桃、芡实、莲子、地黄等都有养精之用，有利于延年益寿、强身健体，并有助于治疗早泄、遗精等。

2. 气

气是人体能量的来源，俗语说得好"人活一口气"。没有气，人体就没有能量，缺乏能量，人体就无法存续。可见，气在生命里是何等的重要。分布于人体不同部位的气，各有其生理活动特点：人体生长发育，各脏腑、经

浙江中医临床名家·王会仍

络生理活动，血液循行，津液敷布，都依靠着气的激发和推动；人体的体温维持依靠着气的温煦作用；预防外邪入侵，护卫肌表受邪依靠气的防御作用；人体控制血液、尿液、汗液、精液，使其无出血之忧，节制排尿、排汗等，归于气的固摄作用；而气的气化作用有助于膀胱的排尿功能。从狭义上来讲，清气指的是氧气；浊气则是二氧化碳及空气污染；宗气等后天之气，来自饮食。

总之，身体内精、气、血、津、液的相互转化及新陈代谢都是靠气来实现的。气足，气化功能就强；气虚，气化功能就弱。养气常与养精相伴，人体无气则多无精打采。

3. 神

中医养生认为，"神"是人体生命活动的主宰，人体所具备的神，是指人的生命活力及其灵性和生机，神在于养。神与生命攸关，特别强调要重视"神"的得失，即所谓"得神者昌，失神者亡"。人的思想活动和疾病的发生有密切的关系，人的情志变化会影响气机的升降出入。强烈或长期反复的精神刺激可使气机逆乱、气血失和、阴阳失调、脏腑功能紊乱而致百病丛生，《素问·举痛论》曰："怒则气上，喜则气缓，悲则气消，恐则气下，惊则气乱，思则气结"；又说："喜怒不节，则伤脏"。知足常乐，减少贪欲妄想，保持思想安定清静则神安体健，所以《黄帝内经》说："恬淡虚无，真气从之，精神内守，病安从来。"

（1）安心养神。养生保健应保持心情安闲，心思若定，心除杂念，心清如镜，知足常乐，以便真气顺畅，精神守于内，疾病无处生，才能体无所病、智无所损，达到"处变不惊"的境界。《友渔斋医治》说："遇逆境，即善自排解"，这就是说，人的养神只有靠自己善于控制情绪以排遣忧患，保持心理平衡，形神合一，神思稳定，气血平和，才能有利于保护脏腑功能，经脉畅通。

（2）休眠养神。这是指通过睡觉，使大脑处于休息状态。人的一生睡眠占用 1/3 的时间，民谚常说："觅仙方觅睡方"，充足的睡眠，能使身体内各部位的神经、关节、肌肉和器官无负荷或少负荷，进而达到积蓄精力、恢复体力、提高机体免疫力的效果。劳思伤神，则智力不能正常发挥，身体健康难以得到保障。生活中应注意劳逸结合，保证睡眠时间在 6～8 小时，过多思虑则伤神损命，《万寿丹书》云："多思则伤神"，所以养神一定要保证充足的睡眠时间和良好的睡眠质量。

（3）是清静养神，古人认为心静神自安。《黄帝内经》指出："静则神藏，躁则神亡"，如果一个人终日闷闷不乐，心神不安，思虑万千，健康必受影响。所以要保持身体健康，应清静养神，最好的方法就是恬淡虚无、不计较名利、不患得患失，这样才能使精神内守，内心安定，正气存内，邪不可干。

古人养生摄神可总结为坚持"十二少"，即少思、少念、少欲、少事、少语、少笑、少愁、少乐、少喜、少怒、少好、少恶；戒掉"十二多"，即"多思则神殆、多念则志散、多欲则损志、多事则形疲、多语则气争、多笑则脏伤、多愁则心摄、多乐则意溢、多喜则忘昏错乱、多怒则百脉不定、多好则专迷不治、多恶则煎熬无欢"。当下，现代生活节奏快、生活压力大，人们要善于心情放松，自怡自在。老年人更需要注意休闲生活，不争胜，不慕虚荣，顺乎自然，善于交往，谈吐自如，气质优雅，思维敏捷，从而达到"心静神安，老而弥坚"的境界。

（二）调节饮食均营养

自古至今一直流传于民间谚语："民以食为天"，明确地道出了人类生存的要素就在于饮食。人类之所以能够维持生命并繁衍昌盛，都依赖于饮食中的营养供给。饮食得当则后天之精得养。

1. 饮食误区

随着瞬息万变的时代变化，现代医学对于饮食问题的观念也在发生着截然不同的转变。媒体上层出不穷的饮食宣传花样百出，但无论选择哪种饮食方式，都存在一个"度"的问题，如果不重视平衡饮食，终归无法保持健康长寿，当下常见的饮食误区有以下几种。

误区一：素食饮食

过去总是提倡素食，其实，中老年人的饮食不应提倡吃素，"人生难得老来瘦"，其实是养生保健的误区。素食在消化道分解后都将转变成糖，纵然有少许植物蛋白，但均为"不完全蛋白质"，身体利用率低，无法形成肌肉，导致老人肌肉萎缩，动作虚浮无力、行走不稳，只能小碎步行走，动辄跌倒，骨折意外增多，甚至危及生命。此外，长期素食容易导致营养缺乏、免疫力下降，增加患老年痴呆的风险，便秘、胆结石形成，生育能力下降等。

肉类、鱼、奶、蛋等食品富含优质蛋白质，各种新鲜蔬菜和水果富含多种维生素和无机盐。人体必需的微量元素，如锌、钙、铁等主要来自肉食，长期食素者容易发生因缺乏微量元素而引起的一些疾病，如贫血、周围神经病等。肉类食物中含有人体必需的8种氨基酸，更适合人体消化和吸收，且

浙江中医临床名家·王会仍

赖氨酸含量较高，更有利于补充植物蛋白中赖氨酸的不足。长期不吃动物蛋白会造成免疫力下降。老年人本就存在营养缺乏的问题，含膳食纤维的素食并不能供给人体优质营养成分，而肉食可为人体提供必需的营养物质。以大脑为例，它最需要脂肪补充，也需要充分含有糖类的碳水化合物，以开展人的思维功能，长期素食易出现老年痴呆，病因就在于此。此外，油脂在人体肠道中扮演着"润滑剂"的角色，长期素食容易导致便秘，胆汁分泌不畅，易生胆石症。

老龄化是目前癌症发病率增高的主要因素。少荤，以谷物、豆类等为主的饮食习惯，使人体血液长期处于高糖负荷，导致体内"类胰岛素生长因子"（IGF-1）分泌增加，从而促使身体细胞快速分裂，更加深了体细胞突变成癌症肿瘤的概率。另外胰岛素长期高量分泌，糖尿病发生率也相应增高。

误区二：快餐饮食

近年来，随着生活节奏的大幅增快、数字经济的快速发展，西式快餐逐渐成为人们的一种高频需求。调查显示，近七成人每周至少吃一次快餐，其中每周吃三次快餐的比例占到了21%。这些快餐改变了我们的饮食方式，加之部分不法商家们制作的污垢食品，导致我们的饮食结构中缺乏健康的、富含营养的饮食。

垃圾食品导致的健康危害主要有肥胖、高血脂、高血糖、高血压、癌症诱发、营养不良、抵抗力低下、性功能下降和智力下降等。伴随快餐食品进入人体的高蛋白、高热量、高脂肪，促使人体发胖，出现代谢综合征表现，进一步埋下了日后患高血压、动脉粥样硬化、心脑血管病、糖尿病等的隐患。世界卫生组织和联合国粮农组织联合专家委员会证实了存在于不少煎炸食物如薯条中的"苏丹红一号"和"丙毒"，均属致癌毒素。而爆米花、罐装食品或饮料中的高铅含量，快餐食品中的味精、糖精、食盐，均会影响儿童的神经系统发育，影响智力发展。

中医对饮食的要求是"食以安为先"，认为食品安全问题与每一个人息息相关，我们希望可以吃得好、吃得安全、吃得放心。

误区三：不吃早餐

中华医学会会长、工程院院士、著名的呼吸疾病专家钟南山教授认为饮食："皇帝的早餐，大臣的午餐，叫花子的晚餐。"但现实生活中的白领阶层、上班一族往往是："早餐不吃，中餐凑合，晚餐撑个饱"，特别是不吃早餐者更多见。这种不良的生活方式对健康的影响显然是有害无益的。现代研究发现，早餐影响的不只是体重。不吃早餐可使心脏病发生风险增加27%；男性2型糖尿病发生风险增加21%，女性2型糖尿病发生风险增加20%。早餐还与包括注意力集中度和语言能力在内的大脑功能改善有关。一篇涉及54项研究的综述发现，吃早餐能改善记忆力。

其实，问题的关键在于不要过分强调任何一餐，而是关注全天的饮食情况。均衡的早餐确实有益，但也不要忽视一点，全天规律就餐对保持血糖水平全天稳定的重要性，这一点有助于控制体重和饥饿水平，所以应该准确把握的不只是早餐这一点。

误区四：低碳饮食

美国人阿特金斯医生在1972年写的《阿特金斯医生的新饮食革命》中第一次提出低碳饮食的概念。近年来，人们纷纷追逐低碳饮食，即低碳水化合物，严格地限制碳水化合物的消耗量，增加蛋白质和脂肪的摄入量。很多人为了减肥、控制血糖或讲究苗条身段等，极少或甚至不进食主食。

然而有研究指出，长期增加饱和脂肪的摄入可增加患心脏病和癌症的风险。高脂肪可加重肝脏负担，冲击血管；高蛋白质可增加患骨质疏松和肾结石的风险；纤维素摄入过少容易造成便秘。

而以碳水化合物为主的主食具有增加能量、增强体质、提高免疫功能、益智健脑四大营养功能。《柳叶刀》曾报道一项研究发现，碳水化合物摄入太多或太少都会减寿。该项研究分析了对1.5万名45～64岁美国成年人追踪25年的数据后发现，碳水化合物摄入量与预期寿命呈"U形曲线"关系，"碳水化合物供能比"低（全天摄入总能量中，碳水化合物提供的能量占比＜40%）和供能比高（＞70%）的饮食模式，都与死亡风险增加有关，而中等碳水化合物摄入量者（50%～55%）死亡风险最低。研究还显示，碳水化合物摄入低和高的人，预期寿命均短于中等摄入量者。从50岁开始，中等碳水化合物摄入量者的平均预期生存期为33年，但如果碳水化合物吃得太少，就会减寿4年；吃得太多减寿仅1年。该项研究同时证实了"碳水化合物供能比50%、脂肪供能比30%、蛋白质供能比20%"饮食模式的正确性。

2. 饮食正解

中华民族的饮食文化，源远流长，丰富多彩，从巢氏的茹毛饮血至燧人氏的熟食，人类从以生食为主进入到有比较稳定的火化熟食，减少了生食对人类健康的侵害，从而点亮了人类进化之路。此后，传说中的伏羲氏首创烹饪，

浙江中医临床名家·王会仍

教民结网从事渔猎畜牧，将驯服的牲口宰杀烧烤后摆上餐桌，开启了中华的饮食文化。烹饪的发明，改变了人类的饮食结构和烹饪方式，提高了人类的智力发育和生活水平。自神农尝百草，亲身体验了许多植物的食用性质；教民稼穑，开创了中华饮食文化的新篇章，直至黄帝"兴灶作炊""蒸谷为饭"，"厨神"伊尹"以鼎调羹""调和五味"，中华烹饪美食得以传承，中华饮食文化得以弘扬。

我国自周代起，开创了严格的礼仪规范，制礼作乐，出现了钟鸣鼎食之族，也是代表君主专制下的一种特殊阶层的饮食特征。周代特别注重饮食，当时将医生分为"食医""疾医""疡医""兽医"，并将"食医"列在众医之首。这种"寓医于食"或"寓食于医"的"食疗"观点，早在古老的医典《黄帝内经》中就有精辟的论述，指出饮食营养的合理搭配是决定人体能否健康长寿的重要因素，并提倡"五谷为养，五畜为益，五果为助，五菜为充"的饮食结构，特别是强调了食物应有主次之分，切莫喧宾夺主，养是主要的，益、助、充是辅助的，直至今日，这种以碳水化合物为主的科学性饮食方式仍沿用未衰。战国时期的名医扁鹊说："君子有病，期食以疗之，食疗不愈，然后命药"；唐代著名的大医学家孙思邈说："安生之本，必资于食"；明代的医药学名家李时珍也指出："饮食者，人之命脉也"。值得一提的是元代的养生学家忽思慧在其所著的《饮膳正要》一书中首次系统地总结了食物的药效和种类，同时还制定出一套饮食卫生法则、营养疗法及食物中毒的防治问题，堪称我国第一部营养学专著。

其实，西方医学之父希波克拉底在公元前400年也说过："我们应该以食物为药，饮食就是你合适的医疗方式。"由此可见，古今的中西医学家，对于健康饮食的观点是不谋而合的。

当代的医学界也同样认识到饮食对于人类的健康及防治疾病有着重要的作用。美国权威营养学家雷·D. 斯全德（Rey D. Strand）教授通过多年对营养学的研究和临床应用，为我们解释了包括癌症、糖尿病、老年痴呆症在内的十大衰退性疾病的发病原理，他认为，对于这些疾病，每一个普通人都能做到的事情就是营养补充。他精辟地阐述了细胞营养学的辅助治疗手段和临床医学有机结合的方式，展示了细胞营养学无法估量的前景；同时也指出，营养补充疗法并非万能的，同样也不是唯一的，但绝对是有效的，营养疗法绝不能取代临床医学，但它却是现代临床医学的最佳配合和必要补充。

人们的每餐都蕴含着大量与健康相关的奥秘。科学研究正在不断地揭示出来，依据确凿的科学证据，采取有利于健康长寿、避免疾病的生活饮食方式，才能实现我们不断增长的健康长寿愿望。

那么正确的饮食方式究竟应该如何呢？王老看来，这其中主要是一个度的问题，重在营养均衡。主要包括以下几点：

（1）要量力而"食"：饮食要讲究适度。明代医家、养生学家龚廷贤的长寿经："食注意半饱，酒三分，乐逍遥"。其摄养诗云："惜气存精更养神，少思寡欲勿劳心。食唯半饱无兼味，酒止三分莫过频。每把戏言多取笑，常含乐意莫生嗔。炎凉变诈都休可，任我逍遥过再春"。从负面看，吃、喝、玩、乐常用来形容纨绔子弟游闲、不务正业的不良作风，但王老认为，龚廷贤的"长寿经"及其"摄养诗"是中医注重"精、气、神"正面养生保健的最佳归纳，提醒世人在吃、喝、玩、乐中勿过度。饮食只求七分饱，进食要定量，饥饱要适中，则脾胃这个消化器官就会运转良好，身体各组织器官便可及时得到营养供应；反之，过饱过饥，伤及脾胃，健康就会受到伤害。民谚传云："饮食七分饱，健康活到老"，并非妄言。

中医认为，饮食时要注意吃入食物的温度，主张："热无灼灼，寒无沧沧"，非常强调饮食要安全，寒热要适当。

（2）倡全面供"养"：膳食中合理搭配很重要。其中，应包含合理数量的碳水化合物，不宜太多或太少。以轻体力活动成年女性为例，一天需要1800kPa热量，50%的碳水化合物供能比，相当于225g淀粉或糖。生重250g的谷物（包括一半的全谷物和杂豆），250g水果，500g蔬菜和一小把坚果，正好可供应相当于这样数量的碳水化合物。

主食中也应注意粗细搭配，避免顿顿白米饭、白馒头，应增加全谷杂粮的比例。例如，把燕麦煮成黏性较好的饭粥，有助于对血脂的控制；赤小豆、绿豆等淀粉豆类，血糖反应较低，且富含延缓消化吸收的成分，加到主食中有助于降低血脂和控制血压。此外，不要过度淘米，煮粥不宜加碱。

除了主食，还应注重荤素搭配和主副食搭配。荤素搭配能烹调制成品种繁多，味美口香的菜肴，不仅富于营养，且能增强食欲，有利于消化吸收。主食可以提供主要的热能及蛋白质，副食可以补充优质蛋白质、无机盐和维生素等。

老年人肠胃消化分解功能减退，加上牙齿残缺，不能有效咀嚼、切碎食物，所以即使与年轻人吃相同分量、内容的食物，其营养值的获取远低于年轻人。因此老年人不但不应少食、清淡，更要摄入丰富的鱼、肉、蛋等品质优良、

容易吸收的蛋白质。

（3）忌祸从口"入"：对所有人来说，有些食物不要在空腹的情况下食用。一类是对胃肠道刺激较大的食物，如空腹喝酒会刺激胃黏膜，长此以往会引起胃炎、胃溃疡等疾病的发生与发展，而且人在空腹之时，本身血糖水平就较低，此时饮酒，很容易发生低血糖，出现头晕、出冷汗，甚至昏厥症状。另外，空腹喝大量浓茶，相当于摄入过多的咖啡因，可能引起心率加快，产生胸闷、心悸等症状，特别是患有心血管疾病者尤应谨慎。

另一类不建议空腹食用的食物是高蛋白低碳水化合物类，如鱼、肉等以蛋白质为主的食物，其中碳水化合物含量通常低于2%，而蛋白质含量却高达15%以上，脂肪含量也偏高，所以如果在空腹时首先大吃鱼、肉类食物，肯定会造成蛋白分解转变为能量的后果，一方面浪费了很多蛋白质，另一方面又增加了肾脏的负担，患有肾病者尤须注意。

此外，应少食油炸、煎炒食物。

（4）忌唯"瘦"为尊：日内瓦医科大学荣誉教授、欧盟老年学主席Jean Pierre Michel指出，体重是老年人营养状况最简单、最可靠的测量方法之一。调查发现，体重持续下降的老年人比保持体重或体重微增的老年人更应注意自身是否存在营养不良隐患。他提醒："如果老年人在半年中体重减少5%，就应引起重视，如果平时合身衣裤在近3个月内突然显得过于宽松或体重明显下降，都可能为营养不良"。

人们常常把老年人的营养不良症状（如体重下降、四肢乏力等）当作衰老的正常变化，但实际上这些症状是健康问题的警告，通过合理的饮食和健康的生活方式，积极地坚持下去就能获得改善。老年人出现消瘦必须加以重视，必要时可通过体重指数（BMI）的变化来判断健康状况，如果BMI＜18，就应该关注营养不良所致的健康问题。

（三）规律作息起居常

中华医学会会长、中国工程院院士钟南山指出，人体健康有五大决定因素：父母遗传占15%，社会环境占10%，自然环境占7%，医疗条件占8%，而生活方式占60%，生活方式几乎起了决定作用。良好的生活方式中除了饮食有节，还需起居有常。起居有常则人体的气、神得以充盛。起居有常的内容颇多，睡眠是其中最重要的方面，睡眠与饮食、运动、呼吸一样，是人体生命活动的重要组成部分。

《黄帝内经》详细地论述了人体阴阳之气随天地运行变化的状况，指出了人的最佳睡眠时间与大自然的密切关系。睡觉对人的健康很重要，三天不吃饭尚能支持，但三天不睡觉就可能有生命之忧。

史说姜太公大器之所以晚成，主要原因就是早年经常失眠，思想不能集中，健康不能保证，直到年近花甲时才得到高人指点，以钓鱼为乐，使其睡眠障碍的疾病得以缓解，智力和精力得到充分发挥而助周文王创业成功。

另一个典故涉及英名盖世的诸葛亮，他一生谋略战事，马不停蹄，耗尽心思，神难得养，年仅五十多就亡于战场，英年早逝，其根本原因在于过度耗神而少食不寐。

良好的睡眠是维持人体各系统正常生理功能的基本保证，反过来也是如此，各系统正常生理功能的维持又是保证良好睡眠的必要条件，两者相辅相成。人的一生有 1/3 的时间是在睡眠中度过的，可见睡眠也是一个非常重要的生理过程。睡眠时间在儿童必须保证 10 小时以上，青少年则需 8～9 小时，成年人需 6～8 小时。美国的调查结果表明，人的睡眠时间与寿命长短密切相关，平均每天睡 7～8 小时的人，寿命最长，睡眠不足 4 小时的人，死亡率是前者的 2 倍。澳大利亚一个研究机构提出，睡眠是预防癌症的重要因素，因为癌变的细胞是在分裂中产生的，而细胞的分裂多半在睡眠状态中进行，一旦睡眠发生紊乱，机体就很难控制细胞的分裂，致使在环境因素的作用下，出现细胞突变而致癌。这些研究结果提醒人们在现代生活中，要安排好作息时间，保持良好的睡眠时间和质量，积极防止失眠。

都市人睡眠时间越来越晚，不少人到了凌晨才迷迷糊糊入睡。由此带来的问题是生物节律紊乱，这种睡眠障碍医学上称为"睡眠时相延迟综合征"。有的人为解决睡眠问题，不得不借助安眠药，但又担心对安眠药的依赖成瘾，因此造成了严重的心理影响，长此以往，就会出现亚健康状态。其实，睡眠时相延迟综合征并不可怕，患者只要在正规的医院接受治疗，通过医生调整"生物钟"，一段时间后就能调整到正常的位置。这种综合征很多是假性睡眠，睡眠时间和节律可以在一定程度上变化，过于担心睡眠变化，久而久之，就会发展成为失眠症。

失眠对于睡眠疾病来说，只是冰山的一角。按国际诊断标准，睡眠疾病有 80 多种，概括地说，包括两个方面：一是指睡眠本身发生问题，如失眠、白天过度困倦、发作性睡病；二是指在睡眠时诱发或发生的疾病，如睡眠呼吸暂停综合征及睡眠时出现各种异常行为，如梦魇、梦游、夜惊等。

浙江中医临床名家·王会仍

浙江中医临床名家·王会仍

　　长期睡眠不足可引起思考能力减退、判断力下降、免疫功能低下、内分泌紊乱等，导致溃疡病、高血压及冠心病等疾病的发生。

　　睡眠时间不足虽然危害身体健康，但睡眠时间过长也同样会危害健康。中国睡眠协会的专家指出，睡眠时间过长与睡眠不足一样，都可导致神疲乏力、代谢紊乱。因为睡眠时间过长后，人的心脏跳动便会缓慢，新陈代谢率就会明显降低，而肌肉组织也会松弛下来，久而久之，人就会变得懒惰、软弱无力，甚至智力也会随之下降。因此，那种想用增加睡眠时间来获得健康的观念，并非正确，还会适得其反，不但危害健康，而且往往会缩短寿命。

　　有研究发现，睡眠不足会导致瘦素和生长激素释放肽等分泌减少，可以增强食欲、促进肠运动的激素水平升高，从而引发肥胖和糖代谢异常等问题，同样也会诱发炎症反应，而后者与心血管疾病关系密切。睡眠过多则可能意味着本身存在慢性炎症或贫血等会使身体乏力的状况。另外，缺乏运动、抑郁、失业和社会经济状态较低也与睡眠过多有关，这些因素都与心血管疾病和死亡有关。

　　近日，欧洲心脏病学会（ESC）的最新研究显示，每晚睡6～8小时最健康，多睡或少睡均对身体健康无益。

　　一项研究涉及100万无心血管疾病病史的成年人，研究人员对这些人进行了平均为期9年的跟踪调查，与每晚睡眠时间6～8小时的人相比，睡眠不足6小时的人罹患或死于冠心病或脑中风的风险高出了11%，而睡眠超过8小时的人患病风险高出了33%。同时，一项汇总了74项研究结果、覆盖超过334万人的分析结果也表明，睡眠时间与死亡和心血管疾病发生风险之间均呈"J形曲线"关系，每晚睡7～8小时风险最低。研究者发现，每晚睡眠不足7小时与死亡或心血管疾病风险并无明确关系。然而，睡眠超过8小时"可能有中度害处"。睡眠时间越长风险越高。据称，每晚睡9小时，死亡风险增加14%；每晚睡10小时，死亡风险增加30%；每晚睡眠时间超过11小时，死亡风险增加47%。

　　总之，睡眠过多与多种疾病的发生、发展都密切相关。长时间睡眠，会增加患结直肠癌的风险，打鼾和超重尤甚；此外，睡眠时间过长或过短都会增加患糖尿病、高血压、心律失常、记忆力衰退、胃肠功能紊乱和睡眠呼吸暂停综合征等疾病发病的风险。

　　当然，睡眠质量也同样影响身体健康。研究还显示，睡眠质量差的人发生冠心病的概率增加44%，并首次发现，睡眠质量差是冠心病的危险因素之一。

中医一向提倡子午觉，就是教导人们子时就应该上床睡觉，这个时段是深睡状态及保证睡眠质量的最佳时间，子时就是夜间11时至次日1时；所谓午睡就是昼间中午时段的睡觉，1小时左右足可神清气正，这与现代医学的观点不谋而合。钟南山院士也建议良好的睡眠习惯是不熬夜，晚上11点之前睡觉，早上7点起床，中午小睡半小时。

影响睡觉的因素是多方面的，睡姿是其中一重要因素。据调查，60%的人习惯仰睡，35%习惯侧睡，而5%习惯俯睡。任何一种睡姿都有优点和缺点，王老认为，除了身患疾病，宜于或不宜于某种睡姿的人以外，一般人尽可放心地顺其自然去睡，不必刻意追求某种姿势，只要能使身体关节、肌肉放松即可。

阴气盛则寐，阳气盛则寤。王老认为睡眠是四时养生中重要一环，足够的睡眠时间，是平衡人体阴阳的重要手段，更是消除疲劳、走出亚健康的养生第一良方。古人有言："不觅仙方觅睡方……睡足而起，神清气爽，真不啻无际真人。"对于失眠的人，王老建议睡前用温水泡脚，以促进心肾相交。心肾相交意味着水火相济，对阴阳相合有促进作用，阴阳合抱，睡眠当然能达到最佳境界。

（四）调整七情节六欲

人是一个极其复杂的有机体，七情六欲，人皆有之，属于正常的精神活动，有益于身心健康。如《黄帝内经》所言："是以志闲而少欲，心安而不惧，形劳而不倦，气从以顺，各从其欲，皆得所愿。"但情志过激，"以生喜怒悲忧恐。故喜怒伤气，寒暑伤形。暴怒伤阴，暴喜伤阳。厥气上行，满脉去形。喜怒不节，寒暑过度，生乃不固"。故善养生者，宜注意情志调摄，真正做到"不以物喜，不以己悲"，一切顺其自然，就像《黄帝内经》所说："恬淡虚无，真气从之，精神内守，病安从来。"

回顾历史，因情志失调引起的致命事件有很多。

三国时的诸葛亮，是古今中外人尽皆知的盖世智才，但可惜的是，英年早逝，年仅54岁便病死于五丈原，不能享受天年。其原因一是前文中所提虽运筹帷幄，但不注重饮食作息，未劳逸结合；其二是过于好胜，一生耗尽心思，不停歇的战争使他颠沛流离，失掉了心理平衡。《三国演义》一书有所描述，在他与司马懿的对决中，后者几乎不是他的对手，但司马懿有一个很大的优

点，就是能忍耐，不管诸葛亮如何辱骂，他就是做"缩头乌龟"，不与之计较，使高明的诸葛亮无计可施，而司马懿则很关注诸葛亮的饮食问题，他根据前来的使者所说诸葛亮每日摄入饮食量多少，从而认为其将不久于人世，所以司马懿说："食少事烦，岂能久乎？"只八个字就解释了诸葛亮的两个致死因素。孔明一生，只在南阳高卧隆中，起身跟刘备见面时所作的诗，最能表达他最美好的时光："大梦谁先觉，平生我自知。草堂春睡足，窗外日迟迟"，这种"顺乎自然"的生活方式，无疑是其理想的归宿，但事物弄人，理想往往不能脱离现实。总结诸葛亮的死因可归咎于"精气神"俱亏。

三国中，还有一个人尽皆知的英才——短命的周瑜。周公瑾虽然能在"谈笑间，樯橹灰飞烟灭"，使曹操百万大军大败而逃，但毕竟心胸狭隘，不是死于箭伤，而是受气于孔明"三气"而亡，死时还大呼"既生瑜，何生亮"，可见其何等悲愤。

《红楼梦》中的林黛玉，也是一生郁郁不乐而致"红颜薄命"；又如岳家军中的牛皋和入侵中土的兀术，前者一笑而死，后者一怒而亡。

正面的案例也不胜枚举。我国著名文史学者文怀沙先生曾患晚期肝癌，但依旧活到108岁。曾在被问及养生秘籍时他回答："医者，意也。我用的是心疗法。外面急风暴雨，我心里一片祥和。"并透露自己的长寿秘诀是，读经典、修身弘毅、阴阳和合，他笑谈自己的治疗方式就是，"每天两片药：早一片'满足'；晚一片'感恩'"。可见良好心态的重要性。

杭州灵隐寺内有这样一副对联："人生哪能多如意，万事只求半称心"。语言朴实，却富含中医养生哲理。这种"半称心"的生活和知足常乐、随遇而安的心态，被林语堂先生称为"中国人所发现的最健全的生活理想"。"半称心"不是无奈和消极，而是一种豁达和智慧；自古人生最忌满，半贫半富半自安；半命半天半机遇，半取半舍半行善；半聋半哑半糊涂，半智半愚半圣贤；半人半我半自在，半醒半醉半神仙；半亲半爱半苦乐，半俗半禅半随缘；人生一半在于我，另外一半听自然。

王老认为，健康长寿的秘诀不在于优越的生活或是高强度的锻炼，而是心态平和："微笑是营养素，聊天是特效药，朋友是长乐丹，宽容是调节剂，淡泊是免疫剂"。

他非常重视对精神的调养，主张老年人要健康长寿，就要调适自己的心理状态，做情绪的主人。经常保持精神愉快，心胸宽广，是养神的首务。王老认为只要有生活的精神支柱，有追求的目标，就会带来良好、协调、平和的心理状态，促进健康。因此他虽已退休，但无论刮风、下雨、打雷、下冰雹，无论患者多少，他都坚持每周出门诊不停。他说，只要有一颗为患者着想、为人民服务的心在，就有力量支撑着他，也支撑着他的健康。

王老注重修德增寿，节制妄欲。我国古代许多大思想家将修德放在养生的重要位置，甚至看成是"养生之根"。孔子提出"德润身""大德必得其寿""仁者寿"等观点；老子主张"少私欲，去贪心"。又如《戒子篇》所言，"夫君子之行：静以修身，俭以养德。非淡泊无以明志，非宁静无以致远。"王老淡看名利，淡看世俗，无欲无求，也无所羁勒，保持心灵的洁净，不会困于喧嚣的市井，也不会被流言蜚语扰乱心智。"行到水穷处，坐看云起时"，正是这种淡泊与宁静和谐积极的心态，使王老志向明晰坚定，不被贪念侵蚀，也不被虚荣蒙蔽，静下心来思考以得到灵魂的自由和永恒。

王老不饮酒，不吸烟，无任何不良嗜好，不求金钱权势，不慕荣华富贵，其最大的爱好就是读书，对于他来言，若一日无书，则"怅然若有所失"。王老酷爱文学，以书为乐，乐在书中。闲时多埋首于图书馆，"发奋忘食，乐亦忘忧"。阅读的不仅仅是中医经典，对于中外杂志及新书，他都要一睹为快。因此，对于学术新动态、治疗新进展他了如指掌，并撰写了大量文章发表在各大刊物上。王老常说："外物之味，久则可厌；读书之味，愈久愈深。"

王老认为，修身养神能安身健体，尤其是老年人可以根据自己的爱好，选择一些有利于身心健康的生活方式，如吟诗作画、赏花听乐、唱歌跳舞、下棋品茶等，坚持下去是很有裨益的。

他自己也在诊余之时，复多雅好，常常怡情艺事，他特别喜欢观赏书画，结识了一些著名画家，得益不少。他深感中国的书画和中医一样，都是中华文化的一绝，而且书画和中医有着颇为密切的关系。他认为："欣赏一副书画作品，能够使人赏心悦目，心旷神怡，有利于身心健康。"这正切合了中医中调"神"摄生，贵在静养的养生文化。王老退休后为作诗填词，常常购买不少诗词书籍自习，借以调剂意趣，起到活跃思维、增强脑智等良好作用。

对于中国的古乐琴声，他也每多陶醉沉迷而百听不厌，他认为，音乐是一种和合之气，即"和志意、和欲求、和认知、和行为、和环境"，通过"乐"之和进而达到"天地人和"。不同类型的音乐可以调节人体气机升降、畅达脏腑、摄养神志等，起到"阴平阳秘，精神乃治"之功。

浙江中医临床名家·王会仍

（五）守四时而顺自然

《素问·保命全形论》云："人以天地之气生，四时之法成。"《素问·四气调神大论》推荐人们春季应"夜卧早起，广步于庭"，夏季应"夜卧早起，无厌于日"，秋季应"早卧晚起，与鸡俱兴"，冬季则"早卧晚起，必待日光"。王老强调人体内在环境必须与外界环境相适应，主张在春夏之季、气候凉转温、阴消阳长、万象更新之时，人体也必须相应地朝气勃勃，多做些户外活动，使阳气更加充足；秋冬之季，气候由温转凉，阳消阴长，肃杀寒冷，人体必须注意防寒保暖，避之有时，使腑气不要妄泄。如违背四季气候变化，就会影响身体健康。因此，顺应四时气候是养生长寿的关键。

历代很多著作中记录了大量中华养生知识，可见养生在我国早期就很受重视。然而令王老十分诧异是，现代医学却只注重西医的理论和观点，特别是在新文化运动以后，人们只知道洋为今用，凡洋人所说都是金科玉律，不知道古为今用，我们生活在中华的土地上，不懂继承祖先千辛万苦积累的宝贵经验，而将其一概否定，不免有失偏颇。

然而，即便我们推崇养生，令人不惑的是，在充斥着各种西餐文化的当下，人类的寿命并没有下降，近年来人类平均寿命已至 76 岁左右，与杜甫所谓的"人生七十古来稀"大相径庭。

根据 WHO 的调查，世界上人均寿命最长的国家是日本。他们的饮食结构既非西方，也不完全似我们传统的饮食结构。WHO 曾推荐"地中海饮食"模式；美国最新的饮食指南则似乎更偏向我国的饮食结构和饮食文化；俄罗斯地处高纬度地区，他们与我国北方的人们一样都善于饮酒，这与酒是热量的来源，能治血、行血有关。美国宾夕法尼亚大学医学博士飞利浦·沙帕瑞称，没有一种饮食方法适合所有人，对于个人来说最好的饮食方法可能取决于遗传因素。不同的地区适应不同的饮食模式甚至养生模式，这其中的道理与中医学中所谓"天人相应""顺乎自然"的法则密不可分。一个民族的生存必然有它需要的饮食结构，"一方水土养一方人"，应该是一种科学的自然定律。

二、慢性病关乎亚健康

当前，人类正面临第三次卫生革命，医学的目标从以疾病为中心转向以健康为中心，这一大势已渐行渐近，人们对健康和长寿的追求已急剧上升，要建设健康中国，中医养生保健必将成为一项必不可少的重要内容。古代的中医医典《黄帝内经》最早就明确指出"不治已病治未病"的理念，中医一向认为，上工治未病，中工治欲病，下工治已病。是的，医学的目标应该有更好的选择，是做"上工"改变生活模式，将疾病防患于未然，还是沿袭不良生活习惯，等待发病后去"亡羊补牢"？是选择安全专业的营养调理方案，还是心甘情愿地接受有不良反应的处方药物或手术？选择一定要慎重，因为它决定着人体的健康和长寿。

慢性病是指慢性非传染性疾病，美国慢性病委员会给慢性病的定义是：慢性病是使个体身体结构及功能出现病理性改变，无法彻底治愈，需要长期治疗、护理及特殊康复训练的疾病。慢性病不是一种单一的疾病，是一组疾病的综合名称，也不限于特定系统或器官。其特点：①起病缓慢隐匿，潜伏期长；②病程迁延，持续时间长；③难以治愈，容易出现并发症；④可变性或阶段性；⑤需要长期的医疗护理指导。

慢性病分为三类，①致命性慢性病：主要为各类癌症、艾滋病、后天免疫功能不全综合征、骨髓衰竭、肌肉萎缩性侧索硬化症等疾病。②可威胁生命的慢性病：主要有血友病、慢性阻塞性肺疾病、高血压、老年性痴呆、糖尿病、硬皮病、慢性酒精中毒、系统性红斑狼疮、脑出血、脑梗死、慢性肾衰竭、恶性贫血、再生障碍性贫血等疾病。③非致命性慢性病：主要有痛风、帕金森病、类风湿关节炎、骨关节炎、骨质疏松、胆石症、支气管哮喘、慢性溃疡病、溃疡性结肠炎、慢性支气管炎、先天性畸形、青光眼、创伤性或烧烫伤后遗症等疾病。在防控慢性病中，主要强调癌症、心脑血管疾病、糖尿病及慢性呼吸系统疾病，呼吸系统疾病中主要是慢性阻塞性肺疾病，最近以来渐关注肺部结节、结节病及肺间质纤维化等。

WHO 调查显示，慢性病的发病原因 60% 取决于个人生活方式，同时与遗传、医疗条件、社会条件和气候等因素有关。在生活方式中，膳食不合理、身体活动不足、烟草使用和有毒使用酒精是慢性病的四大危险因素。慢性病属于病程长且在通常情况下发展缓慢的疾病，其中高血压、脑卒中、癌症、糖尿病和慢性呼吸系统疾病等是迄今世界上人类最主要的死因，占死亡率的 63%。2008 年，死于慢性病的 3600 万人中，有 29% 不足 60 岁，且半数为妇女。

而在慢性病之前，人体将经历一种处于健康和疾病之间的状态，即亚健康。处于亚健康状态者，不能达到健康的标准，表现为一定时间内的活力降低、功能和适应能力减退的症状，但不符合现代医学有关疾病的临床或亚临床诊断标准。

造成亚健康及慢性病的原因有环境因素、生活方式及遗传因素及其所占的比例等。目前引起亚健康状态的主要原因有慢性疲劳综合征、肥胖等问题。肥胖往往是高血压、高脂血症、冠心病、脑卒中、糖尿病、睡眠呼吸暂停低通气综合征等疾病的元凶，甚至会在夜间发生猝死。

最近一项跟踪 6000 多名美国人体重和存活时间长达 24 年的研究进一步证实了这样一种观点，即超重太多可能导致更早死亡。美国波士顿大学一研究小组称，肥胖与死亡率上升 27% 有关。

属于"肥胖"的人其 BMI 为 30～34，30 是统计学的肥胖门槛（我国是 28 以上），例如，一个身高 1.62m、体重 79kg 者，其 BMI 为 30，就属于肥胖症。BMI 在 35～39 者属严重肥胖，其患病风险更高，与正常体重人相比，这一体重类型的人，死亡率几乎翻了一番。超重和肥胖人士通过改善饮食习惯和体育运动，都能降低疾病的发病率。

美国哈佛大学著名华裔科学家、营养学专家康景轩教授把中医的"上火"比喻为慢性病中的"慢性炎症"，并指出与"自由基"密切相关；美国权威营养专家雷·D. 斯全德教授也指出，危害健康的因素是慢性炎症，内在原因是氧化压力，同样认为"自由基"是引起体内"战争"的元凶。

三、慢性病重在治未病

专家认为，现代医学虽然可以暂时进行控制和治疗人类健康所面临的高血压、糖尿病、心脑血管疾病、癌症、慢性呼吸系统疾病、老年痴呆、慢性疲劳综合征、老年关节病等慢性病或退行性病变，但却没有根治的途径。美国权威营养学家雷·D. 斯全德教授通过多年对营养学的研究和临床应用告诉我们，每一个普通人都能做到的事情就是营养补充疗法。同时，希望人们能认识到对这些疾病的最坚强的防御就是我们天生的抗氧化系统和免疫系统，营养补充剂有增强抗氧化、抗衰老和提高免疫的功能；他明确地表示，患者服用了高质量的营养补充剂后，健康状况要优于那些没有服用的人，进而强调营养补充剂可能是传统药物中效果最好的药物。据此，王老认为发挥中医药中"药食两用性中药"的作用，通过食养和食疗的方法，或许是当前和未来最具发展潜力的治疗途径。

21 世纪医学从"注重治疗"向"注重预防"发展，从"疾病医学"向"健康医学"发展，可以认为中医学中"治未病"理念是超前的。关注健康，关

浙江中医临床名家·王会仍

注预防，如何在慢性病方面发挥"治未病"体系将是现代医学的重要组成部分。

防控慢性病中最常见的心脑血管疾病，其主要措施有以下几方面：

（一）饮食三多三少

心脑血管疾病的元凶是肥胖、高血压、高脂血症。王老提醒，饮食要粗细搭配、荤素合理，注意"三多三少"，并戒烟限酒。

1. 膳食纤维要多

膳食纤维有降低血清胆固醇含量的作用，也可降低癌症的发病率。据最新报道称，高纤维食物有益健康。由 WHO 委托开展的一项研究称，食用大量高纤维和全谷类食物的人患心脏病、中风、糖尿病和其他慢性病的风险较低。

研究称，日均摄入的纤维每增加 8g，心脏病、2 型糖尿病和肠癌的发病率就可下降 5% ～ 27%；摄入膳食纤维预防中风和乳腺癌的效果也很明显。每天摄入 25 ～ 29g 膳食纤维有益健康。

最近，《柳叶刀》医学杂志刊载的一项研究数据也表明，膳食纤维摄入量的增加可能会提供更大的健康保护；新西兰奥塔哥大学教授、本项研究牵头人之一的吉姆·曼说："我们的发现为把重点放在增加膳食纤维和全谷物取代精粮的营养指南提供了信服的证据。膳食纤维能降低多种重要疾病的患病风险和死亡率。"

根据这项研究，目前全世界大多数人每天的膳食纤维消费量不到 20g。2015 年，英国的一个营养顾问委员会建议将膳食纤维摄入量增加到每天 30g，但只有 9% 的英国成年人勉强达到了这一目标；在美国，成年人的膳食纤维摄入量平均为每天 15g。吉姆·曼教授说："全谷物、豆类、蔬菜和水果等食物中所含的膳食纤维的健康益处来自于其化学和物理特性及其对新陈代谢的影响"；他还指出："富含纤维的天然食物需要经过咀嚼，并在肠道内保持大部分结构不变，这增加了饱腹感，有助于控制体重。此外，大肠内细菌分解纤维的过程会产生其他影响，包括预防结、直肠癌"。

其实，这一研究结果与中医向来提倡的以谷类食物为主的饮食结构及"谨和五味"的饮食观念是不谋而合的。

2. 豆制品适当多

研究已证实，大豆富含多种人体所必需的磷脂、矿物质、蛋白质等营养成分。所以，营养学家非常强调："可一日无肉，不可一日无豆"；民谚则常言：

"青菜豆腐保平安"，确是至理名言。多吃豆腐及豆制品，有益于人体健康，可预防心脑血管疾病和癌症等慢性病。

新鲜豆浆起源于我国，相传为西汉淮南王刘安始创。据传，刘安是个大孝子，在他母亲患病期间，他每天用煮好的黄豆磨成的豆浆给母亲饮用，刘母吃了豆浆后很快身体就康复了。从此豆浆的补益作用就开始在民间流传开来。直到现在，仍然饮用不衰。明代，李时珍的《本草纲目》一书中记载："豆浆，利水下气，制诸风热，解诸毒。"古人认为："豆浆能长肌肉，益颜色，填骨髓，加气力，补虚能食"。豆浆味甘、性平，具有滋阴润燥的作用。秋冬一碗热豆浆，可益气生津，润肺暖胃，强筋壮骨；春夏饮用一碗豆浆，可驱风解暑，防感冒，强身健体。总之，豆浆确是一味价廉物美的佳品。常说"男人牛奶，女人豆浆"，就是说，豆浆对女性有更好的养生保健、美容养颜的功效。

国外有一项长达22年的研究发现，豆浆含有一种牛奶所缺少的植物雌激素——大豆异黄酮。中老年妇女每天喝500ml豆浆，能调节内分泌系统，降低乳腺癌和子宫癌的发病率，减轻及缩短女性更年期综合征的症状和持续时间，并有降低血脂、防止动脉硬化、改善心理状态、促进体态健美和延缓衰老的功效，其营养价值与牛奶不分伯仲，而养生保健作用可能比牛奶更胜一筹。

总的来说，鲜豆浆富含优质蛋白质和多种人体所需要的微量元素，素有"绿色牛奶"之美誉，其蛋白质含量高达2.56%，高于牛奶；还含有钙、磷、铁等矿物质，而铁的含量是牛奶的25倍。同时，豆浆与牛奶不同，不含有乳糖和胆固醇，因而不会发生乳糖不耐症。有些人缺乏乳糖酶，喝牛奶常会发生腹胀和腹泻，改喝豆浆则不会出现这种不良反应。

3. 乳制品适当多

牛奶是"人类保姆"。乳是养育人类生命最好的天然健康食品。牛奶除含有所需的维生素外，还含有人体所需的全部营养物质，是唯一的全营养物质，其营养价值是其他食物无法相比的，所以西方人把牛奶称为"人类保姆"。这种说法并不过分，因为人体生长发育的必需氨基酸有20种，其中8种人体本身不能合成，而牛奶则具备了所有的这些成分。我们进食的蛋白质如果含有所有的氨基酸，这种蛋白质便称为全蛋白，牛奶就是这种优质蛋白质，其消化率可达100%，而豆类所含的蛋白质消化率仅80%。

牛奶中的碳水化合物为乳糖，它的营养成分是提供能量和促进钙、镁、铁、

浙江中医临床名家·王会仍

锌等微量元素的吸收，这对婴儿智力发育非常重要；同时，人体中钙的吸收程度与乳糖数量呈正比，也就是说，牛奶喝得越多，钙的吸收也越多，这无疑对人体健康大有裨益。

牛奶还含有多种维生素，特别是维生素 A 和维生素 B$_2$，能补充我们在膳食中摄取的不足成分。

在中医来说，牛奶也同样是养生保健的最佳选择。早在宋代，对食疗研究最著名的养生学家陈直就在其所著的《养老奉亲书》中指出："牛奶最宜老人，性平，补血脉，养心，长肌肉，令人身体康强润泽，面目光悦，老而不衰。"《本草经疏》中也认为："牛奶牛血液所化，其味甘、性平，微寒无毒，性平能养血脉，滋养五脏，故主补虚羸弱，止渴。"历代医家对牛奶的养生保健功效的评价，都认为牛奶具有良好的滋养作用，能补肺、脾、肾，具有益气生津、健脾养胃、益智安神、壮骨强筋、美容护肤等多种功效，可用于虚弱劳损、气血亏虚、病后体虚；特别是对患有骨质疏松症的老年人及患有慢性病所致的营养障碍等人群，尤为重要。

近期，中国乳制品工业协会等多家单位联合发布了《2018 年中国人奶商指数报告》显示，中国人"奶商指数"刚刚及格。所谓"奶商指数"是指正确认识和食用乳制品的能力，是反映健康意识的重要指标之一。该报告指出，中国人喝奶的核心问题是量不足，种类少，奶龄短。

《中国居民膳食指南（2016 年）》建议，正常成年人每人每天应摄入 300g 牛奶或相当量的乳制品，但很多人对这个数字并不熟悉。本次调查结果显示，仅有 43.1% 知道每天的喝奶量要达到 300g 及以上，而真正达标的人更是少之又少，只有 22.5%。

同时，公众食用的乳制品结构太单一，食用乳制品的人尚不足 25%，且大多数人只喝牛奶或酸奶，经常食用其他奶制品的人尚不足 20%，大家普遍认为，只有婴儿及老年人才需要喝奶来补充相关营养，仅有 40% 的调查者认为一生都要喝奶。

需要提出的是，牛奶中主要营养成分是乳糖。乳糖能调节胃酸，促进胃肠蠕动和消化腺分泌作用，还能促进肠道乳酸菌的繁殖，抑制腐败菌的生长，并能促进钙、铁、锌等物质的吸收。乳制品指的是以生鲜牛（羊）乳及其制品为主要原料，经加工制成的产品。其中牛奶的食用量最大。简要地说，乳制品包括液体乳类、乳粉类、炼乳类、乳脂肪类及其他乳制品类，市面上品种繁多，除了牛奶制品外，羊乳制品的市场占有率也在快速飙升。作为国民

浙江中医临床名家·王会仍

健康膳食中不可或缺的组成部分，乳制品益处多多，包括补钙健骨、预防心脑血管疾病等。从补钙言，牛奶中的钙磷比例较为合适，而且还含有维生素D等可以促进钙吸收的因子，是膳食优质钙的主要来源。有研究显示，喝奶可预防心脑血管疾病，能降低心脑血管疾病的死亡风险，与不喝奶者相比，每天摄入两份乳制品的人，心血管疾病死亡风险可下降23%。

近期美国的研究报道称喝全脂牛奶能预防中风，从而延长寿命。几十年来，传统饮食指南一直断言，脱脂和半脱脂牛奶比全脂牛奶更健康。然而，最新的一项研究表明，事实正好相反。研究人员称，乳制品中的脂肪与心脏病和中风之间无显著关联。人们常常把心脏病和中风这两大"杀手"与高饱和脂肪饮食联系在一起，事实上乳制品中某些类型的脂肪可能有助于预防严重的中风，对那些更喜欢全脂牛奶、黄油、奶酪及酸奶而非脂肪含量较低的乳制品的人来说，这将是一个好消息。

调查发现，每天饮用250ml全脂牛奶的妇女，患结肠癌的概率较小，可低至15%，提示牛奶可降低患肠癌的风险，并可预防中风。最近，美国的一项最新研究显示，全脂牛奶有预防中风及降低患抑郁症风险的功效，研究结果表明，每天喝全脂酸奶的人，患抑郁症的风险可降低1/3。

一般来说，正常成年人每天所需要摄入的牛奶量为300g，孕妇、哺乳期妇女、儿童、老年人宜适当增加，应根据个体情况选择饮用不同的奶及奶制品，选择时首先要看营养成分表，注意蛋白质和脂肪的含量，鼓励多元化摄入乳制品，摄入奶类也可以采用多种组合方式，例如，早餐时可饮用鲜牛奶150～200g，下午或晚间饮用酸奶100～150g，或者奶粉20～30g，当然也可根据自己的喜爱和自身情况合理搭配。高血压、高脂肪、高血糖三高者或体重超标、有肥胖倾向者，可选择脱脂牛奶，但全脂牛奶营养更为全面，适合大多数人饮用。因为脱脂牛奶在脱脂的同时，也脱掉了大量维生素A、维生素D等脂溶性维生素，因此对于大多数人来说，更适合饮用全脂牛奶，近年来的不少研究也开始证明全脂牛奶的营养价值。

我国居民中，乳糖不耐受者比例较高，这类人群可首选低乳糖奶及奶制品，如酸奶、奶酪、低乳糖奶等，饮奶时可以和固体食物搭配食用，避免空腹喝奶，也可选择少量多次饮奶，一天奶量分2～3次饮用，从少量开始（50ml），逐渐增加。

酸奶经过发酵，乳糖、蛋白质和脂肪有部分分解，更容易被人体消化吸收，是膳食中钙和蛋白质的良好来源，经过发酵的酸奶除保留了鲜牛奶的大部分营养成分外，还有丰富的益生菌，对人体有益，所以更适宜乳糖不耐受者，消化不良、便秘者，老年人和儿童等饮用；对牛奶蛋白过敏者，应避免食用牛奶。刚挤出来的牛奶未经消毒，含有很多细菌，包括致病菌，直接饮用有一定风险。另外，对患有胃、食管反流者，酸奶也有可能加重病情。

4. 食盐摄入要少

人体不能缺少盐，但应有"度"。盐摄入过多，会导致或加重高血压、哮喘、癌症、心脑血管疾病等慢性病的发生与发展的风险。所以，王老建议，人体每天摄入食盐应以 6g 左右为宜，这也是 WHO 推荐的标准。对于老年人，有高血压、哮喘、心脑血管疾病及心力衰竭、肾病及肾功能不全的人，日均盐摄入量应以 4g 左右为宜。

我国不少腌制食品及零食等的盐含量都不符合规定标准。在中医药学中，讲究性味归经，把药物分为五类，即辛、甘、酸、苦、咸，并根据性味归属于五脏，咸归于肾，中药炮制就遵循这一原则制药。这本不须非议，但其炮制往往没有规定限量，而中医临证多未清楚疾病的性质及其应用是否合理，王老认为，这存在着一定程度的误区。

5. 脂肪和胆固醇摄入要少

人体需要科学合理地摄入富含热量的食物，而脂肪是热量的重要来源，人体必需氨基酸及 N-3 和 N-6 的绝大部分也都来源于此，脂肪主要来自于动物。现代对于动物食物的选择是："吃红的不如吃白的；吃四条腿的不如吃两条腿的，吃两条腿的不如吃一条腿的"，也就是说，吃猪肉、牛肉、羊肉不如吃鸡禽肉，更不如吃鱼肉来得健康。现在如此，未来不一定如此，因为生活废物不断污染着海洋、河水。最近更是爆出了惊人事件，由于塑料在全世界存量极大，很多都流向海洋，这种难以化解的塑料制品，绝大多数都被鱼类吃下去了，尤其是大鱼，吃了大量小鱼所含的塑料微粒，因而人类在吃鱼时也逃脱不了塑料微粒的危害。这一研究已在欧美等发达国家中进行，并有相关报道告诫世人。当然，人类既要补充营养，也要注意把握好度，过多了也不是好事。热量多了，就会影响健康，适当少吃，有助于减肥及减少高血压、高血脂、高血糖和心脑血管疾病的患病率。

6. 少吃剩菜剩饭

蔬菜烹调后所含的酶被破坏了，细菌随之大量繁殖，产生有害物质，即使放在冰箱里也难以避免，因为很多病原微生物，包括细菌和病毒等在低温 4～6℃的冷柜里依然能生存并"繁殖后代"。其中李斯特菌就是典型的例子。

浙江中医临床名家 · 王会仍

据相关统计数据显示，由于吃剩的饭菜而导致食物中毒事件时有发生，轻者头晕、心悸，重则呕吐、腹痛、腹泻，甚至脱水而致休克。此外，很多细菌都会产生亚硝酸盐，使得剩菜中的亚硝酸盐含量大增，过夜剩菜经一夜的盐渍，亚硝酸盐含量更多，加热后毒性增强，因此隔夜蔬菜切勿食用。

（二）运动五不宜

适当运动有助于增强人体健康和活力。古人认为："流水不腐，户枢不蠹"，加强体育锻炼，可以养精、益气、安神、活血，协调精、气、神、血的相互关系，从而气机调畅、阴阳平衡、气血经络运行通达，减少或防止疾病的发生。提倡加强锻炼预防疾病的历史源远流长。远在先秦时代已经应用"导引术"和"吐纳术"来预防疾病。长沙马王堆汉墓出土的《导引图》，证明我国是世界上较早应用导引的国家，西方学者因此将中国称为"医疗体操的祖国"。东汉神医华佗认为："人体欲得劳动，但不当使极尔。动摇则谷气得消，经脉流通，病不得生"。他模仿虎、鹿、熊、猿、鸟五种动物的运动形态，发明了"五禽戏"。其徒弟吴普经常练习"五禽戏"，结果寿至90余岁，耳聪目明，齿牙完坚，达到了强身健体、延年益寿的目的。现代医家也认为，适当运动锻炼可以增强血液循环，改善心肺功能及脑的供血不足，起到增强体质，调节精神，增进健康的作用。

运动锻炼还可以起到减肥的作用。肥胖会阻碍免疫系统抗癌。新近，发表在英国《自然免疫学》杂志上的报道阐明了肥胖与癌症之间的新关系，并解释了为何在脂肪堆积的情况下，人体免疫系统在攻击癌细胞时会失效。研究人员分析其原因时认为，自然杀伤细胞未能起到杀伤癌变细胞的作用，主要是因为过量脂肪虽然不会阻碍自然杀伤细胞识别肿瘤细胞，但的确会降低其杀伤力。因此，进行减肥时，在强调平衡饮食的同时，应多关注体育活动。

运动虽然有益健康，但一定要注意劳逸结合。王老强调以下几点：

（1）不宜早：大家都喜欢早起外出活动，有的甚至天还不亮就急着出去进行锻炼。但外出过早，太阳还未从地平线上升起，植物还未开始进行光合作用，空气中的新鲜氧气含量不足，不利于人体吸收氧气。合理的运动是有氧运动，所以时间不宜过早。

（2）不宜空：运动是消耗体力的活动。因此，不宜空腹锻炼，可在运动前先喝点热粥。

（3）不宜急：不宜急于运动，应在运动前先做些热身活动。

（4）不宜猛：运动不宜过猛。宜选择比较平稳的运动锻炼。运动包括运动类型、运动强度、运动时间、运动频率四要素。运动量的指标是自我感觉良好，心率最高达每分钟 170 次左右，以运动后稍有微汗，全天无持续疲劳为度。一般以步行或慢跑半小时，3 ～ 6km 为宜。王老认为中老年人打太极拳最适宜。

（5）不宜雾雨：雾天、雨天，空气质量较差，雾霾较重，不宜在雾天、雨天或阴天在室外运动。

（三）应注意三"缓慢"

1. 起床要慢

老年人或有慢性疾病的人，卧床起身时勿过猛，安全起见，起床要慢，特别是早上起床时要养成慢起身的习惯，应半分钟半卧位，半分钟坐床缘，再缓慢起身。因为，早晨自主神经功能紊乱尚未恢复，容易发生意外事故。

2. 排便要慢

用力排便会增加腹部压力，而增加的腹压会使排血阻力增大，血压升高、心肌耗氧量增加，从而导致心脑血管疾病发生，甚至猝死。便秘者应在医师指导下用药排便。要养成排便要慢的习惯。

3. 用餐要慢

用餐时，吃进的食物先要慢慢咀嚼，让食物与唾液充分接触搅拌，有利于吞咽。中医提倡缓慢咀嚼，可以增加唾液分泌，不少中医历代养生家都认为唾液是难得的金津玉液，现代认为唾液含有多种消化酶，有助于消化，并有抗菌消炎作用。

报英国《每日邮报》披露，全球罹患癌症的人数在迅速增长，仅 2018 年新增 180 万个病例，因癌症而死亡的人数达 960 万，预计至 21 世纪末，癌症将成为全球"头号杀手"，也是人类预期寿命延长的最大障碍。据预测，全球 1/5 的男性和 1/6 的女性都将死于这种疾病。

癌症病例数量增加有多重原因，全球人口在增加，而人口增加也意味着癌症患者增多。其次，人口在老化，随着年龄的增长，人群患癌的风险也在增多，这是不以人的意志为转移的事实，但人类所要做的事情在于如何实施防控措施。

据报道，死于癌症的病例有半数在亚洲，而亚洲占全球人口总数的60%；美洲癌症患者占全球总数的 21%，死亡人口占全球总人口的 14.4%，

浙江中医临床名家·王会仍

然而美洲人口仅占全球总人口的 13.3%；欧洲癌症病例和死亡病例分别占全球总人口的 23.4% 和 20.3%，但其总人口仅为世界总人口的 9%。

在癌症中，肺癌是最凶险的杀手。据目前报道，肺癌、乳腺癌和肠癌是罹患人数最多的癌症，其中男性肺癌总发病率比女性高 20%，肺癌是男性死亡的重要原因。对女性来说，乳腺癌是最常见的癌症，癌症患者中大约 1/4 为乳腺癌，早期乳腺癌是一种可控的疾病，但仍是造成女性死亡的头号杀手。

放、化疗是目前治疗癌症的重要方法。但最近的《癌症》杂志网上报道了一项研究指出，3～6 年前接受放、化疗等乳腺癌治疗的 94 名妇女持续存在疲劳、疼痛和认知障碍等不适，该研究提示癌症治疗后可能导致一些人认知能力下降，这些信息可以为防止认知衰退提供新的干预措施。放、化疗既能摧毁癌细胞中的 DNA，也能破坏健康细胞的 DNA。该研究小组通过细胞研究在乳腺癌患者身上观察到 DNA 损伤和端粒酶活性降低，端粒酶有助于维持人体健康，并标志着细胞的年龄。最终研究认为，体内较高的 DNA 损伤和较低的端粒酶水平导致了患者的认知能力减弱。这些研究的新颖之处在于发现了人体老化的关键因素，并将其与认知功能联系起来，从而开启了新的研究领域。王老认为，这些研究结果显示，只靠西医放、化疗并不是最佳选择，因此中西医兼容治疗，应该是非常可取的，优化选择方式无疑是非常必要的。

综上所述，不难看出，人类当前面临的健康"灾难"是慢性病，不论是西医或是中医，这是一个极具挑战性的热点和难点，西医在疾病早期有优势，而中医在延缓生命期及提高生活质量方面具有很大的优势。

四、习术数而和阴阳

近年来，备受关注的很多慢性疾病，西医尚缺乏解决的方法，一般只能靠终身服药，即使这样，病情还是很难完全康复，甚至进一步发展或恶化。但有部分慢性病患者，不服西药或少服西药，注重采用中医调养的方法，常常获得意想不到的效果。中医的"养生学说"和"治未病"理论与实践，有助于对慢性病的防治，是一个颇值得关注和推广的方法。

（一）梳头

要长寿，勤梳头。王老每日早晚坚持梳头，至今已近 20 年。《黄帝内经》曰："头为诸阳之会""脑为元神之府"，大脑是人体高级神经系统中枢，总司人体五脏六腑、四肢百骸、五官九窍。脑是思维能力、精神意识、认知记忆、运动知觉等方面的主要器官，所以脑是调动和指挥整个人体生命活动的最高司令官。

人老脑先衰。科学研究证明，人的大脑皮质由 140 亿至 150 亿个神经细胞组成，大脑神经细胞系数在 4 岁就已确定而不再分裂繁殖，并且以每天几万至 10 万个脑神经细胞凋亡的速度衰退，特别是人到中年以后，下丘脑下部通过释放单胺氧化酶对内分泌进行调控，使脑垂体、脑腺发生退化。人至老年，大脑神经细胞衰亡更为明显、神经递质相应减少，神经传导信息下降，从而导致新陈代谢功能降低，加速衰老进程，甚至出现脑梗死，因而保护大脑非常重要。梳头有助于预防脑梗死，这是中医养生保健的重要方法。

梳头具有刺激大脑穴位使毛孔开泄，疏通经脉，改善大脑循环，增加血氧含量，益智健身，延缓衰老作用。梳子的材质以牛角为上品，据《本草纲目》记载："牛角酸咸、清凉、无毒。"用牛角制成的梳子梳头不会产生静电，而牛角本身又是中药，因此，牛角梳子具有很好的保健功能。宋代大文豪苏东坡，一生善于梳头以健脑益智、生发护发，所以对梳头情有独钟。王老常用牛角梳梳头，每天早晚各做 100 次。

（二）药膳

药膳以药物和食物为原料，经过烹调加工制成，具有防治疾病作用，即"寓医于食"，既将药物作为食物，又将食物赋以药用，药借食力，食助药威；药膳既具有营养价值，又可防病治病、保健强身、延年益寿。

古代名医扁鹊指出："救疾之速，必凭于药""安身之本必资于食"。很显然，其意是想要快速救治疾病，必须要用药物，而想要身体健康，则需要通过日常食物来疗养身体，也就是我们常说的食疗养生。

药膳的使用又须强调因人、因时、因地制宜。年少者，机体尚未发育成熟，稚阴稚阳，脏腑娇嫩，易虚易实，易出现热证、阳证。若过食生冷、油腻之品极易损脾伤胃，导致消化不良。因此，小儿饮食宜多样化，要食用富含营养、易于吸收消化的药膳。青壮年脏腑功能旺盛，膳食应注意饮食平衡，可以选用具有健脾、补肾、疏肝理气等功能的食物以起到健身、润肤、抗衰老、抗疲劳、益智健脑等效果。而年老体弱者，常因营养不良而导致脏腑功能衰退，易于得病及失智、早衰、体能下降等，所以老年人应多吃健脾、开胃、益气补血、补肾填精、活血通脉、益寿延年等药食两用的食物。

以睡眠为例，食疗可治睡眠。从中医学理论而言，所谓"阴不入阳则寤""阴入于阳则寐"，睡眠相当于"养阴"。所以，养阴药物多能治疗失眠症。长期失眠的患者，饮食宜清淡，晚餐应多进食具有宁心安神功效，能促进睡眠的食物，如小麦、小米、大枣、百合、核桃、莲肉、桂圆、桑椹、牛奶等，避免辛辣有刺激性的温燥食品，如胡椒、辣椒、葱、大蒜等。而中医认为，"阳盛阴衰则寤，阴盛阳衰则寐"。睡眠过多，应"补阳"，可吃点益气补阳的食物，如猪肝、羊肉、鹿肉、洋葱、山药、韭菜等。

（三）足浴

中医养生保健中还有一招就是提倡中医药浴以防病健身。所谓药浴是将中药的煎剂、浸剂加入浴盆或足盆中进行全身浸浴或足浴的一种方法。我国药浴历史源远流长，《五十二病方》中就有气浴法、熏洗法的记载，中医经典著作《黄帝内经》中指出"其有邪者，渍形以为汗"，就是利用药汤沐浴发汗的先例。历代中医药书籍几乎都有用中药洗浴、熏洗、浸泡等方法来防治疾病的记载，内容十分丰富。中药药浴形式多种多样，常用的有全身浸泡、局部浸泡、熏浴和浸敷四种。比较方便和常用的有全身浸泡和足浴。

足浴是一种传统的中医疗法，是通过对足部进行药浴或温水加按摩从而达到治疗局部及全身疾病的一种治疗方法，药浴材料多选用无毒副作用的天然中草药。足浴疗法历来深受广大群众的青睐，民间有句谚语："春天洗脚，升阳固脱；夏天洗脚，暑湿可祛；秋天洗脚，肺润肠濡；冬洗脚，丹田温灼"。在中国历代不乏名人靠足浴养生健体的故事。唐代，杨贵妃经常靠足浴润肤养颜；宋代，大文豪苏东坡每晚都要足浴以强身健体；清代，名臣曾国藩更是经常采用足浴保健。足被称为人体的第二心脏，俗称："百病从足浴""老来先老足"，足浴疗法特别适宜于老年人的养生保健。

应加以提醒的是，足浴泡脚最好应用木盆或搪瓷盆，不宜用铜盆等金属盆，因为此类盆的化学成分不稳定，容易与中药中的鞣酸发生反应，生成鞣酸铁等有害物质。足浴水温以 35 ～ 40℃为宜，时间以 40 ～ 60 分钟为妥，不宜在吃饭后立即泡脚，应在睡前半小时足浴为妥。妊妇及月经期中的女性不宜足浴，因为采用中药足浴可能会刺激妇女的性腺反射区，影响孕妇和胎儿的健康。

患有各种严重出血的人，如咯血、便血、脑出血、胃出血等危重患者，病情变化多端，对足部反射区的刺激较为敏感，有可能致病情加重，不宜足浴疗法。此外，凡足部病患，如脚有外伤、水疱、疥疮、发炎、化脓、溃疡、水肿及较重的静脉曲张患者，均不适宜足浴疗法。不宜一边足浴，一边进食，这样的话，本该流向下肢的血液改道流向消化系统，结果造成两边血液流向均处于不足的状态，对健康不利。

（四）提肛

老年人脾胃虚弱，中气不足，肠道容易早衰，往往出现消化吸收功能不良。历代医家及中医养生学家都十分推崇"提肛"运动，所以要健脾益中，每天早晚餐前进行提肛运动，可以预防肠胃早衰，提高消化吸收功能。王老多年来通过提肛运动，已体会到其能提高消化吸收功能，并能起到排毒解毒、消除雍滞、保持肠道通畅、增加营养等作用。此外，坚持"提肛"运动，不但能改善内脏下垂、脱肛效果，还能增强食欲，并有助于心脑血管疾病的防治。

（五）步行

王老养生亦重视健身运动，因为长期坚持运动锻炼，是人体维持健康、增强体质、永葆青春的秘诀，即"以动养气"。王老坚持适当运动，反对中老年人进行快跑、打篮球等剧烈运动，"刚则耗气"。他认为，散步是最好的治病良方之一。散步属有氧运动，使人心情舒畅、解除烦闷、消除寂寞，对脑、心、肺等器官的健康大有好处。现代科学研究亦表明，散步能增强血管弹性，减少小血管壁破裂的可能；增强肌肉力量和促进血液循环，使人体能更好地进行新陈代谢；增强心脏的功能，使心跳慢而有力；增强对紧张的忍耐力，使心情开朗愉快；减少脂肪和胆固醇在动脉中聚积。

钟南山院士也说，人很容易"死在嘴上，懒在腿上"。建议人们采用最简单、经济、有效的锻炼方式——散走，坚持每天走路 0.5 ～ 1 小时。

（六）拔罐

拔罐减肥，即通过拔罐时强大的吸拔力使汗孔充分张开，汗腺和皮脂腺功能受到刺激而排毒，皮肤表层衰老细胞脱落，从而使体内毒素、废物加速排出，达到降脂消脂的瘦身功效，是经络减肥的一种形式。拔罐减肥，不仅能够调节整体、疏通经络，而且能够促进人体新陈代谢。

（七）刮痧

王老十分推崇刮痧疗法。他记起少年在新加坡读书时，有一次因头痛、周身不适，原因不明，服西药无效，后经过其堂姐采用刮痧疗法使头痛霍然

浙江中医临床名家·王会仍

而解，这一疗法使他印象深刻。

自古以来，刮痧早就广泛流传于民间，是一种非药物治疗的自然疗法。这一方法操作简便，易于掌握和普及。它集防病、治病、保健、康复于一体，且疗效可靠，无不良反应，极受广大群众欢迎。

刮痧的工具随处可寻，通过利用铜钱、搪瓷杯、瓷汤匙、水牛角等刮拭经络穴位或某处皮肤，使刮痧处充血，改善局部血液循环而起到行气活血、清热解毒、消炎止痛、防治疾病、保健养生等效果。现代科学研究证明，刮痧可以扩张毛细血管，改善微循环，增加汗腺分泌，具有促进血液循环和新陈代谢的作用。

刮痧盛行季节以夏秋为最，春季次之。刮痧主要有两个特征：一是痧点；二是酸胀感。痧证主要表现为头昏脑涨、心烦意乱、全身酸胀、倦怠乏力、四肢麻木，甚则厥冷如冰，类似于暑湿或感冒初起的症状。如用刮痧板在需刮拭的皮肤上刮，刮拭部位出现红斑、紫斑或黑斑，甚至出现紫黑疮的一种现象，称为痧。出痧的程度可根据刮拭的手法力度、频率和患者的体质、病情的不同而异。

刮痧疗法虽然有益健康，但也要注意以下几点：

（1）刮痧在排邪时也会伤及正气，产生一些不良反应，同时会产生疼痛，如果刮得太多或时间太长，有的患者难以耐受，因此刮痧要根据患者的年龄、体质、病情，施以适当的手法和力度，时间不宜超过半小时。

（2）刮痧时应避风寒，尤其是冬季应注意保暖，夏季刮痧时应避风扇直吹刮痧处。

（3）刮痧出痧后30分钟内忌洗凉水澡。

（4）刮痧出痧后最好饮用1杯温开水。

（5）一般而言，刮痧疗法是一次见效，多次治愈或缓解，常刮不复发。

这些方法简单易学，适合行动不便的人群，王老每天在家早晚都坚持做四个动作，一是按摩头部庭额、眼、鼻、两耳、后脑风池穴，继即梳头，再即揉腹摩腰，前后按摩而下及两腰，最后做提肛运动。随着年岁增长，王老少外出运动，只能按这个方法进行锻炼，时间尚短，但颇有成效，特别是按摩两腰及提肛运动，以往平睡半小时就感腰部酸疼，坚持2年，大有减轻；提肛运动对痔疮及脱肛患者能减轻症状，所以他常将此法推荐给一些患者。

中医还提倡针灸疗法，足三里穴被称为"长寿穴"，经常针刺或常按压该穴有延年益寿、养生保健作用；艾熏神阙有健脾开胃及调节胃肠功能紊乱的功效，可防止肠早衰，健全"后天之本"，有改善、防控消化系统疾病的效果。其他如咽津饮液、禁忌热食、按摩脘腹、按摩脸部等都是简便易行，且十分有效的养生保健方法。

学 术 成 就

第一节　中医药源远流长

　　我国是一个具有上下五千年历史的古国。中医药始于神农氏，从创造农业生产时起，为了维护人类健康，他就在寻找食物的过程中不断地寻找有益于身心健康和治疗疾病的药物，在没有先进科学技术的远古时代，取之不尽、用之不竭的自然界显然是一个丰富的药源。中华民族的伟大祖先神农氏早在几千年前就总结了自然界可供防治疾病的植物，名之《神农本草经》。此后，广大有志于医学的文人学士，又在植物药学的基础上增添了动物和矿物质类药物，从而使中药宝库更加丰富多彩，也相应出现了很多从事于诊疗工作的名人，上至黄帝、岐伯，以问答形式成文的医学经典《黄帝内经》，传沿至今而不衰。我们把中医称为岐黄之术，其实就是黄帝及岐伯的总称。春秋战国时代出现了很多名医，诸如长桑君、扁鹊、伊尹、淳于意等，其中扁鹊最为人称道，至今病家为名医送匾常写"扁鹊再世"以谢恩。扁鹊虽怀有高深的医术，但他很谦虚，皇帝问他："你兄弟三人，谁的医术最精湛？"扁鹊答道："我的大哥医术水平最高，他善于医治未病的人，求医的人不多，所以只有家族中的人知道其医术；我二哥善于治疗欲病而病未显露之前，名声不大，所以只有家乡一带的人知道其本领；我的医术最差，只会医治已病之人，治好的病人都给我宣传，一传十，十传百，所以我的声名远扬。"另外，我们还不应忘记儒家思想的开创者孔子，我们多数人只知道他是儒家思想的祖师爷，却不了解他对中医学的贡献，他不仅重视中医，而且对中医养生有独到见解，提出"八不食"（即霉粮馊饭、烂鱼坏肉，不食；颜色不好的，不食；发臭的，不食；夹生饭和烹调不当的，不食；调味不当的，不食；不合时令的，不食；肉切得不方正的，不食；市上买的酒和熟肉，不食）。这无疑是卫生学的最早创导。虽然"八不食"并非毫无争议，但其思路是难能可贵的。至汉、唐盛世，中医药学更是方兴未艾，东汉时期的张仲景和华佗更是名盖当时。值得指出的是，医圣张仲景在《伤寒杂病论》中首创的"六经辨证"理论，为中医"辨证论治"理论奠定了坚实的基础，为中医学的发展做出了卓越的贡献，其影响力之大已越出了国界，特别是日本的汉医学界，无不以之为楷模。甚为可惜的是，精于外科手术的华佗，大枭雄曹操所杀，其医术未能发扬光大，只留下了养生健体的"五禽戏"，而相传用于麻醉的"麻沸散"，却只有其名，不存实方，实乃千古医坛憾事。

东汉之后的晋朝，出现了精通炼丹术的葛洪，其不但热衷道教，而且医术也很高明，其著作《肘后备急方》一直流传至今，诺贝尔生理学或医学奖得主屠呦呦的抗疟新药"青蒿素"亦来自于此。至南北朝时期有"山中宰相"之称的著名中医药学家陶弘景，上承自葛洪的"炼丹术"，不但集道、佛、儒于一身，而且深研《神农本草经》，汲取其精华，对本草学进行了系统的整理，撰写了《本草经集注》一书，共收载药物 760 种，并首创影响后代的药物分类法；就药学而言，陶弘景堪称是本草学发展史上贡献最大的早期人物。同时，他还是首创中医养生学说的医药学家孟诜的老师，孟诜是食疗文化的初创者，其所著的《食疗本草》对食疗文化也是影响深远的。中医界养生的兴起，无不与此有关。

唐代值得一说的是大名鼎鼎的医药学家孙思邈，他是一个道教迷，涉猎广泛。他在《备急千金要方》中提出"大医精诚"，教导医者不但要精通医术，还要注重医德，医德是对医生更高的要求；此外，孙思邈也特别注重养生保健，其著作对养生保健思想论述全面，据说他本人活到100多岁。

唐代之后的宋朝，不论是北宋还是之后的南宋，自上而下都非常重视中医药学的继承和发展，重要的著作包括由翰林医官院组织编写的《太平圣惠方》和宋代太医局所属药局编写的《太平惠民和剂局方》，《太平惠民和剂局方》是全世界第一部由官方主持编撰的成药配方范本。南宋的《圣济总录》也是由官方组织人员编写而成的，是史上最早由政府组织撰写，集宋以前方剂之大成的医学典籍，对后世影响极其深远。宋代之后，学科迅速分化，内、外、妇、儿各科专著如雨后春笋，相继问世，从此开启了新的发展历程。嗣后的金元时期，号称金元四大家的刘完素、李东垣、张从正、朱丹溪等在其所著的《宣明论方》《脾胃论》《儒门事亲》《丹溪心法》中分别提出"寒凉""补土""攻下""滋阴"等重要观点，开创了继承和创新的新局面，使中医药

学的发展进入百家争鸣，丰富多彩的局面。到了明代，最突出的贡献是李时珍所著的《本草纲目》，这是世界公认的最杰出的中医药学成就，直至今日仍然是最有价值的医典，还有朱橚的《普济方》、吴崑的《医方考》等名著均有重要的参考价值。清代更是名医辈出的时期，前有吴谦的《医宗金鉴》、汪昂的《医方集解》、吴又可的《温疫论》等，《温疫论》在前人的基础上，推动了"温病学说"的兴起，弥补了《伤寒论》之不足，使中医药学理论取得了重大的突破性进展。由叶天士领衔所著的《临证指南医案》，创立了"卫气营血"理论，对指导温病的临床研究具有开创意义，其后的吴鞠通所著的《温病条辨》，提出了"温邪上受，首先犯肺""温热受自口鼻"之说，开创了"疫病"学说，也就是相当于我们现代所说的传染病和流行病多从口鼻而入的新理论和新观点；随着温病学说体系的形成，中医药学取得了新的发展。特别值得一提的是王清任所著的《医林改错》，该书提出的瘀血理论及其治法方药补充了前人研究的空白。

西方医学传入中国，最早始于明末清初。清朝皇帝康熙曾患疟疾，众医治疗无效，最后被一种名为"金鸡纳霜"（奎宁）的抗疟西药治愈了，这种药物是西方医学从植物中提取出来的。由此，康熙给予了西方医学很高的评价，使之得以通行无阻，逐渐发展而不断壮大。清末民初时期，由于西医东渐日甚，更是使人耳目一新，中西医汇通派也由此而兴起，一时从之者众，其中最著名的医家当属河北的张锡纯和四川的唐容川，在二人所著的《医学衷中参西录》《血证论》中记载了不少创新方，平心而论，这些创新方对中医界无疑是颇有影响的，直至当代还具有重要的参考意义。唐容川认为西方医学只是初出茅庐的学科，比不上《黄帝内经》的精密周详，因此只需撷取其中一些有应用价值的内容，掺入中医药学中加以补充便可，基于这个观点，他率先提出"中西医汇通"的论述，在当时应是不同凡响的。张锡纯则是取意于"以医视医"，既不刻意保卫以经方视医的传统，也不侈言全盘新造，主张各取所长，注重临床实践，力求客观，富有现代的学术风范。唐、张两氏的主张都含有"汇通"之意，所以后人将二人称为"中西汇通派"的创始人，而他二人并未意识到中医面临的巨大挑战即将到来。在当时，值得一提的还有著名中医学家恽铁樵及其门人陆渊雷，恽氏的立论以护卫中医理论为主，但并不固守传统观点，反而主张汲取西方医学生理学知识。为中医能与西方医学的理论相互汇通，他尝试用西方医学的概念注释《伤寒论》，并试图借其新注《伤寒论》，向中医界推介西医学理论，他的想法可能志在引进西方医学知识以改良中医，从而提出"中医科学化"的论调。恽氏的这种观点影响深远，不但误导了中医的发展，而且危害甚大。所谓"科学化"，说白了，其实质就是否定中医的科学性，我们时下正在对这个观点进行修正，已将其重新定位为"现代化"，这应是合理的。须知，在先进的科学技术未出现之时，西方医学与中医药学一样，甚至比中医药学更落后，它的起点就是进入了微观境界，从而实现了其现代化的发展；中医药学如果也寻求现代化，同样会有一个新的飞跃。但不能不引人反思的是，民国之初，由于新文化运动的兴起，反旧立新思潮曾以"矫枉过正"之势否定了具有五千年光辉历史的中华传统文化，对于对中华民族的繁荣昌盛及亿万人民的健康做出卓越贡献的中医药更是态度暧昧；尤为甚者为当时从日本留学归来的余岩，他在其所著的《灵素商兑》一书中大肆攻击中医，以激烈的学术批判和政治手段并进，力促官方"取缔中医"，其噪声一时甚嚣尘上。处在这一阴影的笼罩下，当时中医药不但难以发展，而且面临着生死攸关的困境。新中国时期，废除了民国时期遏制中医的相关政策，及时颁布了"中医政策"，并积极提倡中西医结合，在全国创办了众多的高等中医院校，使我国一枝独秀的传统医学得以弘扬和发展，中医药事业蒸蒸日上，特别是颁布了人心所向的《中华人民共和国中医药法》，为进一步保护和发展中医药的传承与创新提供了强有力的保障。该法案还得到了 WHO 的肯定和推荐。WHO 认为中国传统医学与当今位于主流地位的现代医学之间起着很好的互补性作用，可为人类的生存和健康发挥出左膀右臂的巨大作用。

现代医学界多批评中医的藏象学说无实体，所以认为中医科学性不强，这一观点显然是存在误区的。西方医学只承认事物有形结构的层面，而忽视了事物无形的能量动力这一层面，这可能就是只求有形实证科学的一大缺陷。以癌症为例，西方医学对癌症的癌细胞生长在什么部位，细胞长成什么样，细胞的分化分级和转移情况等研究透彻，清晰可见，真实透明；但对癌细胞产生的动力是什么，癌细胞为什么产生，为什么无休止地生长及为什么不断转移等问题却无法回答。实体有形可见，容易被人接受；中医则不同，它从功能方面认识人体，功能能量是无形的，看不见、摸不到，所以不易被人们接受，但中医所叙述的脏腑功能，在很大程度上与现代医学几乎等同。简要地说，心和肺同在膈上，从位置上中西医并不存在矛盾；肺主气，司呼吸，并有"卫外"的作用；心主血，行血脉，二者都认同；肺主治节，现代研究认为肺具有代谢功能，日本学者本间氏明确指出肺具有三大功能，即呼吸、

浙江中医临床名家·王会仍

防御和代谢，两者之间也几乎等同；肺有"贯心脉而行呼吸"的作用，现代医学明确指出，人体通过肺的小循环而将富含氧气的血液输送到心脏，经由心脏的大循环而周行全身；更神奇的是，中医理论认为，肺有"通调水道"的作用，而经现代研究证明，肺内确实存在一种"水通道蛋白"，该蛋白可调节水的代谢，从而起到利尿的功效。中西医从不同的角度出发，前者注重功能，后者注重实体，沿着不同道路都能走进科学的殿堂，但都不够全面，两者应该互相尊重，互补不足。

当前，全国上下同心，正在为传承和创新中医药学的宏伟事业奋斗，不但建立了国医大师和国家级名老中医的传承队伍，而且积极创新，为传统中医药走向国际医学舞台做出新的贡献。在这一新形势下，全国各地为争当中医强省，正在开展各项活动以提升中医药水平。浙江中医药大学迎着建校 60 周年纪念的东风，首先推出以我校行医多年的名老中医的临床经验进行编写立传，提供传承与创新的楷模范本。名老中医王会仍主任医师名列其中，他一生淡泊名利，虽有一技之长，但仍感名不副实，未能为广大人民的生命和健康做出应有的贡献。

王老在浙江省中医院从事中医内科临床工作，屈指算来已 50 余年。于 20 世纪 70 年代，王老曾参加过"浙江省防治老年慢性支气管炎协作组"，为研究治疗老年性慢性支气管炎新药，下乡走村，送药上门，为病家服务，并在空余时间，积极阅读中、外文杂志，同时为做好科研工作，多次参加医学统计学培训班，努力提高其学术水平。防治老年性慢性支气管炎科研结束后，又跟随马孔阜主任及刘钟盐主任，开展肺功能研究及呼吸内科的专科工作，孜孜不倦地从住院医师、主治医师、副主任医师到主任医师，一步一个脚印，实现其一生为之而奋斗的中医药学事业。王老于 1996 年被评为浙江省名中医，翌年初又被评为第二批全国老中医药专家学术经验继承工作指导老师。曾历任浙江省中医药学会理事，浙江省中西医结合学会理事及浙江省侨联第二届至第五届委员，中国民盟浙江省委员会第七、八届委员，浙江省政协第六届、第七届委员，为人民的卫生事业服务，至今仍尽心尽职，精力仍不减当年。

王老精通中医药学理论，善于中医临床，提倡中西医互相走近，取长补短，双重诊断，优化选择。他除擅长中医内科外，对呼吸内科疾病善于采用中西医两法对患者进行治疗，所以其治疗效果较为明显，也深受患者欢迎。在诊余时，先后撰写和在省级以上刊物上发表了医学论文和综述 70 余篇、科普文章 10 余篇，曾主持过浙江省自然科学基金项目及浙江省卫生科技研究项目并获奖。近几年来，他参与了《中西医结合内科研究》《中西医结合临床内科学》《实用内科手册》的编写；最近两年，又亲自参与撰写和主审了《健康之路从肺开始》《慢性咳嗽中西医诊治——名老中医王会仍临床经验》《实用方剂现代临床解惑》《中医养生与药食同源》等著作，先后帮助带教研究生及在校"何任班"本科生的临床工作，并指导历届学生的论文及综述的撰写，且都发表在一级及二级医学杂志。王老从医 50 余年，不但在中医一级杂志上发表论文，还在西医杂志上发表临床报道和相关综述，这在名老中医中是比较罕见的。王老学术造诣深厚，也是一位忠于职守的中医学者。

王老刚至耄耋之年，最近写了两首诗，很能表达他一生的中医药学信念，不揣冒昧，今录于下，与同道共享：

从 医 感 怀

白发鬓霜逾古稀，一生汗水注于医。
杏林路漫勤求索，学海功成自可期。
古义发皇心永在，新知融会志难移。
承前启后今犹盛，互补中西两法宜。

八 秩 感 悟

匆匆苦短度年华，半百岐黄为我家。
八十生涯回首看，老牛不怨夕阳斜。

惠风和畅，群贤毕至。君不见，长江后浪推前浪，诞生于 60 年前的浙江中医药大学，未来将属于其所培养的众多富有活力的学子们！

第二节　整体观念是主角

西方医学认为，宇宙是一个巨大的机器，宇宙的组成部分相互独立，它们之间的相互作用受时空限制，可以通过个体来认识整体，整体是个体之和。因此，可以把物体分割成越来越小的个体，通过研究这些个体就可以认识整体，以空间为本位，坚持主客对立，通过感官与世界沟通。由此可见，西方医学的观点着重于微观视野，但这种微观视野永无完了，显然也不能解决人

类的健康问题。中医学则不同，其注重的是整体观念，着眼于肉眼可见的宏观视野。所以，中医学的主导理念是"天人合一""顺乎自然""形神合一"，强调人与自然和谐统一。人和自然有着共同的规律，人的生、长、壮、老、已受自然规律的制约，因而人的生理功能和病理变化也随着自然环境的变化而产生相应的变化。当然，人也不能听命于自然，应该想方设法选择有利于健康的防护措施，积极主动地适应自然环境的变化。但人的适应能力是有限的，一旦外界环境变化过于剧烈，或个体适应调节能力较弱，不能根据社会和自然环境的变化做出相应的调整，则会出现非健康状态，乃至发生病理变化而罹患疾病。

整体观念是中医宏观辨证的重要理论依据。中医非常重视人体本身的统一性和完整性，认为人体是由若干脏腑、组织和器官所组成的，每个脏器和器官各有其独特的生理功能，而这些不同的功能都是人体活动的一个组成部分，这就决定了人体内部环境的统一性。也就是说，人体各个部分之间，在结构上是不可分割的，在生理上是相互联系、相互支持又相互制约的；在病理上也是相互影响的。人体的统一性，是以五脏为中心，配以六腑，通过经络系统，气血运行于周身而实现的。

从整体观念出发，中医学理论认为，疾病的发生与发展，取决于正气与邪气较量的结果。正邪相争的胜负决定着疾病的发生与进退，即《黄帝内经》谓："正气存内，邪不可干""邪之所凑，其气必虚"。因此，从宏观辨证而言，任何疾病的治疗，无疑都必须扶助正气，遏制或祛除邪气，以此改变正邪双方力量的对比状态，尤其是在治疗慢性疾病中，扶持正气以祛邪更是重要的治疗原则。清代著名医家徐灵胎指出："若元气不伤，虽病甚不死；元气或伤，病虽轻亦死"。由此可见，通过调动人体自身的抗病能力和自我调节能力，扶助正气或扶正祛邪是不可或缺的。

在整体观念中，还有一个重要的治疗原则就是强调调理阴阳，使之处于"阴平阳秘"的平衡状态。古人认为"偏阴偏阳为之疾"，中医防治疾病的观点是纠偏。中医学所言之正气，内容主要包括气、血、阴、阳，四者各司其职，协调配合，保障人体生命活动的需求。疾病发生后出现的阴阳失调会有多种不同的表现形式，这也是临床病变复杂的根本原因。概括起来，阴阳失调的病变类型有阴阳偏盛、阴阳偏衰、阴阳互损、阴阳格拒和阴阳亡失等。所以，纠偏的目的就是"以平为期"，具体治则是损其偏盛，补其偏衰，即常说的"虚则补之，盛则泻之"。

浙江中医临床名家·王会仍

王老认为，所谓扶正就是通过补益的方法，恢复正气，使正气处于良好状态，这是提高机体祛邪抗病能力的关键，正气虚衰，则抗邪能力不足，所以，不论是防病治病还是治未病，扶正是主要的，王老在临床中不忘"扶助正气"，力求创新："本不离标""标不离本"，采取"标本兼顾"的治疗法则；在选方用药上注重以"和"为贵，通过"和阴阳"以达到最佳的防治疾病的效果。王老特别强调，在宏观辨证的同时，应注意因人、因地、因时制宜。医界以往曾流传"四川人怕石膏，上海人怕附子，江苏人怕麻黄"，这是因地处环境不同而有所偏向的问题，也反映了中医学在治疗中因地制宜的重要观点。

浙江省已故著名中医临床学家杨继荪教授指出，中医辨证的突出优势是整体观念，这是中医临床治疗的一个主要特点和最重要的治则。杨老生前曾治疗过一例胃肠蛋白丢失综合征患者，该患者长期患低蛋白血症，每周需输注白蛋白，并应用过法莫替丁、山莨菪碱（654-2）及益气养血、滋阴利水类中药，但病情未见好转。杨老根据病史、胃镜检查数据，观其舌质红、苔少而光等表现，认为患者属较长时间服用抑制腺体分泌类西药所致。他从整体观念出发，抓住患者面色少华、语言低微、下肢浮肿、大便溏薄等症状后认为，此本质属于气虚证候，建议停用白蛋白、法莫替丁、654-2之后，采用大补元气、益气敛塞法并进，仅用中医药治疗1个月余，患者口干少津消失、血清总蛋白上升、下肢浮肿消除，精神状况大见好转，生活质量大有提高，这无疑是宏观辨证整体观念的优势。

王老在多年的临床中也同样有不少类似的治验病例。3年前，他曾诊治过一例难治性慢性阻塞性肺疾病（COPD）并有老年痴呆症的男性患者。该患者有痴呆病史11年，就诊时年已81岁，罹患COPD已多年，近2年来多次因急性加重住院治疗。患者自COPD急性加重后，加大沙美特罗替卡松粉吸入剂（舒利迭）的剂量，每日2次、每次一吸，并加噻托溴铵，每日一吸，已持续使用2年余，近1年来效果下降，症状已难控制，已经7次因COPD急性加重住院治疗，出院期间又频繁因继发感染，反复发热、咳嗽、咳痰、气急加重而急诊治疗。患者因病情一直未能稳定，其家属看到了王老的新书而前来求诊。患者当时是坐着轮椅来的，神态软弱，默默无言，病史由其夫人代为叙述，当时主症是咳嗽、咳痰，气急、动则更甚，下肢水肿，口唇略暗，王老以五苓散加葶苈子、杏仁、浙贝、桑白皮、肺形草、佛耳草、降香、黄芪、太子参、红景天、广地龙、仙灵脾、金荞麦、鱼腥草、虎杖、三叶青等组方治疗半个月后，患者未再急诊，咳嗽、咳痰减轻，气急好转，肢肿减轻，

但按之仍有轻度凹陷性水肿，王老在前方基础上去肺形草、佛耳草加益智仁、车前草继续治疗，1个月后咳嗽基本控制，痰仍黏少，肢肿消退，但仍有动则气急。约半个月后患者又忽发热而急诊，因一般情况尚可而未住院。因患者一直应用舒利迭未停，王老考虑多次继发感染，可能与此有关，故嘱之停用，只用噻托溴铵。此患者经中药治疗2～3个月，未再发热，病情稳定。患者因有腔隙性脑梗死及冠心病病史，一直服用阿司匹林及治疗痴呆的药物，故有时大便潜血阳性。之后，因出现胃肠道出血，经用西药包括凝血酶类药治疗，虽有所转，但常反复出血，又前来寻求中药治疗，当下王老也感极其棘手，但还是硬着头皮开了处方，在前方基础上加了三七粉3g，白及12g，去降香、虎杖，3天后血止，2周后一直未再出血。随访2年余未因COPD急性加重而住院治疗，但痴呆一直存在，因经常动手打人，已转向专科治疗痴呆。

最近，王老治疗了一位59岁的COPD患者。这位患者因呼吸衰竭在当地住院治疗，当地医院除给予吸氧、布地奈德雾化吸入、广谱抗生素抗感染治疗外，因患者存有严重的二氧化碳潴留及低氧血症，还运用了大剂量甲泼尼龙进行治疗，但疗效并不理想，家属送来的血气分析报告显示，其动脉血二氧化碳分压高达90mmHg，据家属叙述患者并未昏迷，气急较甚，口唇略有发绀、下肢有浮肿。患者家属曾请求王老前往会诊，但因王老门诊繁忙，未能应允，只能根据家属所述病情及相关检查资料数据进行辨证施治。王老在保肺定喘汤的基础上加五苓散、葶苈子、红景天、金荞麦、三叶青、虎杖等，并结合当地医院治疗方案进行治疗。保肺定喘汤是王老自拟的经验方，多年来，经临床及实验研究证明，该方疗效较好。1周后家属来诉患者病情有所好转，动脉二氧化碳分压已降至70mmHg，后曾改用他方，结果二氧化碳又升至原位，遂由急救车送来入住医院，王老亲往病房诊视，仍以保肺定喘汤为主进行中西医结合治疗，约住院半个月后患者病情好转出院，回当地医院继续治疗。出院时仍由王老诊治且将处方带回，并嘱服后如病情稳定可继续使用。半个月后，家属前来代述病情，动脉二氧化碳分压已降至56mmHg，病情尚稳定。

王老认为，这类COPD患者一般年老体弱，病程较长，病情经常反复，且多数存在营养障碍、呼吸肌疲劳等状况，纯用抗感染、吸氧、应用ICS联合长效 β_2 受体激动剂（LABA）及长效抗胆碱剂（LAMA）噻托溴铵治疗，多属于中医"治标不治本"的范畴。按中医观点，此属正虚邪恋、气虚较甚所致，一般皆属于"心肺同病"，故应"心肺同治"为宜。所以王老选方用药都采取"扶正祛邪，标本兼治"的治则，以益气、健脾、补肾扶正固本为主，清肺化痰、利水消肿以祛邪为辅。多年来王老采用这种治疗方法，已治疗数十例 COPD 患者，有一些患者纯用中医治疗，多数患者在中药基础上结合 LAMA 或联合 ICS、LABA 类药。其中纯用中医治疗者长达 10 多年有之，直至今日有不少治疗已达 5 ～ 6 年以上，均能有效地改善患者的症状、提高患者的生活质量、减少因急性加重而住院的频率，对稳定病情等甚有助益。

王老喜用太子参、黄芪、红景天等补气类药。其中，之所以常用参类中的太子参，据其分析认为，人参，特别是野山人参是一味人人皆知的药养俱佳的补气之品，是补气之主药，并具有养阴润肺的功效，对增强呼吸功能显然也是一味不可或缺的良药，但是由于其价格昂贵，上等人参又来之不易，难以推广应用。在临床用参类药物时，王老经常使用太子参，因考虑到太子参与人参有相似的益气养阴功效，且价格实惠，与党参作用也有一些不同。太子参又称孩儿参，性微寒，味甘，具有补肺健脾、益气生津之功，研究显示属于拟肾上腺素类药物，其止咳平喘作用对呼吸系统疾病有较好的治疗作用；西洋参，性凉，味甘、微苦，具有补气养阴、止渴生津、清虚热的功效，也是一种与人参、太子参相似的补气类药，对热病之后津液亏损的患者尤为适用；党参在几种参类药中，属于性微温、味甘之品，具有补中益气之功，但润肺生津之力略欠不足，主要用于各种原因引起的虚衰之候，现代研究认为系属于抗肾上腺素类药物，并有升高血糖的效果，因而在治疗 COPD、支气管哮喘等呼吸系统疾病时，王老多不选择应用。由于多年来王老在治疗呼吸系统疾病中常多选用太子参，所以医院个别医生送其雅号为"太子参医生"；中医儿科有个别医生对王老常用太子参不太理解，认为太子参又被称为"孩儿参""童参"，应该是小儿科专用的补气养阴类药，须知小儿在生长发育过程中，正气常属不足，免疫功能还未健全，所以不少患儿常常出现反复上呼吸道感染，此时不用更待何时？王老曾接诊一例经儿科医生治疗未见显效的反复咳嗽患儿，该医生的治疗思路、用药并无过失之处，但麻黄用量达 5 ～ 6g，治疗 1 个月余，未能显效而求治于王老，王老改用麻杏石甘汤，将石膏以黄芩替代，炙麻黄仅用 2g，且加太子参 10g 及选用一些具有清肺作用的中药，几天后前来复诊，患儿咳嗽已基本缓解。可见，小儿咳嗽也需要补气，但补气应忌用温热药。

应该一提的是，王老在注重宏观辨证的同时，临床选方用药上，特别重视和谐，强调攻邪不弃和谐，扶助正气也同样注意和谐。中医的治病核心思

想就是和谐，所谓"中"，就包含着和谐之意；西方医学是否也有强调和谐的一面呢？王老认为在某些方面也是有的，如补液，不是要维持水、电解质平衡吗？在过度应用抗生素的同时，不也注意到会导致肠道有益菌的杀灭或致有害细菌，如真菌、铜绿假单胞菌等感染的产生吗？归根结底，不讲和谐，生物界是不可能共存的。

　　王老认为，和谐之道，首先应是补充正能量，包括具有增强人体健康作用的食物和药物在内的产品。众所周知，中药可分为两大类，一类并不特别强调治疗某种疾病的中药，如人参、黄芪、当归、红景天等，这类中药，不论什么病都可使用，因其有利于恢复和保持健康，一般多属于专用调整机体功能的补益扶正类药物；另一类是针对治疗某种疾病的中药，如杏仁、浙贝、银花、金荞麦、败酱草、三叶青等，该类药多属于清热解毒类的专用药物。可以设想，增强人的健康首先应是补充正能量，中医所提倡的"和"是"天人相应"的调理剂，毫无疑问更符合保护和促进人体健康的需求。

　　西方医学只讲究单行道，反对一切与之相对的医学，特别反感传统中医学中的阴阳五行学说。其实，天地万物之中，任何事物都有正反两面。简单而论，有水就有火，有白天就有黑夜；在人类食物中，有正反两面属性的东西更是不少。有有毒的，也有抗毒的或无毒的，有硬的，也有软的，这都很正常。中医把正面的称为阳，把负面的称为阴，对抗是矛盾的统一，没有对抗，生物是无法生存的，而且阴阳是相互支持、相互依存、相互协调的。中医学中的"五行"是用来解释脏腑在功能上的相互协调、相互制约的关系，已故的国医大师邓铁涛教授对此就有突破性的诠释，主张把中医"五行学说"正名为"五脏相关学说"。王老对此说法极表赞同，古代医家把"金、木、水、火、土"的相生相克、相互影响的关系引用于人体"五脏"以解释其内在的重要关系，从历史角度而言，在科学尚不发达的古代，这种牵强附会的理论应该是超前的，而且是不会引起争议的，谁能说这在古代不是"先进"的科学？今天，除了医学史家，再没有人会提起远古的西医，其实原始的西医与中医，或者其他古医学（如印度Ayurveda）没有两样。而在现代，西医学界已开始有所调整，例如，美国权威的营养医学专家雷•D.斯全德就指出，西医医师所用西药的原理主要是"攻击疾病"。但他认为医学界试图把这种具有攻击性的态势和方法带入21世纪以治疗所有的慢性退行性疾病，这显然不符合现实的需求。他的这种观点已经类似传统医学历来一直坚持的整体观念。因此，王老认为，有朝一日，中西医学极有可能会走向整合医学的道路。

其实，现代的西医学也已开始研究整体观念，特别是开始注意到环境因素对人体健康造成的影响，但并不是像中医学那样，它只是提出疾病发生中单个因素的影响。当下，现代医学也逐渐开始重新认识并研究自然环境对人体的影响。近日，一项研究指出，人的鼻子的形状和大小，总体上由遗传决定，但基因并非单一因素。美国科学家最新研究指出，气候条件在人类鼻形的演变过程中发挥着重要作用，这个研究有助于人们理解为什么存在不同类型的鼻子，以及人类在历史上适应不同生存环境的过程。人类鼻子的功能之一在于调节吸入的空气，以使其能以最佳的方式进入肺部。研究者通过对祖先来自非洲、南亚、东南亚的北欧的受调查者的鼻部特征进行分析，发现了在特定气候下某些鼻形更占优势的原因。生活在干燥寒冷的气候条件下的人都拥有窄而尖的鼻子，因为在这种气候条件中，狭窄的鼻腔更容易利用鼻黏膜为寒冷的空气快速加湿和加热；而在湿热的气候环境中，鼻腔不需为空气加热，因此鼻子为了尽快将空气输送到肺部而变得宽大和扁平。由此指出，这就是来自非洲等气温较高地区的人的鼻子宽而扁的原因。

最近，引人瞩目的是美国哈佛大学发表在《自然遗传学》（*Nature Genetics*）期刊上的一项调查研究，这是迄今为止同类研究中规模最大的。该研究对4500万美国人进行了长达24年的跟踪调查后发现，在调查研究的560种疾病中，40%由遗传引发，而至少25%的疾病是由环境造成的。众所周知，大多数疾病是先天基因与后天环境相互作用的结果。此外，该研究还意外地发现，在认知疾病中，4/5是遗传的；在42种眼病中，有27种是由环境因素引起的；生殖障碍受环境影响最小。

不少专家认为，该研究的意义和价值，除了告诉大家以后相亲时要看对方家里人的身体健康状况，或者买房子时，又多了一些衡量维度外，更重要的是，让人从医学的基本常识出发，给健康加码。正如该研究的作者帕特尔博士所言，其研究的核心问题是"先天与后天的关系"，这种大规模分析的价值在于，它揭示了基因相对于共同的大环境在许多疾病中的影响，这必将有助于对疾病更好地进行预防和治疗。

关于环境因素与疾病的研究中还有瑞典科学家发表在著名的《美国医学会杂志》上的一项跨度长达16年的队列研究。数据分析显示：恶劣天气，尤其是低温环境，与心肌梗死风险升高关系密切；而低气压、较高的风速和较短的日照时间也是独立的心肌梗死的诱因。该项研究纳入1998～2013年280 873例因心肌梗死入住冠心病监护病房的患者，其中92 044例被诊断为

浙江中医临床名家·王会仍

ST 段抬高型心肌梗死；274 029 例（97.6%）有天气数据记录，有天气数据记录者被纳入最终研究的人群。分析发现，较低的天气和气压、较高的风速和较短的日照时间与心肌梗死发生率增加相关，而气温与心肌梗死的关系最为密切，即气温每升高 1 个标准（7.4℃），心肌梗死的风险降低 2.8%。其实，低温环境不仅是心肌梗死等心血管疾病的重要危险因素，也是脑卒中等脑血管疾病及慢性阻塞性肺疾病等呼吸系统疾病的危险因素。

  总而言之，中医学对"天人相应"的整体观念直至现在都非常重视，当前的西医学，通过流行病学调查，从宏观的研究中也发现环境因素与疾病发生、发展密切相关。不难看出，事物总是从整体向个体，从眼睛看到的向眼睛看不到的方向发展。在王老的眼里，中西医是从两种不同的角度看待疾病的，就像人们一直争论着的鸡与蛋的问题一样，是先有鸡还是先有蛋？中医学说的是先有鸡，西医学说的是先有蛋，两种争论都有偏见，谁能给出一个正确的答案？所有的发明、创造都是人们在观察事物中突发奇想实现的，诸如牛顿看到苹果落地而发现地球引力，瓦特观看壶中沸水而发明蒸汽机，富兰克林观看雷电闪击的现象而发明了电一样，可见科技的发展是永无止境的。

第三节　中西兼容增高效

  在古代，由于科学技术发展滞后，人类经济文化虽然不够发达，但人类为求生存和健康，关注最多的无疑是饮食和保健。

  为了健康，人在生病时当然要了解致病的原因及治病的方法。前面已经有所阐述，不论是西医学还是中医学，在人类最初的观点上，应该是不谋而合的，只是由于所处的社会和环境的不同而有所差异。远古时代的不必追忆。不可否认，自西医东渐，特别是五四新文化运动以后，中医学曾经处于难以承受的困境，但自中华人民共和国成立后，党和政府非常支持和重视中医药的发展，当时毛泽东主席提出"中医药学是一个伟大的宝库，应当努力发掘，加以提高"的重要指示，同时颁布了"中医政策"。自此以后，中医药学得以发扬光大。当前，在习近平主席的进一步推动下，国务院颁布了《中华人民共和国中医药法》，中医药学获得了空前的繁荣和发展，为建设健康中国而前行。

  近几年来开展中医药防治疾病及保健作用的研究和应用正方兴未艾。其中包括许多西医学习中医的学者，最早的有沈自尹、陈可冀等院士及著名的内分泌学专家邝安堃教授，他们在开展中医药的研究中都获得了很大的成就。特别值得一提的是，诺贝尔生理学或医学奖得主、著名的药学家屠呦呦教授，经过多年的研究，从中药中提取出来"青蒿素"，给广大疟疾患者带来了福音，为保障广大人民的健康做出卓越的贡献；还有著名的呼吸系统疾病专家、中华医学会会长、工程院院士钟南山教授，他领衔的团队对 COPD 的中医药治疗进行了深入的研究，并获得了较大的进展，为中医药学走向世界点燃了指路明灯，这都是炎黄子弟的一些光辉成就。当然，还有不少西医及西医学者也取得了不错的成绩，例如，由复旦大学附属华山医院的戴瑞鸿教授领衔的专家团队，在心血管疾病的研究中，几经药物筛选，去芜存精，采用先进的现代科技，将古方"苏合香丸"创制成为麝香保心丸和微粒化丸剂，该药一经问世就广受好评，多年来积累的大量应用经验和循证医学证据表明，麝香保心丸不但能明显降低心绞痛的发生率，缓解患者的胸痛症状，而且安全性好，目前该方已被列入《急性心肌梗死中医临床诊疗指南》，是其中的主要用药之一。目前，其他的中医药也在不断地登上国际医疗市场，在此不一一介绍了。然而，令人疑惑的是，目前，在中国还有一些西医学界的同仁，对中医药学不屑一顾，甚至并非医界的学者也对中医药加以非难，王老认为他们应该学习著名的科学家钱学森院士对中医药学的肯定态度。

在长期的临床中，经常有患者告诉王老，他们就诊于西医时，总有一些医生劝告患者，中医药没用，治不了病。有一次，王老接诊了一位患有肺间质纤维化的患者，她告诉王老，西医医生劝她别看中医，好在王老对呼吸系统疾病的西医诊治方法有所了解，他请这位患者下次就诊西医时，向这位医生请教一下，西医有治愈的方法吗？其实有些西医同仁也很无知，自身对中医学界了解不多，以己量人，以为中医界没有懂西医学知识的医生。说白了，正是"不识庐山真面目，只缘身在此山中"。

曾记得，以往浙江医科大学附属第一医院有位姓钟的泌尿外科老西医，他看病绝大多数都是单用中医药治疗，且深受患者欢迎；该院肛肠专科（那时称为痔科）有位著名的姓陆的教授应用中医"枯痔疗法"治好了不少痔疮患者，名扬海内外，王老的父亲也曾不远千里从国外来求诊，当是名不虚传，如今这一诊疗技术似已失传了。枯痔散外用治疗痔疮，一直以来未曾有严重不良反应报道，王老看了阿宝（宁方刚）所著的《八卦医学史》一书中推测明代名臣张居正死于枯痔散外治疗法，因为有一医药名著《外科正宗》详细记载了当时的痔疮治疗方法，书中明确指出："诸痔欲断其根，必须枯药"，

据记载枯痔散主要组成为白矾、蟾酥、轻粉、砒霜，还有童子的天灵盖等成分，据分析，其中蟾酥为蟾蜍表皮腺体的分泌物、轻粉为氯化亚汞结晶，两药均有毒，而砒霜为三氧化二砷，其毒更甚。因此，所谓"枯法"，就是利用这些有毒的药物敷在痔疮上，令痔疮干枯坏死并最终脱落，由于直肠黏膜的吸收力相当强，如果药量大，而经较长时间用药，就有可能中毒致死。当时，张居正权倾朝野，每天用药3次，且极可能治疗周期较长，没有谁知道张居正用了多长时间，而在《外科正宗》中，陈实功记载的一位患者，前后足足使用了16天。可想而知，张居正治疗的时间不会短于这个时间。

他山之石，可以攻玉。中医药学界应该胸怀坦荡，排他性的"纯中医"不是中医人的追求，王老认为中医人要有学而知不足的精神，切记自强不息，但不能"坐井观天"，既要宏观辨证，也要微观辨证，这样才能全面发挥中医药的优势。中医学之祖张仲景早就明确指出要"博采众方"，这种广求博识的精神应该得到发扬；国医大师王琦教授也指出，中医学者要有所建树，首先要有"博"，不博就没有大，不博就没有深。"博"不仅仅是对中医经典的"博"，也是融汇西医的"博"。疾病是多源化的，多种诊疗方式结合起来会有更好的疗效。有的中医人排斥西医，但王琦教授认为多一知识，多一个背景，多一个思考，这不是很好吗？中医就只能讲辨证论治吗？这是绝对没有道理的。对一个医生来说，不管是中医还是西医，重要的是把疾病的来龙去脉理清楚，只看一个东西而把其他的都排除在外，这是不对的。正由于此，王教授强调中医学界应多些有识之士，可以做邓老所提出的"铁杆中医"，但切勿盲目崇拜"纯中医"。所谓"金无足赤，人无完人""水至清而无鱼"，世界上哪有什么"纯"的东西，水清了，鱼就没有营养了，哪还有鱼？所以，王教授极力提倡中西医应该相互走近、相互理解、相互兼容，因为只有这样才能更好地为人类的健康服务。

中西医相互走近、相互理解、相互兼容，并且富有成效者，也是有例子可证的。20世纪50年代初，曾在北方肆虐的流行性乙型脑炎，在中西医界的共同努力下最终得以控制，其中以中医药为主的防治措施为制止瘟疫的蔓延立下了汗马功劳；同样发生于江南地区的乙型脑炎，以著名中医学家杨继荪、潘澄濂等组成的防治组，开展了以中医药为主的治疗，他们对700多例患者进行了治疗，并取得了显著的疗效。更不会忘记的是，21世纪初在防治严重急性呼吸道综合征（severe acute respiratory syndrome，SARS）中，以WHO为首的跨国科学医学共同体展示出了中西医携手合作所产生出来的力量。当时，香港中西医结合学会与医管局协办了一场"非典型肺炎中西医治疗探讨会"，港方西医介绍了临床经验，广东省派往香港的中医专家介绍了SARS 的中医分期、辨证和组方治则。在讨论中，港方专家提供了一些资料作侧面补充，指出明代著名医家李士材的《医宗必读》中，以三个阶段描述病情发展，他们认为这与西医治疗该病的思路颇相类似。李士材描述疫症病情的三个阶段：初者，病邪初起，正气尚强，邪气尚浅，则任受攻；中者，受病较久，邪气较深，正气较弱，任受且攻且补；末者，病魔经久，邪气侵凌，则任受补。如用现代语言解释，则是疾病初起，邪气侵犯，应透邪外出，减少或消除抗原的病理危害；疾病中期，正邪交争，自身免疫亢进表现明显，以大剂清热解毒或活血祛瘀处之，可能会抑制病理性免疫；后期，邪盛正虚或无邪纯虚，则以扶正固本为主，或兼以祛邪，以提高机体免疫修复能力。

有趣的是，这"三个阶段"的诊治思路与港方专家摸索出的 SARS 病理规律和治疗方法几乎完全相同，即 SARS 病毒入侵人体至发病，在第一周高度自我复制（viral replication），但对肺部损害最大的是在中期，病毒数目不再上升，患者自体的病理性免疫反应过度，肺部的弥漫肺炎及呼吸衰竭都是由病理性免疫造成的。嗣后，中山大学医学院内科及药物治疗学系专家提出了调整治疗方案的思路，认为抗病毒药物宜在早期投入；类固醇激素不宜从一开始就高剂量投药，可观察中期自体病理性免疫反应造成肺炎与呼吸衰竭的病势，再做调剂。这种动态性治疗方案具有时相性（phasic）的治则思路，与中医的辨证论治颇具有相通之处。因此，王老通过实践认为，中西医相互沟通、相互理解和相互信任是很有必要的。

王老一向提倡不论教学、临床和科研，中西医都应该相互牵手、相互兼容，这样才能光我医学精华，提高医疗水平，让中国走到医学的前沿。疾病病种成千上万，医疗手段过于单一，往往难以收效，特别是一些慢性病、老年病，因其常常合并多种病变，光凭一种医疗方法，很难达到预期的治疗效果。现将临床上王老推崇的中西医兼容的治案作一简单介绍于下。

王老曾治疗一例患有肥厚性硬脑膜炎的女性患者，因其视力差，行动迟缓，每次来诊均是最后一个，有时就如一人都要等到近下午 1 时。其病史已长达 11 年之久，因经常反复发热、咳嗽而来就诊。患者自述起病时只是头胀，在神经内科就诊，被错诊为抑郁症，应用抗抑郁药物治疗 2 个月未见效，其后一直上班工作，在一次看书时忽然剧烈头痛再次看神经科，经 MRI 及腰穿等检查后，神经内科医生各有不同的说法，有的诊断为弥漫性脑炎，有的诊

断为反应性脑炎，经过讨论，最后诊断为肥厚性硬脑膜炎，应用泼尼松加硫唑嘌呤治疗，来王老处就诊时，口服泼尼松每日 15mg、硫唑嘌呤每日 2 片，主要是因咳嗽、咳痰、气喘及反复发热而来，患者自述激素一减量就易发热。在初时病程中，因视力下降而被诊断为视神经损害，曾经中西医眼科及针灸治疗年余未见效果，又因闭经而看中医妇科，并加用了女性激素，从此留下了癫痫的病根，其后泼尼松一减量，不但会发热，而且癫痫也会同时发作。就诊时，因有呼吸系统症状，王老处以蝉衣 6g，僵蚕 10g，天麻 10g，全蝎 2g，炙麻黄 6g，黄芩 10g，甘草 6g，杏仁 10g，浙贝 10g，肺形草 15g，佛手 10g，炒白术 12g，茯苓 15g，前胡 10g，太子参 20g，红景天 6g，金荞麦 30g，鱼腥草 25g，三叶青 6g 等。2 周后咳、痰、喘好转，病情基本稳定。因患者情绪易激动，视力不佳，故去麻黄、黄芩，加密蒙花、枸杞子、淮小麦，嗣后一直以此方为主加减治疗，因其体质虚弱，本想加黄芪，但患者因以往用此药时会发热，怕加后会复发而未加，治疗近半年后，停用激素，症状未反复，之后一直以上方为主进行加减，随访已近 2 年未发热，也无癫痫发作，硫唑嘌呤减至每日 1 片，正准备停用，继续单用中药治疗。

王老常在应用西药的同时加用其自验方，即"保肺定喘汤"加减治疗疑难 COPD 患者。现将其中两例介绍如下：其一是年近 80 岁的老年男性患者吴某，该患者近 3 年来一直在王老处就诊。初诊时，患者自述 COPD 病史由来已久，因近 2 个月以来合并胸腔积液，气急加重，时有发热，并多次住院抽胸腔积液及抗感染治疗。病因不明，疑为感染可能，已持续长时间使用布地奈德福莫特罗粉吸入剂（信必可）联合噻托溴铵治疗中。经上述治疗，患者咳嗽、咳痰较轻，但气急、下肢水肿一直未能控制，胸腔积液仍然经常复发。因每隔半个月就需要抽出胸腔积液，气急才有所改善，患者难以耐受这种折磨而来求治王老，希望给予中医治疗。王老根据病情，拟以益气、健脾、补肾、利水消肿，化饮平喘兼施法治之，方以五苓散（猪苓 10g，茯苓 15g，白术 12g，炙桂枝 10g，泽泻 12g）加葶苈子 10g，太子参 30g，黄芪 30g，红景天 10g，广地龙 9g，仙灵脾 12g，降香 6g，金荞麦 30g，虎杖 15g，三叶青 10g。鉴于大剂量信必可已用较长时间，嘱停止使用，但继续使用噻托溴铵吸入治疗。自用中药后，患者未曾发热，也未再抽胸腔积液，每次都能坚持由老伴陪同前来复诊。患者活动后气急虽略有减轻，但难消失，午后下肢偶有轻度水肿。一年余后，忽阑尾炎急性发作，在杭州一省级三甲医院急诊，因年老多病，体质较弱，不能耐受手术治疗，采用抗生素治疗后发热、腹痛好转，

1周后又来门诊继续治疗，王老略将前方去地龙、仙灵脾，加川红藤 30g，败酱草 30g，生米仁 30g 等，治疗 1 个月余后，减去生米仁、败酱草，再进地龙、仙灵脾等，据其病情，予以加减治之。患者半年前又忽因胆石症急性发作，再次急诊，仍予抗生素治疗约 1 周，病情稳定后继续来求诊，王老继予原法，方中去地龙、仙灵脾等后，加入柴胡 9g，生白芍 15g，枳实 12g 等治之，病情稳定后再去四逆散，复原前方加减，迄今已近 3 年，虽仍气急未平，时有轻度咳嗽、咳痰症状，但是在家人帮助下，仍可保持日常生活状态。

其二是王老于 6 年前治疗的一位男性老年患者张某。该患者患 COPD 多年，合并有心功能不全，王老至今仍记忆犹新。他初诊时是在家属陪同下，坐着轮椅来就诊的，还吸着氧气，当时患者属于 COPD 急性加重，但其不肯住院治疗，也不肯留在急诊室观察，据述已多次住院。虽在吸氧，但仍然有明显气急，口唇发绀尚轻，下肢并有轻度水肿，已长时间持续应用噻托溴铵联合大剂量信必可治疗中，苔光质暗红，脉弦滑略数。王老据其病况，认为证属痰饮，正虚邪实之候，"心肺同病"，应予"心肺同治"，仍以保肺定喘汤合五苓散加葶苈子、降香、金荞麦、红景天、三叶青等组方施治。半个月后，该患者仍坐着轮椅、吸着氧气前来复诊，但气急症状已有明显改善，下肢水肿已基本消失，病情尚属稳定，效不更方，并嘱咐其停用信必可，只用噻托溴铵联合中药治疗约 1 个月，虽然患者第二次复诊时仍坐轮椅及以氧气袋吸氧，但病情大有改观，已能自行起身就坐诊查。王老只在前方中去猪苓，改以车前子，加桑白皮、前胡等进行治疗。半年后，该患者已不再坐轮椅及带氧气袋前来，精神状态良好，但仍须由家属陪同前来就诊，他一来就须优先给予开方配药，因王老知道其待诊时间一长，身体将难以耐受缺氧状态。自此以后，患者每隔 2 周就会前来复诊，有时在外院转方，但秋冬季节必来复诊，且能自来。过后半年余，未曾见其前来复诊。但一年余前，该患者又忽然前来复诊，王老颇感意外，当时略带诧异地问他："很长时间未见尊驾，去哪里休养了？"他笑着说："你以为我死了吗？的确，我经历了一次生命攸关的风险，前段时间因患腰椎间盘突出症，痛苦难当，在某医院住院进行了手术治疗，还算命大，过了麻醉关，在死亡关口捡回了一条命，这功劳也大有你老的中医治疗。"直至现在，他在王老处就诊又已有年余，每隔 2 周就来门诊。近几个月来，患者多单独来诊，天气变化时胸闷、气急略重，噻托溴铵仍持续吸入。该患者一直在王老处坚持治疗，据其自述前后已历时有 6 年之久。

浙江中医临床名家·王会仍

多年以来，王老在临床和科研中，深有感触的是，中西医之间往往存在较多相争，互不相容的偏向。就中医界本身来说也有相互争议的现象，师承派一直崇尚古典、古方，强调"古为今用"，讲究原汁原味，但却往往"遵古而泥古"，对现代中医药的研究和创新总是不屑一顾；而学院派多数又过于强调"洋为中用"，对历代中医药的优势未曾深入钻研，有的甚至亦步亦趋，把中药当调味，结果是不中不西，什么也不是。这两种现象都不应该存在，原因只有一个，就是要在传承中医的同时，更需要创新。中医学界一直盼望着能早日登上国际医学舞台，但需要提醒的是，中医人应首先立于国内，不能各唱各调，中西医如果还不能相容就会失去这难有的历史机遇。

王老在临床治疗中，一向推崇"优化选择，优势互补"。他认为，这是提高临床疗效的一个重要因素。在自然环境中，有优秀的事物，也有低劣的事物；在人群中，有天资聪颖的人，也有资质愚钝的人；在生物进化过程中，总是存在着"优胜劣汰"的规律，这很正常。因此，不论是中医还是西医，在临诊时都会选择更有利于患者的治疗方法，在提高疗效的同时，少发生或不发生不良反应。在这方面，中西医都不会放弃这一基本原则。

第四节　优化选择求互补

优化选择是临床实践的指南，优势互补是医家必须努力的方向，也是医学发展的追求。中西医都不可能尽善尽美，两者都存在着优势和劣势，宏观和微观一直都永无止境。中西医如何相互借鉴、发挥优势，名老中医杨继荪生前有一个高瞻远瞩的观点，可供参考。杨老认为，西医学善于利用现代科学的先进技术，使其高居医学主流地位，中医学也应该向西医学习，对现代的生物化学、影像学、内镜、超声断层扫描、基因组学、细胞组织学等先进的检测方法加以学习利用，使中医学能对一些以前无法诊断的隐匿性疾病进行早期诊断，及时有效地开展治疗，如无症状性肝炎、肾炎、肿瘤、冠心病等的确诊，均有助于中医在临床上进行微观辨证以提高中医药治疗水平，使中医学从宏观辨证施治深入微观辨证施治，从而使中医学术水平能够获得提高。

京城四大名医之一的施今墨曾写过一首诗："光电超声同位素，皆应采取入医经，纵然知新由温故，奈何恋故忽新萌。"已故国医大师邓铁涛虽然力倡"铁杆中医"，但是也不排斥新技术，相反，他认为中医学应该与新技术相结合，他曾说："最新的科技才是发展中医的钥匙"。美国托夫勒的《第三次浪潮》提出了新技术革命，中医与新技术并不矛盾，越新的技术越能证明中医和发展中医。在循证医学中，历来中医所求的是临床实践证据；西医则是以实验证据或多中心、大样本、随机化所得证据为主，所以邓老认为两者相结合是提高临床疗效与优化选择的最佳方式。中国工程院院士、天津中医药大学校长张伯礼指出，中医药是健康中国建设进程中必不可少的重要力量，中医思维与西医技术有序结合就是未来医学发展的方向，中医药原创思维加上现代科技就可以得出原创成果，中医临床高级别的循证评价结果和中药质量控制是行业短板和技术瓶颈，也是未来中医药传承创新重要的发力点。中国工程院院士樊代明进而指出，在人类医学史上，中医药学从未像当今这样被重视，中医药学研究要保持医学的人文属性，坚持中医的基本理论，改革传统的研究方法，以疗效为标准，从微观到宏观，变不治为可治，从配角到主角，只有这样，中医药学才能在继承中高速高效发展，以崭新的面貌为健康中国乃至健康世界做出重大贡献。

纵观古今，就中医学的发展而论，也一直是优化选择、优势互补的漫长历程。《黄帝内经》《神农本草经》只是对中医理论的阐述及中草药的记载，两者的内容都未涉及在中医理论指导下，对疾病进行辨证论治的系统性论证。自汉代中医鼻祖张仲景编撰的《伤寒论》《金匮要略》，才开创了中医辨证论治与临床相结合的先河，从而使中医学形成了既有独特的理论，又有有据可循的临床治疗方法的实践内容，这是中医学优化选择、优势互补的开创时代，也是中医学走向不断发展和传承的重要里程碑。说来非常有趣，有西医学者在研究中医学的过程中，比较了中西医发展的过程：希波克拉底是众所周知的"西方医学之父"，但就对建立医学规模与学术研究方法的贡献而论，盖伦才是真正的西方医学的奠基者。希氏的生卒年月相当于我国战国时期，稍先于中医学的奠基经典《黄帝内经》，《黄帝内经》中是黄帝多次与"岐伯"谈论医道，"岐伯"者，与希波克拉底颇为相似，而后建立中医学规模与学术研究方法的开创者张仲景，又与西方医学的奠定者盖伦又何其相似尔！

在此之后，中西医学的观点开始分道扬镳，中医学仍以原创的宏观辨证模式向前发展，就像后浪推前浪一样，不断传承和创新，为人类的健康做出自己应有的贡献。

从疫病防治的角度看，《伤寒论》的论治着重于寒邪侵袭人体所致疾病，

该病变化多端，治法随变而治；清代自叶天士的《临证指南医案》及吴鞠通的《温病条辨》提出热邪入侵人体致病的温病学说，弥补了《伤寒论》的不足，其特点是提出温热之邪入侵体内表现出循"卫、气、营、血"，由浅入深呈阶段性的病情变化过程，而治法也必须按其阶段性表现进行选方用药。这也充分体现了中医学自身前代与后代的优势互补作用。

当代已故的沪上著名中医学家姜春华教授对温病学中的"卫气营血"学说提出过一些观点，认为临床不能按部就班，等待病邪深入而治之，应灵活运用。根据其临床经验提出了"截断、扭转"的"截治"法，王老认为姜氏所创立的"截治法"符合临床实际，"卫气营血"所谓的"卫气不到气分不得治气"，如"治气"则不能使"邪从表解"，长期以来中医都是遵此而行，不敢越雷池一步。其实，"截治法"的主导思想是"遏制病邪以扭转病势深入"的治疗方法，也是体现中医"治未病"，防范病邪传变的思路。可惜的是，姜氏提倡的"截治法"颇受争议，特别是老一辈的中医名家并未赞同，因而得不到很好的推广。但当瘟疫流行时，为防控疫病传播，往往又会按"截止"的思路制定出协定方。当然，西医学对流行性感冒，首先是找出"元凶"，即何种病毒，然后根据病原制定治疗方案，其最有效的手段是"疫苗"，但遗憾的是疫苗不能及时制成，能有效对抗病毒的可能就是中医药，从优化选择、优势互补的角度出发，也应该如此而为之。

不可否认，中西医学都有各自的优势。西医学在某些方面，如手术、抗感染、多途径给药、对危急疾病的抢救等占有高效快速的治疗优势，但在对慢性病的治疗方面有颇多困惑，甚至束手无策者也并非罕见。从客观来看，中医药虽然在急症上也有一些应急治疗方法，但由于给药途径较少，多属口服类药物，应急不够快速，所以在选择上多不具备优势，然而在慢性病方面中医药比西医学更能起到发挥其独特作用的优势，至少能起到优势互补的作用，特别是在慢性病康复的过程中，中医药的调理，能提高机体的免疫功能，增强机体的抗病能力，具有较好的高效、快速的康复作用。

王老认为，《孙子兵法》说得好："知己知彼，百战不殆"。因此，发挥中西医优化选择、优势互补，最重要的是中西医应该相互了解、相互学习、相互兼容、取长补短，这样才有可能取得良好的效果。王老擅长治疗呼吸系统疾病，对于呼吸系统感染的治疗，按中医所说的"急则治标"原则，首先是控制感染，从高效、快速而论，首先应考虑抗生素类西药，特别是感染性休克，首选抗生素类药应是非此莫属。在其治疗过程中，也有些危重病例应用西医药不理想，此时中医药的配合能起到很好的治疗效果，例如，加用清热解毒类中药，不但能增强抗感染之力，而且具有清除细菌本身所产生的菌毒及增强机体免疫力的双重效果；在抗休克时，有些患者的血压上升往往不稳定，此时如加人参等补气类中药，也有起到稳定血压的挽危作用。在支气管哮喘的阶梯治疗方案中，不论是升级或降级王老都首先选择中医药。另外，对诊断为咳嗽变异性哮喘等慢性咳嗽的患者，王老多年的临床实践证明，优选中医药都能取得良好的疗效。

1966 年以前，作为浙江省名老中医黄叔文的继承人，王老曾亲眼见其老师治疗一例肺结核合并大咯血的患者，该患者经用西医止血药未能见效而请黄老师会诊，黄老师独投人参汤而止血。此外，浙江省已故著名中医血液病专家吴颂康教授也以人参治疗再生障碍性贫血见长而深受患者的青睐。所有这些疑难性疾病的治疗经验，毫无疑义都是优化选择、优势互补的最佳证明。

当今，中医学得以弘扬和发展，正以配角转向主角的角色向国际舞台进军，这应归功于历代中医学家的传承，更重要的是党和政府的重视和支持。应该指出的是，在肯定中医学特色及其优势的同时，也应该反思中医学存在的一些问题。中医学以证代病，以古代的命名为主体以指导现代的临床治疗，这不是"古为今用"的思维，临床表现多种多样，一直不能统一认识，例如，中医的肺胀，以《金匮要略》为指向，把西医学 COPD 的病名硬套在中医学"肺胀"的"证"上；把"心悸""怔忡"戴在西医学的"冠心病""心肌炎"等疾病的头上，这种以古证今、乱点鸳鸯谱的说法，王老认为并非正常，但也颇感无可奈何。当下，西医学界采用"疾病指南"来规范临床诊治，遵循的是以国外专家所制定的方案为标准进行增减；中医学界的专家也开始制定"疾病指南"以规范中医临床诊疗，有这样的新思路应该是件值得称赞的好事情，但是否可行，很难断定。

应该指出的是，实现"优化选择，优势互补"说起来容易，实施起来有颇多困难。王老认为，中西医学都面临着发展的"瓶颈"。中医药的药源取自天然资源，但自然界在当今而言，并不是一个取之不竭、用之不尽的源泉，随着人类社会的不断发展、人口的不断增长，中医药绝大部分来自农业部门的生产，农业以种植粮食为主，民以食为天，这就必然影响中药材的种植，特别是道地中药材更是奇缺，无法满足人类健康的需求，尤其是当代农药的应用，使中药材受困于重金属污染，其存在的质量问题又不能忽视，这是不

可否认的事实；由于中医药多取之于植物、动物，特别是动物，很多属于全球珍稀保护动物之列，而中医药对很多危重急病又非常强调这种需求，但这种药用需求的矛盾又受到客观条件的限制而难以获得有效的解决办法。另外，中医药又讲究因时、因地、因人而异。可以设想，谁能预测这种客观现实的局面能维持多久？

西医药学虽然多不存在自然界的制约，因为它来自工业生产，药物的制作是靠化学合成和提取有效成分，其主要治疗优势在于抗击病原微生物的抗生素类药物，但由于普遍存在滥用的结果而造成了耐药性细菌的产生，很难预测未来是否会发生无法应对的难题，大有可能出现"成也萧何，败也萧何"的困境。这非危言耸听，最近哈佛大学的一项研究指出，抗生素滥用之后，其耐药性也随之有增无减，这一发展趋势一直令医疗专家们面临无奈的恐惧。据此认为，如果这种趋势不能停止，仅仅30年后，每年可造成多出1000万人死亡。这可能意味着一个简单的伤口就会是致命的，过去很容易治愈的感染，诸如结核病和淋病已再度成为严重的健康威胁，就可能变得比癌症和心脏病更致命。抗生素本应是作为临床应用的最后手段，但由于滥用而致耐药性不断增多，科学家有用"彻底的疯狂"来形容这令人担忧的趋势，并警告说，作为"最有希望的抗生素药"，在10年后就可能变得对人类无效；2009年，诺贝尔化学奖得主阿达·约纳特指出，抗生素是20世纪的重要发明，治愈了许多传染病患者，但如今抗生素面临着严峻的耐药性问题。抗生素研究已不是有吸引力的领域，大多数大型制药公司已经停止了对抗生素耐药的研究，WHO甚至指出，医药界将进入"后抗生素时代"。西医药学是否能有"沉舟侧畔千帆过，病树前头万木春"的盛况？

西医药学界，一直"唯我独尊"统领着医学的主流。但已今非昔比，单一统领的时代即将结束，而即将到来的是被称为传统医学的多极性医学。时不我待，中医药学应更加坚定地、谨慎地、戒骄戒躁地以一种崭新的面貌走向世界。

第五节 安全高效优质量

王老指出，不论是西医药学或中医药学，在医师指导下，所用的药物必须安全和有效，直至高效、速效。在这一基本的医学观点上，中西医毫无疑义是相同的，且是不可忽视的，因为它与人的生命和健康休戚相关。

一、临床关注中药的安全用药

美国食品药品监督管理局（FDA）是西方国家，乃至全球影响力最大的药食管理机构。凡是美国 FDA 认证的药物，几乎全球所有国家都以之为标准。为了更好地让自己的新药上市，各大药企总是不约而同地争相前往申请审批。美国 FDA 认证审批的标准非常严格，必须要通过三期临床试验：第一期临床必须证明药物的安全性；第二期临床试验药物必须有效；第三期则需要通过一段时间的临床观察证明药物的可行性，最后才能获得上市的批文。我国的中医药及由多味中药组成的复方或方剂，绝大多数都是通过历代临床实践积累下来的经验结晶，没有经过实验和循证医学的论证，虽然历来临床应用有效，但缺乏有效的药理机制支持，习惯了西医药学的美国 FDA 认证专家学者还未具备这方面的学术能力，无法予以肯定。这就是他们把中医药学归属于经验医学的重要原因，当然这也与我们一直偏重和嗜好师承相传的传统学习方式无不相关，直至当今，还有不少中医药学者持有这种观点，有的一提中医学是经验医学就大为不满，但是事实是不容争辩的，我们提倡和强调传承多少就存在着这个理念，其实这也是无可厚非的。医学是一门技术，不但中医药学有传承，西医药学也存在传承，不见得出身于西医学校的学生就什么都行，在其临床中也是要传、帮、带的，这个过程也是要传承经验的，特别是外科领域，应该是重点的传承学科。但与中医学不同的一点是，西医有鲜明的否定理念，走的是肯定—否定—再肯定的行事方式，这最能体现西医药学不断发展和创新的动力、优势。

中国古代对药物毒性早就有所认识。据文献记载，在周代时期，毒与药是不分的，混称为毒药，《周礼》记载有"掌医之政令，聚毒以供医事。"直至明代，仍为一些医家所沿用，如汪机说："药，谓草本虫鱼禽兽之类，以能攻病，皆谓之毒。"秦汉时期，随着医药实践经验的积累，加之先秦诸子百家阴阳五行学说的兴起并渗透到医药领域，医家据此提出了以四气五味为主要内容的药性理论，而毒则被认为是药物的这种气味偏胜之性。最早问世的药典《神农本草经》将药物分为上、中、下三品，指出下品为治病之药多毒，不可久服；著名的医学经典《黄帝内经》则将毒分为大毒、常毒、小毒和无毒；隋代巢元方的《诸病源候论》中提出："凡药物云有毒及大毒者，皆能变乱，于人为害，亦能杀人"，认为药毒与安全性有关。明代医家张景

岳在所著的《景岳全书》里，将中药毒性的含义概括为："药以治病，因毒为能，所谓毒者，因气味之有偏也。"不管毒即药，或毒即药物偏性，都是药毒的广义之说。嗣后，医药学家李时珍的《本草纲目》才首次将中药中有毒者列为专类，仅此就记载了47种有毒中药。

中药药毒的现代含义多指有毒成分，但至今为止，不少有毒中药成分并不是十分清楚，中医药文献上常以"有毒、无毒、大毒、小毒"作为中药毒性的重要标志之一。一般而言，毒性包含两种含义：一是指中毒剂量与治疗剂量比较相近，应用安全系数小；二是指毒性对机体组织器官损害较大，可产生严重或不可逆转的后果。

应该提出的是，中药的毒性是能相互转化的。毒与药是两个不同的概念，但在中医理论指导下使用，毒可以转化为药而用于治疗疾病，如剧毒药砒霜，在掌握准确制药的剂量标准下，则成为治疗不治之症白血病的有效药物；又如毒性很强的雷公藤，在古代史上曾记载是毒死神农氏的药物，现代从中提取出来的有效成分雷公藤皂苷，已广泛应用于治疗风湿免疫性疾病。此外，有的中药虽然无毒，但纠偏过度而致不良反应者并非罕见，特别是具有滋补作用的中药，长期不当使用或滥用将造成不良后果，如大补之药人参，长期且大量服用也同样会发生人参滥用综合征而不利于人体健康，故有广泛流传于中医界的一句谚语："人参杀人无过，大黄救命无功"，由此可见，药物"毒与药"是能相互转化的。

王老认为，中医药界一个不引人关注的事件就是中药也有蓄积性中毒的问题。中医药出现不良反应可能存在有长期应用所致的蓄积性中毒，最具有教训意义的是20世纪70年代初期曾经风靡日本的小柴胡汤事件。据当年报道，日本著名的津村顺天堂，是一家多年来一直从事汉方研究和汉药制剂的企业。他们制成的小柴胡汤颗粒剂型经过近畿大学东洋医学研究所主任有地滋教授4年的研究，表明对治疗慢性肝炎有效，其论文发表后在日本引起轰动，呈现了空前的小柴胡汤热。自此以后，该方在日本成为使用最多和最畅销的药物，估计每年有100万人服用，消费金额达90亿至130亿日元。但由于长期服用不加辨证施治，在广泛应用于治疗慢性肝炎的过程中，先后出现了引起患者发生间质性肺炎甚至死亡的报道，从而导致名扬于日本的小柴胡汤，一夜之间地位竟一落千丈。直至20世纪末，经反复研究论证，基本认定该方导致间质性肺炎属于误判。王老曾查看了应用小柴胡汤治疗慢性肝炎的病例，不少患者服用都长达2年以上，有的曾合用干扰素，这无疑是其滥用的后果，不能排除也是一种药物的蓄积性中毒。因为柴胡类方剂，长期应用常出现无菌性尿路刺激症状，抗尿路感染药治疗无效，停药后能自然缓解。在我国，小柴胡制剂用途广泛，而柴胡类方更加多样，因此有必要警惕其不良反应。

中药质量的优劣与出现药物的毒性作用或不良反应密切相关。近几年来，由于中药市场的开放或监管不严，常常存在药材经营单位、医疗单位及不法药贩无证销售药材，药农不经传统加工就出售药材，或以次充好，甚至以假乱真，严重影响中药材质量，不但影响疗效，而且更严重的是无法保证用药安全。

中医药还存在中药品种混杂、药名多源性及统一命名的问题。由于一药多名，各地称法不一，致使临床用药因之失当而出现各种不良反应。另外，中药用量的随意性普遍存在，甚至个别中医名家对中药的剂量只往高处看，这是不正常的。特别值得一提的是附子、麻黄等，这都是常用中药，但在应用中过量已为常见。须知，附子大热，也有大毒，其主要成分是消旋去甲乌药碱，属于 β 受体激动剂，它的有效剂量与中毒剂量相近，用之过量，中毒也会随之而至；还有常用的麻黄，也属于 β 受体激动剂一类，有的名家不按《中国药典》标准使用，也没有标明用量范围。更令人不解的是，还有些医家都会自己煎煮一些药物，以自身试其药毒，竟用古人试毒的原始方法辨毒，而不信现代科学的实验方法。王老认为，这是非常不现实的，也是值得关注的，因为药名不统一和用量的随意性是中药中毒和不良反应不可忽视的重要因素。

自古以来，中医药学在重视药物毒性的同时，也特别注意如何减毒。《神农本草经》中就提出减毒的方法说："若有毒宜制"，就是指监制之意。一是对具有强烈毒性药物配伍他药以制其毒，如附子有毒，陶弘景在《本草经集注》中记载："俗方每用附子，须甘草、人参、生姜相伍者，正制其毒故也"；《伤寒论》中也常见附子与甘草配伍，曾有动物实验发现，单用附子具有较大的毒性，但经甘草配伍组成复方制剂后，其毒性大为降低，其原因是甘草中的主要成分甘草酸为三萜皂苷，可以与附子中所含的生物碱结合成难溶的盐类。二是通过药物的炮制减毒，这是历代以来最主要的中药减毒方法。为了规范减毒措施，特别制定了配伍禁忌，即"十九畏""十八反"；对妊娠妇女用药也提出"妊娠禁忌歌"。直至今日仍影响着中医的临床用药，虽然仍然有很多争议，但观点并未一致，尚难统一。不少学者认为，中药之毒，

在用不在药。总而言之，有毒无毒，所治为主，用药必先识病及病情之轻重缓急，然后方可论药，大凡病重者宜大，病轻者宜小，无毒者宜多，有毒者宜少，耐药者宜多，不耐药者宜少，老幼有别，虚实有异，因人而治，用之得法，则安全可靠；用之不当，纠偏不妥，则无毒亦毒。

值得注意的是，以往一直把何首乌当作滋补药，是一味乌鬃发之良药，具有抗衰老及延年益寿的良好功效。近年来，何首乌及其藤（夜交藤）在临床应用过程中，忽出现严重肝中毒的情况。报道称，有一位 45 岁姓梁的患者因鬃发斑白及有轻微秃顶现象，听说何首乌能使头发变黑及头发再生，便毫不犹豫地开始天天服用何首乌，谁知 1 个月后，不仅头发没有变黑，脸却先变黄了，而且还出现了食欲不振、腹胀乏力、尿黄等症状。到医院就诊，检查后发现有严重肝功能损害而诊断为何首乌所致的药物性肝中毒，现在临床应用何首乌而致肝功能异常的案例已不止 1 例。过去被称为"仙草"的何首乌，怎会忽然之间变成有肝损害的有毒药物？历代中医药学家均对生、制何首乌功效不同有所记载，早就指出生何首乌有毒，一般用于急性病或如疟疾、疮肿痒痛、便秘等，只可短期服用，不可长服；制何首乌是经过九蒸九晒后制成的，这种经制过的何首乌才有益精血、乌须发的功效，古代名方七宝美髯丹中，其主药就是制何首乌，炮制之后的制何首乌是一味具有抗衰老、美容养颜、益精降脂、乌发延年作用的药物。现在市场上假货较多，未经正规制成的何首乌可能不会太少，临床应用时应加以注意，不推荐自行购用。王老认为，可能还存在监管不力的问题。

中医药存在毒副作用的问题，中医药学界一直以来都未能正视。王老认为，中医药传承不是不加区别的传承，不能一提某类中药存在毒性就给人家戴"否定中医"的大帽。例如，马兜铃类中药出现"马兜铃酸肾"，这类药的不良反应在国内曾有个例报道，一直未被重视。直至比利时广防己减肥和龙胆泻肝丸事件之后，一些中草药中马兜铃酸带来的肝毒性、肾毒性才为大家所认识，中药不再是用之无过的代名词，人们的眼光也开始逐渐认识到滥用中药、中成药会导致严重的后果。相关研究表明马兜铃类药所含有的马兜铃酸可能会导致尿毒症、肾癌、膀胱癌、尿道上皮肿瘤。这次马兜铃酸似乎又为肝癌的发生"买了单"，甚至有不少舆论又将矛头直指中草药。当然，其中可能有些别有用心的人，借此否定中医，但我们不能以偏概全，把好意批评或建议者拒之门外，所谓"忠言逆耳利于行"，我们必须去芜存菁，例如，细辛一药，也属于马兜铃类中药，但目前在中医临床还是常用药，而且剂量未被限制，按古人说法，细辛是不能过钱（3g）的。

如果翻开西医药的历史，同样也有重大的药害事件。1953 年，一家药企，在开发抗生素时合成了一种叫沙利度胺的药物，实验结果显示该药未发现有抗菌作用，但之后对该药进一步研究表明，该药虽然没有抗菌效果，却有镇静催眠作用，尤其令人兴奋的是，该药能明显抑制孕妇的妊娠反应，于 20 世纪 50 年代末问世后很快风靡欧洲、非洲、拉丁美洲、澳洲及日本，曾被称为"妊妇的理想选择"，认为是没有任何不良反应的抗妊娠反应的药物。在动物实验上，该药也未发现能导致胎儿异常，临床对妊妇的观察中也没有发现任何不良反应，一切都很完美，但在该药企向美国 FDA 提交申请上市时却被一个固执己见的审查员拦下了，这个名叫凯尔西的审查员怀疑该药有可能对孕妇有不良反应并会影响胎儿发育，厂家虽然提供了相关的研究资料，但这位审查员仍认为证据不足，不为所动。正在双方拉锯之时，出现了一个震惊世界的新闻，沙利度胺被发现可导致胎儿严重畸形，最终的结果是该药被召回。这就是西医药史上著名的"反应停（沙利度胺）"事件。虽然该药被召回，但此事件并未影响西医药的研究与发展。

二、疗效是中医药临床的宗旨

中医药学历代以来在临床治疗疾病中，既重视药用安全，也重视药效、高效、速效。安全与疗效，两者密切相关，不可分割，必须兼顾。众所周知，决定中医药疗效的因素是多方面的。首要的是取决于中药材质量，而质量的好坏主要有以下几个方面。

（一）道地药材与疗效

道地药材是中医临床疗效的关键因素，其所含的有效成分较多，质量可靠性强。所以，中医临床应用药物常带有地域之名，如北黄芪、浙贝母、杭白芍、杭菊、海沉香、潞党参、云茯苓、怀山药、川椒目等，这些都是以地方名标明的道地中药材，无可或缺。现在由于人民生活水平的提高，就医人群不断增加，道地中药材越来越稀少，别说道地药材，甚至以次充好、造假、售假也并非罕见。

如临床常用的大黄，全球共有 60 余种，我国约占 2/3，并以质量最优闻名于世。医用大黄分为两大类，分别是北大黄和唐古特大黄，其中以西宁产者品质最优，疗效最佳，且服后无腹痛之弊，故被誉为道地中药材。另一类

为南大黄，又称为药用大黄，产地有四川、湖北、云南、贵州等，这些地方所产的大黄虽不属道地中药材，但也属于正品大黄。其他产地所产的大黄均非正品，均属山大黄，质量低劣，药效均较差，难当正品药用。由于山大黄味苦而涩，服后可引起剧烈腹痛，故国内仅作外用或兽药用，主要供出口做染料之用。又如补气药黄芪，原名黄耆，耆者，凭其字义即是"老"与"长"，意味着该药有健康长寿的功效，目前公认山西产的绵黄芪及蒙古产的库伦黄芪均属上品道地中药材，而湖北产者属下品，可作为绵黄芪的代用品，缺货时可适当充用，而木黄芪和山岩黄芪，品质不佳，非道地药材，应弃药用。有鉴于此，近年黄璐琦院士提出以科技手段研究传统道地中药材，并指出道地中药材是中药资源的核心，常用的 500 种中药中，道地药材占 200 种，用量占 80%。可见，道地中药材与药效、高效关系极大，不可等闲视之。因此，道地药材的研究应着重从其生物学本质来认识，探讨道地中药材如何形成和保护，关注道地中药材的评价、机制和应用，已势在必行。

（二）中药材种植、收集时间与疗效

中药材质量的高低与种植和养殖密切相关，绝大多数中药材来自药农，但收购的中药材必须符合《中华人民共和国中医药法》第二十二条规定，如果不确保这条规定的约束，就可能使中药走入迷途，无法保证临床用药的安全性和有效性。

除种植、养殖外，中药的采集时间也极为重要。对于中药中有效成分含量的高低，历代医药学家都非常关注。最早可见于北宋科学家沈括所著的《梦溪笔谈》。该书内容不但涉及颇多领域，而且还涉及中医药领域，指出中草药须因地、因时采摘。他认为："古法采草药多用二月、八月，此殊不当"，指出此时采药者虽然便于识别草药，但并非最佳时间。因药用部位为根的植物，如果有隔年老根，必须在没有茎叶时采摘，这样精华都集中在根部，"欲验之，但取芦菔（萝卜）、地黄辈观，无苗时采，则实而沉；有苗时采，则虚而浮"；没有隔年的老根药物，要等到植株长成而尚未开花时采摘，则根部已生长充足又还没有衰老，"如今之紫草，未花时采，其根色鲜泽；花过而采，则根色黯恶，此其效也"。同时，沈括又指出用花的药物在开花时采摘，用果实的药物在果实长成时采摘，都不能受限于固定时间进行采摘，因为地气有早晚、天时有变化。为了说明草药须适时采集，沈括还特地考察了植物生长规律、地势、气温、土壤及人工管理等各方面的因素，论证了因时因地采药的道理，可视为植物生理生态学和药材学的论纲。明代著名医药学家李时珍的《本草纲目》对中药采集时间的论述更为详尽。可见，中药材的采集时间与药效的高低是相向而行的。

（三）中药炮制与疗效

炮制是指将中药通过净制、切制、炮炙处理，制成一定规格的饮片的过程，是中药应用前必须经过的加工过程。炮制不仅能去杂、减毒、增效，而且还可能增加或改变中药原有功能，如延胡索醋制后止痛功能增强，并可减少临床应用剂量；再如川乌、草乌，经炮制后其毒性大为降低。中药炮制，首先要把好真假关，要求药性优良，质量上乘，药效充分，炮制方法必须规范，只有这样才能保证疗效，提高疗效。"炮制虽繁必不敢省人工，品味虽贵必不敢减物力"，这是中药生产人员应恪守的信条。中药炮制在没有新的方法问世之前，仍应严格遵循传统工艺加工炮制，但目前中药材炮制中依然存在省人工减物力现象，例如，乌梢蛇、蕲蛇不去鳞片，枇杷叶不去绒毛，厚朴、续断不发汗，地黄、玄参快速干燥，有的麸炒山药用上色的蜜麸，而不用麸皮等，这些都严重影响着临床疗效。

王老认为，当前炮制的核心问题，归根结底还在于中药人才后继乏人，特别是高端的中药制药人才缺乏更是制约中医药学发展的"瓶颈"。以往，中药药工重于师承传授，对中药的识别能力非常内行，但真正的中医药学理论有所欠缺，文化程度多偏低。现在，全国高水平的中药师更少，虽然少数省的中医药大学设有中药科系，但能系统掌握中医药理论和实践的人才并不多见。目前不少坐堂式中医门诊部，多数都是药工，有的只通过短时间的培训后就上岗操作，即使如此，也是流动性大，难以长期坚守岗位。过去浙江省中医院，仅从事药工作业的人员就有20～30个，药品质量上乘，现在这类药工只忙于抓药配方，缺少定期培训，特别是能配合临床医师用药的临床药师更是凤毛麟角，甚至仍属于"零"的状况，对于高效提高疗效，看来尚有一段距离。

此外，中药材采集加工，必须及时进行包装、贮藏，处理不当，容易造成虫蛀、霉变、走油、变味等现象，不又会失去药效，而且会产生不良反应。因此，对出现这种有害健康的中药，应加以防范和处理。还须关注的是，中药煎煮方法及服药方法也同样与治疗效果有关。中药汤剂是中医临床应用最为广泛的一种剂型，具有吸收快、易于发挥药效、便于辨证加减的特点，能较全面、灵活地满足患者的需要。因此，历代医药学家对汤剂的煎法和服法都非常重视，著名医家徐灵胎曾在《医学源流论》中指出："煎药之法，最宜深讲，药之效不效，全在乎此。"目前由于部分中医药人员对煎法不够重视，加之部分煎药人员未经正规培训及患者本身对煎药容器、用水、火候、先煎、后下、包煎、烊化等知识的缺乏，致使煎药质量不能保证，如不知煎药须用陶器、砂器、银器等容器，以至煎药容器使用失当而影响药效。应该提出的是，不少人对中药的服用方法和禁忌知识一知半解，故难以充分地发挥中药的药效。只有注意不同方药的药性和服用原则，重视服用的规定和注意事项，才能吸收药物中的有效成分，发挥出中药的各自作用。

当前，由于慢性病患者增多及人们养生保健需求日益增加，人工煎煮汤药越来越受制约，近几年来很多中医药部门已经改用机煎方法以解决人们的需求。这种方法常常浓淡不一，采用由塑料袋装汤药，看来前途并不美好。王老认为，必须未雨绸缪，因为国外已在研究，对塑料所造成的塑料微粒对人体健康的伤害予以关注，预计不久的未来，中药机煎法完全可能面临困境，所以我们必须加紧研制新法予以替代。虽然，我们已开始借鉴日本、韩国的方法，在开发颗粒剂型，毕竟远水救不了近火，且药物品种有限，解决这些问题，已是迫在眉睫。

第六节　登上国际新舞台

21世纪世界医学发展所呈现出的一个主要趋势，就是作为传统医学的中医药学与主流医学之间的沟通和互补。在这一交流过程中，除讲究疗效和安全外，还要有中医作用机制的阐明。

最近，有两位诺贝尔奖获得者对中医药的作用机制提出了一些可供参考的观点。一位是1991年诺贝尔生理学或医学奖获得者厄温·内尔，他认为，离子通道在中药作用机制上有重要作用。他指出，中医理念强调天人合一，如果想要更好地研究中医药，就需要做一些基础研究，了解药物是在哪个靶点上起作用的。这样能让研究人员更好地了解疾病发生的机制，以及中药对人体的作用机制。他曾经参加中医药相关研究项目，发现离子通道这类生物分子在中药作用机制上发挥了重要作用。离子通道是很多药物的靶点，可以预测许多离子通道会是中药活性成分的靶点。另一位是2013年诺贝尔化学奖获得者阿里耶·瓦舍尔，他建议称，解析酶的作用机制有助于研究中医药。他认为，耐药性对人类健康威胁重大。很多细菌与酶有关，如果能对酶的作

浙江中医临床名家·王会仍

用机制和作用方式进行解析，就能找到相应的蛋白，从而进行药物开发。这种模型可以拓展到其他领域的研究中，比如艾滋病的研究。同时他指出，我们需要了解蛋白质，这样我们就知道如何应对蛋白质的突变，因为它的突变会影响与药物的结合；如果我们的研究方向是可行的，那这对所有的药物研究都是可行的，包括中医药研究。

在中医药走向世界的过程中，在保持中医药特色的同时，要以开放的心态，进一步促进中医药发展；要抓住一些关键问题重点推进；扩大中医药国际贸易的传播普及。最近，不少中西医结合专家用循证医学方法开展了多项临床和实验研究，中国工程院院士吴以岭教授领衔的团队，在古代医家"久病入络""久痛入络"及治疗络病名方的基础上，创建中医"络病学"理论，开创通络之先河，创制的"通心络胶囊"在治疗心血管疾病中获得了良好的疗效。近几年来又再次推出了抵御流感病毒的"连花清瘟胶囊（颗粒）"，通过多项研究发现，该药有良好的抑菌消炎作用，对金黄色葡萄球菌、乙型溶血性链球菌、肺炎球菌、流感杆菌均有明显抑制作用。循证医学研究结果更是令人振奋：第一，连花清瘟胶囊在抗病毒作用方面与奥司他韦没有差异；第二，在缓解流感症状，特别是退热和缓解咳嗽、头痛、肌肉酸痛和乏力等症状方面，该药优于奥司他韦；第三，其治疗费用仅是奥司他韦的1/8。专家论证后一致认为，连花清瘟胶囊是目前经循证医学研究证实治疗甲型H1N1流感疗效确切的中成药。

与此同时，近年来推出的另一中成药——芪苈强心胶囊治疗慢性心力衰竭的临床循证医学研究引起了国际医学界的关注，该研究结果发表于《美国心脏病学会杂志》。专家认为，该药可抑制高血压引起的心肌肥厚，其作用机制是：它可明显抑制高血压晚期心肌细胞的凋亡与自噬，还可通过调控转录因子使心肌细胞的增殖与分裂增加，长期应用可促使心脏从高血压病理性肥厚向生理性肥厚转化，从而减少心力衰竭的发生，这一作用是其他西药所没有的；此外，该药具有明显改善心脏能量代谢的作用，部分还有改善血流动力学及改善心肌重构的作用。

2018年度国家技术发明奖中唯一的药品研究项目"银杏二萜内酯强效应组合物的发明及制备关键技术与应用"是现代中药研究的范例，其成功的奥秘来源于"解码理念"。这项成果是由康缘药业、中国药科大学等单位科研人员组成的项目组，历时28年，研发上市的第一个以拮抗血小板活化因子受体（PAFR）为靶点的新药——银杏二萜内酯葡胺注射液。多项随机对照试

验（RCT）研究表明该药能明显改善神经功能缺损，降低致残率，显著优于国内外同类产品，为缺血性脑卒中的治疗提供了有效支持，该药同时具有抗血小板和神经保护作用且出血风险低。该药已于 2017 年作为创新药谈判品种列入国家医保目录，至今已有累计 500 余万患者获益。

第六章

桃 李 天 下

王老一生广求博采，乐于传承，为中医事业热心奉献。为此，还以诗达志，自认尚无佳句，但可自怡：名利何曾挂我身，岐黄立志力求新，传承后继有才俊，桃李芬芳香满春。短短几字道尽王老为中医的发展和传承殚精竭虑、矢志不渝之心。所幸良将遇良时，2010年在医院的大力支持下，成立了"王会仍名老中医工作室"，为全国名老中医传承工作室，以期充分挖掘、整理、宣传王老的学术思想和经验，并通过出版专著、发表论文并形成王会仍名医传承团队等形式，将王老一生之成就传承、发扬，培养一代又一代学术精湛、仁心仁术的名医。

现今工作室成员包括王会仍、蔡宛如、骆仙芳、王真、陈芳、王效娅、徐婷贞、洪辉华、王媛、赵玮、李晓娟、徐俪颖，其中正高5人，副高4人，中级3人。王老为指导老师，蔡宛如、骆仙芳为学术继承人。目前已形成一支年龄梯队、学历、职称结构合理的学术传承团队。工作室成立后共培养研究生63名，其中博士研究生8名，硕士研究生55名。成功申报课题46项。工作室成果累累，多位工作室成员已是独当一面、享誉省内外的名医，这里将其中三位佼佼者蔡宛如、骆仙芳和陈芳的传承经验和成果加以整理，期望能为其他青年医师提供宝贵的学习经验。

第一节　芳华岁月蔡宛如

蔡宛如，主任中医师，教授，博士生导师，浙江中医药大学附属第二医院原院长，第六批全国老中医药专家学术经验继承工作指导老师，浙江省"国医名师"，浙江省名中医，浙江省"151新世纪人才工程"人员，主要从事中医药防治呼吸系统疾病的基础理论与临床研究。中国中西医结合学会常务

理事，世界中医药学会联合会呼吸病专业委员会常务委员，中华中医药学会肺系病分会副主任委员，浙江省中医药学会副会长，浙江省中西医结合学会副会长，浙江省中医药学会呼吸病分会主任委员，浙江省中西医结合学会呼吸病专业委员会副主任委员，浙江省中医药学会内科分会副主任委员，浙江省医学会呼吸系病学分会常务委员，浙江省医师协会呼吸医师分会常务委员。"十二五"国家中医药管理局重点学科"中医全科医学"、重点专科"肺病科"学科带头人，"十三五"浙江省中医药重点学科（中西医结合）"中西医结合慢性气道疾病防治学"学科带头人，浙江省一流学科建设项目（A类）"中西医结合临床"学科（呼吸病学方向）带头人，浙江中医药大学校级科技创新团队负责人。曾任政协第十一届浙江省委员会常务委员，目前担任浙江省第十三届人大常务委员会委员，中国农工民主党第十六届中央委员会委员，农工党第十一届、十二届浙江省委员会副主任委员。

蔡宛如出生于书香世家，爷爷蔡竹屏是著名爱国诗人，是浙江现代文学百家之一。父亲蔡义江是著名的红学专家，曾出版《〈红楼梦〉诗词曲赋评注》，并创办了《红楼梦学刊》。其父亲在孩童时代就已经熟读中医四大经典《黄帝内经》《伤寒杂病论》《难经》《神农本草经》，在研究《红楼梦》时更是对书中记载的中医中药有着浓厚的兴趣。蔡宛如从小耳濡目染，很早便与中医结下不解之缘。后来报考了浙江中医学院，从此正式走上了学医之路。在校期间蔡宛如刻苦学习，牢牢掌握基础知识，并且对《中医诊断学》和《中医内科学》方面的知识进行串联、融会贯通、举一反三，打下了良好的中医学功底。毕业后顺理成章地留在了浙江省中医院中医科从事临床工作。当时中医科人才辈出，有葛琳仪、徐志瑛、周亨德等老一辈专家，在中青年一代中，蔡宛如为浙江省中医院的后起之秀，中西医兼蓄并备，医、教、研兼长，早期常与青年同道在杨继荪院长家中聆听教诲，深受传承，中医基础日益精湛。凡遇有疑似难辨、方法处方特殊，则研读《黄帝内经》《难经》《伤寒论》《金匮要略》等有关医籍，并虚心请教各位师长，博采众方，医术日渐。1997年，蔡宛如成为第二批全国老中医药专家学术经验继承人，师从王老。

一、跟师学艺

蔡宛如和王老在学术上一脉相承，很多学术思想深受王老影响，在此将蔡宛如多年跟师的经验和体会加以汇总，以供读者参考。

在中西医结合的问题上，蔡宛如十分赞同王老"优化选择"的观点。王老认为在大医院的环境中不使用西药十分困难。医生和患者的目的其实是相同的，都是为了能尽可能快地减轻患者的痛苦，把疾病治好，所以不管是中医还是西医，都只是救人的手段，哪一个效果好，就用哪一个方法治疗，强调一种优化选择、优化治疗的理念。在明确这样的前提下，要正确看待中西医学的优势特长。现在中国的医学界大体认为急性病用西医，慢性病用中医。但是王老认为中医在治疗急性病上同样有用武之地，比如在浙江省中医院的中医病房就有许多昏迷的患者，西医疗效不佳，最后用中医的至宝丹、安宫牛黄丸、紫雪丹抢救成功；临床上还可以用独参汤治疗大咯血及先兆流产。其次中医在治疗慢性病上的确有很明显的优势，比如对于慢性呼吸系统疾病，西医尚无有效的治疗方法，中医可以通过冬病夏治、冬令进补、固本培元等方法有效减少发作。另外，中医在"治未病"方面对亚健康人群有一套完整的理法方药，为世界医学提供了良好的治疗思路。王老认为正确认识中西医的优缺点，并在每个具体的患者身上如何更好地进行选择是每个中西医临床工作者需要思考的问题。

王老是一位医德人品俱佳的医生，他虽然是学中医出身，但是他觉得中医是处在一个发展的过程中的，并主张用现代医学的方法来研究中医中药。对于中医临床，王老也有着清醒的认识，他觉得中药的产地和炮制严重影响着药效的发挥，想要成为一个对患者负责的医生，在目前的大环境下，必须要借助西医的诊疗手段。在数十年的行医生涯中，王老看到太多患者因为"纯中医"治疗，失去了对疾病的早期干预，增加了误诊和漏诊的概率。因此，在中西医结合的问题上，王老有着自己的见解，在疾病面前，医生和患者的目的其实是相同的，就是要诊断明确并把疾病治好，所以不管是中医还是西医，都只是一种救人的手段，哪一个效果好，就用哪一个方法治疗，这种"优化选择、优化治疗"的理念始终贯彻在王老的临证之中，贯穿于中西医结合防治慢性阻塞性肺疾病等呼吸系统疾病及肺功能的研究工作中。王老认为肺病多涉及肺、脾、肾三脏，滞、虚、痰、瘀、热为主要致病机要，治疗上除了传承杨、黄两位先生之外，王老也有自己的创新，对于肺病急性期，中医治疗的重点在于清热祛痰和活血化瘀。清热药可增加抗生素抗菌及对抗细菌内毒素的作用，祛痰可改善气道通气状况，又可促使病原体排出，即中医之"祛邪外出"。王老认为肺病多先肺气虚，重则及脾及肾而致阳虚，气虚推动无力，阳虚失其温煦，则血凝而瘀，故活血化瘀为重要法则。不管瘀血症状明显与否，

浙江中医临床名家·王会仍

都加益气活血药。王老也同样注重冬病夏治及冬令膏方，在稳定期尤其需重视培补肾阳。

王老依据肺系疾病"脾为生痰之源""肺为贮痰之器""肾为生痰之根"的关键病机，提出"治肺以绝痰器""健脾以绝痰源""补肾以绝痰根"的治疗原则，并从"肺与大肠相表里"理论着手，复宣降以调气机。此外，其主张补气理气、活血化瘀、清热化痰等相结合，善用虫类药物及膏方。现将其治肺经验归纳如下。

1. 治肺以绝痰器

肺系疾病中，或外感致肺气郁闭，或久病致肺气阴两虚，或他脏病变累及肺，或内燥内热之邪犯肺，致肺失宣降，均应通过宣通肺气、降泄肺气、补益肺气、清泄肺热、滋阴润肺等方法恢复肺宣发肃降的功能以达到"杜绝痰所藏之地"的目的。王老擅用药对，如南沙参和北沙参相配：前者甘苦性凉，归肺、胃经，专滋阴清肺，助脾健运，主治肺燥咳嗽；后者味甘性凉，归肺经，善滋阴清肺，并能益胃生津。两药相配，滋阴润肺、清泄肺热之效显著。再如肺形草配鱼腥草：前者味辛性寒，清肺止咳力强，亦能解毒消肿；后者辛能散邪，寒能降泄肺热，善于清泄肺热。两药相配，入肺经，清泄肺热及清热解毒之效显著，但此二药苦寒，当注意顾护脾胃之气，避免伤及脾胃。

2. 健脾以绝痰源

《医宗必读·痰饮》曰："脾为生痰之源，肺为贮痰之器。"因此，痰的产生不仅与肺有关，而且与脾的关系密切。肺系疾病反复发作，肺气阴两虚，子盗母气，出现脾虚；喜食辛辣伤及脾胃或肥甘厚味，滋腻碍脾；情志不畅，郁怒伤肝，或肝火旺盛，伤及脾脏；肾为先天之本，脾为后天之本，转相滋养，相互为用，肾虚阳气衰弱，则脾失温煦；外感湿邪或内有湿邪，以致湿邪困脾。这些原因都会伤及脾脏，脾虚不能运化水谷精微，水液停聚而为痰，加重病情。故王老提出"健脾以绝痰源"。其善用药对补脾健脾以绝痰之所生。如陈皮配半夏：陈皮辛苦温，归肺、脾、胃经，善燥湿化痰，尚可行气调中，作用较为温和；半夏辛温，归肺、脾、胃经，为燥湿化痰之要药，并能降逆止呕，消痞散结，外用亦能消肿止痛，二者相须为用，燥湿化痰之力强。白术配苍术：前者甘苦温，归脾、胃经，专燥湿健脾，并能补肺脾气、止汗、利尿安胎；后者辛苦温，归脾、胃、肺、肝经，长于燥湿健脾，并能祛风湿，二者配合，可强化燥湿健脾之功效，消已聚之痰，化未成之痰。

3. 补肾以绝痰根

肾阴、肾阳协同调节水液代谢与输布。若肾虚，则水液不能运行聚而为痰，不能纳气出现呼吸浅短。王老认为，治疗肺系疾病时不仅要重视肾的纳气之功，更要重视肾阳调节水液代谢之效。其擅用药对补肾以调节水液代谢，继而从根本上避免痰的产生。如肉苁蓉与淫羊藿：前者甘咸温，归肾、肝、大肠经，长于补肾阳，并能益精血，润肠通便；后者辛甘温，归肾、肝经，擅补肾阳，亦可祛风湿、强筋骨，二者合用，补肾阳之力强。龟板合鳖甲：前者甘咸性寒，归肾、肝、心经，专滋补肾阴，并能养血补心；后者咸寒，善滋阴补肾，亦能软坚散结、清虚热，两药相合，大补肾阴。然此二药均为性寒之品，不宜太过，以免伤及肾阳。

4. 宣降以调气机

肺主气司呼吸，上连气道、喉咙，开窍于鼻、外合皮毛。六淫致病，或从口鼻，或从人体皮毛肌肤伤及人体，致肺气郁闭，肺失宣降；饮食不节，伤及脾胃，脾土为肺金之母，脾土虚则肺金亦虚；五行中肺属金，肾属水，肺金与肾水在生理上相互资生，病理上也可相互影响，肾虚则肺亦虚；肝火旺盛，出现肝侮肺，致肺虚；心火亢盛，出现心乘肺，出现肺虚；肺与大肠相表里，大肠病变可累及肺。这些原因均可致肺失宣降，气机逆乱，出现咳喘。王老擅长用药对达到"宣降以调节气机"的目的。如前胡、桔梗相配：前者苦辛微寒，归肺经，降气化痰，亦能疏散风热；后者味苦辛性平，宣肺祛痰，兼能利咽。二者一宣一降，共复肺之宣降。

更为难得的是，王老认为动物实验应该做，如果不走这条路，中医的理论就没有办法被阐述和证明。他认为中医的理论知识可以在动物模型上得到阐明和验证，而动物实验的成果又可以运用在临床上。通过动物实验来确定药物的有效性和安全性后，再推广应用，是符合科学的发展规律的。

蔡宛如教授深受王老的临床经验和科研思维的影响，一直致力于中医药的基础科学研究，尤其是对王老的经验方芪冬活血饮进行了传承和发扬。芪冬活血饮是复方药物，由黄芪、麦冬、虎杖、当归等组成，其中黄芪具有固表利水消肿、升阳举陷之功效，其主要成分为黄芪皂苷、黄芪多糖等，具有调节免疫系统功能、提升巨噬细胞活性之功效；麦冬具有养阴生津、润肺清心之功效，其主要成分为皂苷类、黄酮类化合物；虎杖具有清热利湿、退黄

解毒之功效，其主要成分为大黄素类、白藜芦醇类单体；当归具有补血活血、抗氧化和清除自由基的作用，其主要成分为藁本内酯类、黄酮类单体。临床上芪冬活血饮对急性肺损伤（ALI）具有显著疗效，为了明确其发挥作用的机制，蔡宛如教授团队针对主要的单体进行了大量的研究，明确了各个单体的抗炎作用及其抗炎通路，团队不仅获得了两次国家自然科学基金项目支持，发表了多篇高质量论文并且获得 2014 年浙江省科学技术进步奖三等奖及 2014 年浙江省中医药科学技术创新奖一等奖。在"肺与大肠相表里"的中医理论基础上，蔡宛如教授首次提出血清肺表面活化蛋白 A（SP-A）在肺与大肠含量变化有着密切的相关性，研究项目"肺表面活化蛋白 A 在大鼠肺和大肠组织中表达及与中医"肺与大肠相表里"理论的相关性研究"获得 2008 年浙江省自然科学基金委的资助。该项目通过动态观察 SP-A 在大鼠肺、大肠、皮肤和小肠组织中的表达，研究其在肺与大肠中表达的相关性，然后进一步观察芪冬活血饮对 ALI 大鼠肺与大肠中 SP-A 表达的影响，探讨中医"肺与大肠相表里"理论中肺与大肠的物质联系，为中医"肺与大肠相表里"理论提供实验依据。

在蔡宛如的眼中，王会仍老师是一位善于学习、善于思考、善于研究的医者，更难能可贵的是其不逐名利、一心为患者着想的高尚医德。师承王老为蔡宛如后来从事中西医结合防治慢性阻塞性肺疾病等呼吸系统疾病的研究工作奠定了坚实的基础，同时她也与王老结下了深厚的师徒情谊。蔡宛如曾如此评价自己的恩师：王老已是古稀之年，却仍坚持每天门诊，闲暇之余坚持阅读、自学日文，对目前国际上医学的最新进展都了然于心，还不忘著书立说，嘉慧后人，其精神可钦，实在是我辈学习的楷模！

二、带徒传承

自 2003 年蔡宛如被评为硕士研究生导师，2009 年被评为博士研究生导师以来，门下桃李众多，先后带学生 45 名，其中博士研究生 11 名（含在读 6 名），硕士研究生 36 名（含在读 6 名），师承 5 人，将王老的学术思想和经验生生不息地传扬下去。短短几年，蔡宛如教授及其带领的团队主持并参与国家级、省部级等课题 20 余项，在国内外核心期刊发表学术论文 100 余篇；参编教材、学术专著 10 余本。先后获得省部级、厅局级各类奖项近 20 项，成果斐然。王老深感欣慰，并作诗一首以表赞扬：

蔡门桃李赞

门前桃李蔡家多，子弟成才堪可歌；

不枉精心培训苦，赢来硕果满筐罗！

第二节　师承高足骆仙芳

骆仙芳，主任中医师，硕士研究生导师。现任浙江中医药大学研究生院培养科科长。曾任浙江中医药大学附属第一医院呼吸生理研究室主任、浙江中医药大学附属第二医院人力资源部主任。

1988年以优异的成绩考入浙江中医学院（现浙江中医药大学）中医专业，毕业后进入浙江省中医院工作。骆仙芳稳健、和谐待人，深受患者和同事喜爱，并凭借其扎实的中医功底、兢兢业业的工作态度，很快在临床打下一片天地。同时她又是一个精心于科研的不可多得的中医优秀人才，参与及亲自主持多项科研项目，并多次获奖，曾拜师于已故著名国医大师邓铁涛院士，并深得其赞赏。1997年成为"王会仍名老中医工作室"第二位学术继承人，她踏实认真、吃苦耐劳的工作态度让王老十分赞赏，骆仙芳也不负王老的期望，深得王老的真传。

一、跟师学艺

1996年，王老被评为浙江省名中医，同年被指定为第二批全国老中医药专家学术经验继承工作指导老师。骆仙芳凭借其勤奋好学的精神、扎实的中医功底，于1997年1月被遴选为王会仍教授学术经验继承人，并开始随师侍诊。在3年跟师过程中，勤勤恳恳，从不懈怠，在繁重的临床工作之余，仍然做到坚持每周两个半天跟师抄方，并及时整理医案，及时整理跟师心得，坚持做好周记、月记，并且能够学以致用，将王老特色经验及时应用于自己临证过程中，不断提高自己的临床能力和水平。跟师期间，王老对弟子悉心授业，将自己丰富的学术经验倾囊相授，骆仙芳通过耳濡目染、细心揣摩，细心分析王老的临床辨证思维规律，研究总结其临证经验和学术思想特色，从中总结和悟出了很多心得体会。跟师3年中以第一作者撰写发表了《王会仍辨治支气管哮喘的经验》《王会仍治疗肺心病经验》2篇学术论文。于2000年1月修业期满，骆仙芳顺利地通过了出师考核，并受到考核专家的一致好评。出师之后，骆仙芳仍然常常伴随在王老左右，悉心听取王老的

教诲，并经常与王老深度交谈，以便更深层次地传承和发扬王老的学术经验。

二、初有成就

在王老的悉心指导之下，骆仙芳在临床、科研、教学等方面都得以快速成长。1999 年开始担任浙江省中西医结合学会呼吸病专业委员会常务理事兼秘书；2001 年晋升为副主任中医师；2004 年开始担任医院呼吸生理研究中心主任；2005 年获浙江大学临床医学硕士学位，同年晋升为副教授，并被遴选为浙江省"151 新世纪人才工程"第三层次培养对象；2006 年被评为硕士研究生导师，目前已培养硕士研究生 10 名（含在读 2 名）；2007 年晋升为主任中医师；2008 年被中华中医药学会评为"全国第二届百名杰出青年中医"。

三、悟出心得

骆仙芳在长期的跟师学艺过程中，深深地体会到王老在长期从事中医内科临床工作中积累了丰富的临床经验并归纳出了自己的一系列学术思想，尤为擅长中西医结合防治慢性阻塞性肺疾病和支气管哮喘等呼吸系统疾病，对失眠、鼻炎、胆病和胃肠道等疾病也积有丰富的临床经验。在医疗实践中，王老善于针对呼吸系统疾病的临床表现及特点制定切实有效的治疗方案；极力主张中西医结合优化选择治疗以发挥其所长；在辨证施治的基础上，王老还时刻关注西医药的最新进展，注意吸收现代研究成果，合理用药；并特别强调扶正固本法在缓解病情中的重要作用。同时，根据中医气血学说理论，王老指出慢性阻塞性肺疾病的病理基础主要在于"气虚血瘀"，王老认为应用益气活血类药比补肾类药更有助于改善肺功能，对提高患者的生活质量及延长其生命年限有着令人鼓舞的良好效果。骆仙芳在临证时，以此为指导思想，收获颇丰。通过长期跟师，骆仙芳总结了王老的主要学术思想，如下：

（1）强调辨证施治，崇尚治病求本。

（2）善辨表里寒热，明辨标本虚实。

（3）用药灵活，注意合理配伍。

（4）结合辨病，宏观结合微观。

（5）重视预防康复，提倡保健养生。

（6）力倡衷中参西，推崇优化选择。

（7）注重科学研究，弘扬创新发展。

（8）联系现代受体观点，阐发性味归经理论。

四、发扬光大

在王老的悉心指导下，骆仙芳将王老的丰硕临床经验应用于临床诊治过程中，治愈了大批患者，得到患者的一致好评。而且，骆仙芳还将王老的临床经验、学术成果与科研紧密结合，并取得了一系列研究成果，如国家"十一五"科技支撑计划项目"王会仍临床经验、学术思想研究"，厅局级课题"保肺定喘汤对慢性阻塞性肺病血浆 ET-1 变化的研究""保肺定喘汤对慢性阻塞性肺疾病肺血管重构影响作用的研究""保肺定喘汤对慢性阻塞性肺疾病大鼠气道重构干预作用的研究""阻塞性睡眠呼吸暂停低通气综合征中医辨证分型及其相关因素研究"等。这一系列课题研究先后获得了浙江省政府科技进步奖三等奖，浙江省中医药科技进步奖一、二、三等奖，浙江省教育科技成果奖三等奖。在随后的日子里骆仙芳继续整理王老经验，主编了《健康之路从肺开始——国家级名老中医王会仍临床经验》《慢性咳嗽中西医诊治——名老中医王会仍临床经验》《实用方剂现代临床解惑》3 部著作，并且参著 5 部。在国家级与省级杂志上发表学术论文 20 余篇。通过骆仙芳持之以恒地学习、从不懈怠地探索，有效地推广了王老的临证经验和学术思想，取得了良好的社会效益。

另外，骆仙芳主持的呼吸生理研究中心被评为浙江省中医药重点实验室，并与医院消化研究室、中心实验室一起联合被评为国家中医药三级实验室，融临床和科研于一体。

自 2006 年骆仙芳教授被评为硕士研究生导师以来，先后招收了全日制硕士研究生 10 名（含在读 2 名）、同等学力申请硕士学位学员 2 名，并协助医院其他呼吸专业专家指导博士研究生、硕士研究生 20 余名，毕业后在全国各地省市级医院就业，显著扩大了王老的学术经验传承工作，有效地将王老的学术思想进一步发扬光大。团队的学术成果也是非同凡响，主持和参与的厅局级、国家级课题达 16 项，发表论文数十篇，主编和参与的专著达 38 项。真不愧是王老的得意门生，深受王老的赞扬：

骆门桃李赞

满园桃李骆家班，门下成才不一般；

各显神通扬四海，山高路险敢登攀。

第三节 名医工作室陈芳

陈芳，主任中医师，浙江省中医院肺功能室主任。1998年自浙江中医学院中医专业毕业后，先后到上海交通大学医学院和瑞典卡洛林斯卡医学院攻读临床医学、肿瘤分子学硕士和博士学位，后又至英国伦敦大学附属医院呼吸科进修。丰富的学习经历、中西医的广泛涉猎为其后来的临床、科研工作打下坚实的基础，也与王老中西医结合的思想不谋而合。

陈芳是一个十分有上进心、有责任感的人。在临床上，不断追求医术精进、为患者提供最好的帮助；在科研上，不断追求创新、用最好的方法解决科学问题；在科室工作中，关心下属，为科室建设不遗余力。不论是工作还是生活，她都尽自己最大的努力做到尽善尽美。

一、从头开始，跟师学艺

2009年的秋季，陈芳结束了上海交通大学的博士学习，再次返回浙江省中医院工作。经历了5年的硕博学习，远赴北欧完成博士课题，科研和临床能力得到了锻炼和提高，陈芳坚持回到呼吸生理研究室。当时宋康院长见到陈芳，语重心长地说："小陈，你博士毕业回来了，科研能力一定很强。听说过我院马孔阜教授、王会仍、骆仙芳主任吗？他们的团队在浙江省呼吸界可是很有影响力啊，他们最早引进肺功能仪器，最早开展血气分析、呼吸生化检查、全国肺功能培训，是浙江省呼吸生理领域的开拓者。可惜，马教授几年前去世了，王会仍主任依然活跃在临床，看看门诊写写文章，笔耕不辍啊。希望你在新的岗位上，把几位老主任的精神发扬光大，好好振兴呼吸生理研究室。"从此，陈芳心里就埋下了跟师王会仍主任的小心愿。

第一次见到王会仍主任，是在一个周三的专家门诊。王老满头白发，精神矍铄，说话温和，两人一起聊起工作和学习。王老说："小陈，原来你1998年就入院了，算是医院老职工啊，回想当年我们入院时做轮转医师，真是岁月如梭啊。现在博士毕业回到医院继续工作，你既有扎实的理论知识，又经过科研思维的培训，正好临床和研究一起抓。"王老欣然同意陈芳跟诊抄方，于是每周三陈芳跟着王老上门诊。由于新的门诊病历系统，需要录入病史资料和药物组方，王老每次都认真地在患者病历上记载详细的病史，由陈芳负责录入处方。王老对待每一位患者，都耐心细致，甚至外地患者到达

浙江中医临床名家·王会仍

时间超过了中午吃饭时间，只要提前联系好，王老都会等到最后一位患者就诊结束才去吃饭。记得有一位老患者，长期口服糖皮质激素治疗结节病，导致出现向心性肥胖、糖尿病和骨质疏松等并发症，每一次门诊需要家属陪同坐轮椅前来。王老仔细听诊和查体，结合舌脉中医辨证，认为属于"痰核"范畴，病因主要为肺脾气虚导致水湿积聚而成痰，痰气凝滞，痰结不散，郁结于肺，日久血行受阻产生瘀滞，痰、气、瘀交结，壅塞而渐成结节病。西医治疗主要是糖皮质激素长期口服，而长期服用激素容易出现多种不良反应，且在减量和撤药过程中常反复加重，王老以中药健脾益气养阴为主，祛湿化痰、软坚散结和理气活血为辅。治疗近3个月，患者咳嗽症状明显减轻，胸闷气急好转，夜间盗汗和腰酸乏力消失，口服激素减量至最小维持量。但是患者自觉脾气急躁，遇冷出现鼻塞流涕，畏寒咳嗽，舌淡红，苔薄白，脉细。王老考虑久病不愈，兼七情内伤，组方遣药需要注意调畅气机，疏肝解郁、扶助正气避免因郁致虚、因虚增郁，改加用八月札、合欢皮疏肝理气，防风、黄芪补肺益气，蝉衣配地肤子祛风通窍，诸药相伍求本治标，疗效显著。同时，王老通过长期的临床实践还总结出许多治疗呼吸系统疾病的常用方，如治疗慢性阻塞性肺疾病的保肺定喘汤、治疗急性肺损伤的芪冬活血饮等，均临床效果显著。印象最深的是保肺定喘汤，王老认为慢性阻塞性肺疾病患者主要表现为反复发作的咳嗽、咳痰、气喘等症状，最接近于中医的"肺胀"范畴。肺胀者，常以肺、脾、肾三脏虚损为本，痰浊、水饮、瘀血为标，"急则治其标""缓则治其本"，故当权衡补肺、健脾、益肾为主抑或温化痰饮、活血祛瘀为要。然肺胀实乃多种肺系疾病反复迁延不愈之果，故虚实夹杂者多见，尤其痰瘀等病理因素不容忽视。正如《丹溪心法·咳嗽》所言："肺胀而嗽，或左或右不得眠，此痰夹瘀血碍气病。"脏腑虚损后，气机不利，运化失常，痰浊、水饮、瘀血等病理产物极容易蓄积，若搏结于气道，则可导致肺气壅塞、气道阻滞，这与现代医学的气流受限、气道重塑、血管新生、微循环紊乱似乎不谋而合。金元四大家之一朱丹溪曾提出："凡喘未发，以扶正为主；已发，以散邪为主。"然临床之患者，由于病程日久迁延，往往呈现脏腑虚损、痰瘀内阻之虚实夹杂证。因此，扶正祛邪乃治疗肺胀之根本大法。保肺定喘汤，恰是一剂示本兼治、扶正祛邪之方，由党参、黄芪、熟地、当归、仙灵脾、丹参、桔梗、甘草组成。方中以党参、黄芪为君，党参甘平，虽无甘温峻补之功，却有甘平清肺之力，擅健运中气，润肺生津；黄芪味甘微温，能补气升气，善治胸中大气下陷，两药相须为用，大补脾肺之

气，为治本之举。熟地味甘性温，入肝肾而功养血滋阴；当归辛行而温，为补血活血之圣药；两药合用，同为甘润之品，滋肾养肺，相得益彰，再配伍辛甘温阳之仙灵脾，阴阳兼顾，共为臣药。"一味丹参，功同四物"，再配合养血活血之丹参，有通行经络、祛瘀生新之效；桔梗辛散苦泄，为"诸药之舟楫"，可载药上行，其与甘草合用，取自桔梗汤，功利咽止咳，配合"主咳逆上气"之当归，宣肺、利咽、止咳之效更佳，为佐药。甘草入中焦，"助参芪成气虚之功"，兼调和药性之用。诸药相伍，既能益气活血，化痰祛瘀，又可兼顾脾肾、清宣肺腑，使气血畅行，痰瘀同化，肺络得畅，起到扶正固本、祛邪通络的作用。所以，王老在辨证论治、整体观念的指导下，在长期临证实践中总结出的保肺定喘汤，疗效显著，很多慢性阻塞性肺疾病稳定期患者长期使用之后减少了急性加重的风险。由此，陈芳进一步萌发了深入探究这一经典方剂现代药理学作用的念头。

二、一念所思，初有所成

名老中医的经典药方是我国中医药保护的重要组成部分，是名老中医多年临床经验的珍贵成果，具有效果独特、疗效可靠、市场独有等特点，千百年来通过祖传或师承方式代代传承，是我国传承中医药文化的精华。研究名老中医的经典方剂，是继承和发扬中医药文化的重要途径，尤其是深入挖掘、整理、传承名老中医的经典药方更是重中之重。在临床跟诊中王会仍主任善用保肺定喘汤治疗慢性阻塞性肺疾病稳定期患者，也从此确定了陈芳今后研究的方向。

确定了目标和方向，第一步是做文献检索，看看前期研究基础如何，在万方数据库查询到目前已有王主任的学生从动物实验方面来分析此方对于肺系疾病的作用，比如能增强单核巨噬细胞活性，诱生干扰素、白介素，降低血黏度，抑制血栓形成，以及具有平喘、抗炎、抗氧化等作用。而此方与肺血管重构的研究已有前人可循，周忠辉等使用 HE 染色、Masson 染色及免疫组织化学染色观察慢性阻塞性肺疾病大鼠肺小动脉病理改变，结果显示使用保肺定喘汤高、中、低剂量组大鼠右心肥厚指数较模型组明显降低，同时肺小动脉管壁变薄，管腔变大，管壁内胶原纤维及 α- 平滑肌收缩蛋白（α-SMA）表达明显减少，得出该方可能通过调节胶原纤维和 α-SMA 在肺小动脉的表达以减轻肺血管重构。骆仙芳等采用慢性烟熏和气道内 2 次滴入脂多糖方法建立慢性阻塞性肺疾病大鼠模型，采用免疫组化和 RT-PCR 检测血管内皮生长因子（vascular endothelial growth factor，VEGF）蛋白质和 mRNA 的表达，观察保肺定喘汤对慢性阻塞性肺疾病大鼠 VEGF 表达的影响。结果显示早期预防和治疗使用保肺定喘汤均能显著降低大鼠中、小气道和肺动脉 VEGF 蛋白质与 mRNA 的表达，说明保肺定喘汤能调节 VEGF 在气道与肺动脉等的表达，减轻气道重构。同样来自于骆仙芳等的研究，采用野百合碱（60mg/kg）腹腔注射建立肺动脉高压肺血管重构大鼠模型，采用 ELISA、RT-PCR、HE 及免疫组化法观察肺小动脉病理改变及 VEGF 表达。结果发现保肺定喘汤高、中、低剂量组与模型组比肺小动脉管壁变薄，管腔增大，VEGF 表达水平均有不同程度下降，亦提示 VEGF 在减轻肺血管重构方面的作用。第二步，需要设计科学假设，确定验证方法。现代医学认为，呼吸道重塑是慢性阻塞性肺疾病最主要的病理变化，慢性阻塞性肺疾病发病过程中的血管新生机制也参与其中。呼吸道血管壁通透性增加，体液渗出增多，从而引起气道管壁结构的变化，包括呼吸道平滑肌细胞肥大和增生、上皮组织化生、基底膜增厚、黏膜下新血管形成、血管增加等，最终导致呼吸道管壁增厚、纤维化、阻力增加而气流受限。作为强有力的促进内皮增生、血管新生的生长因子，VEGF 被证实与慢性阻塞性肺疾病发病密不可分，甚至在一部分无症状的慢性阻塞性肺疾病患者，就已经出现气道黏膜血管增多，VEGF 表达增多的现象。目前临床上常用的抗 VEGF 药物如贝伐单抗作为单克隆靶向药物在抗血管新生方面有着不可取代的作用。但其价钱昂贵，难以广泛应用于临床，因此寻求中医中药对抗血管新生，以改善气道重塑，减缓慢性阻塞性肺疾病患者临床症状显得极为重要。保肺定喘汤前期在肺气肿、肺心病、肺血管重构方面已做了不少实验研究，故有较强的延续性和可行性。所以，陈芳采用气道内滴入脂多糖刺激法、烟熏法建立大鼠慢性阻塞性肺疾病模型，用经典单克隆抗体药物——贝伐单抗为阳性对照组，通过 HE 染色和免疫组化法观察用药、未用药大鼠及正常大鼠气道重塑、血管新生情况，并通过检测相关组织中 VEGF、VEGFR-1、VEGFR-2 水平及肺功能改变，观察实验药物——保肺定喘汤在对抗血管新生、改善气道重塑中的作用，旨在为中医药治疗慢性阻塞性肺疾病提供数据支持，展现中医药优势。

至 2009 年年底，陈芳回到医院已经快半年了，工作逐渐走上正轨，由于手头上没有课题和项目，科室的学科评估受到很大影响。由此，陈芳萌发了申报自己课题的想法。王主任的经验方在临床屡屡获效，动物实验结果也有

初步验证，以此为出发点，陈芳开始着手申报国家自然科学基金的青年项目。当时，每天下班后，陈芳都不急于回家，在食堂解决完晚餐，就回到科室检索文献。国内的文献查得差不多后，又赶到浙江大学图书馆去查国外最新的文献。常用的几个检索网站，需要检索不同的主题词，获得更多的期刊内容。如此准备了 1 个月的时间，开始打草稿，撰写一份完整的申请标书。经历 3 个月的修改和构思，第一份国家自然科学基金的申报书正式提交，心里忐忑不安，一点把握都没有。自觉前期博士课题的内容主要在肺癌的血管新生方面，和目前从事的慢性阻塞性肺疾病联系不大，评审专家肯定会质疑这一点，发表文章缺乏高质量的 SCI，被拒绝的可能性很大。所以，投出标书后，陈芳开始写一些校级和厅局级课题。从最开始的教育厅课题，陈芳一路走来，每看到课题申报的通知，就找到相应部门的网站下载申报须知和申请书，认真研读，寻找合适的着眼点，再契合不同课题的侧重点，思考选题。以浙江省科技厅所属的课题为例，包括两类项目，其一为自然科学基金，偏重于基础研究，主要资助自然科学、工程科学和管理科学等领域中的基础研究、应用基础研究及战略性前沿技术研究；其二为公益技术应用研究项目（包括分析测试、实验动物项目），主要支持公共性、非营利性、具有明确应用方向与前景的技术开发及成果的推广应用。所以，斟酌再三，从王主任的经验方里面挑选保肺定喘汤来做基础研究工作，申报自然科学基金。前前后后陈芳一共成功申报浙江省教育厅、浙江省人社厅、浙江卫计委、浙江省中医药管理局和浙江省博士后课题等 8 项厅局级课题，围绕保肺定喘汤做了慢性阻塞性肺疾病中恶病质瘦素受体基因、气道重塑的作用研究，在此基础上成功申报了国家自然科学基金的青年项目"保肺定喘汤对慢性阻塞性肺病中 VEGF 信号通路的影响"。

三、悟出心得，发扬光大

在王会仍主任和宋康院长的支持下，陈芳开始在慢性气道炎症性疾病方面积累起一定的科研经验，并在临床门诊和呼吸生理领域慢慢起步，主攻肺功能规范化培训和气道反应性这两个研究方向。

肺功能检查是呼吸系统疾病的重要检查项目之一，尽管在我国开展已有 70 多年的历史，其临床应用得到了长足的发展，但目前仍远落后于其他系统疾病的功能学检查（如心功能、肝功能、肾功能等），远未在基层医院普及。即使在大型医院其临床应用也存在不少的问题，即便是呼吸专科的医师对它的功能和作用也不尽了解。鉴于如此现状，陈芳于 2013 年申报了浙江省中医药继续教育项目"浙江省肺功能技术新进展学习班"，介绍支气管激发技术、强迫振荡等新技术，吸引了来自全省 80 多名临床一线的医护人员参加，获得了良好的口碑。2013 年 6 月中国肺功能联盟大会在广州成立，来自全国 30 多个省、自治区和直辖市，以及香港、澳门的 500 余名代表参加了会议，是当年国内肺功能学界水平和规格最高的学术盛会。陈芳带领科室同事一起去参加，见证了肺功能领域的一大盛事，并且作为浙江省的代表加入了全国肺功能联盟。2015 年在广州呼吸病研究所钟南山院士的倡议下，全国肺功能检查临床应用与规范化培训项目正式启动，提出了"像量血压一样检查肺功能"的口号。浙江省中医院成为全国肺功能联盟的规范化培训中心的第 45 个培训中心，并获得"2016 年度优秀培训中心"称号。2016 年陈芳领导的浙江省中医院肺功能室组织了肺功能规范化培训万里行——杭州站的活动，总计 165 名肺功能技师和 212 名医师参加培训和考核，推动了全省的肺功能报告的质量控制管理工作。2016 年 5 月 28 日在中国肺功能联盟和浙江省医学会呼吸系病分会大力支持下，浙江省肺功能联盟正式成立了。全国肺功能联盟主席郑劲平教授亲临指导，呼吸分会主委周建英教授、沈华浩教授、应可净教授担任联盟顾问。钦光跃教授任肺功能联盟主席，陈芳有幸担任联盟副主席，并在浙江省平湖、温岭、台州等地进行"肺功能下基层巡讲活动"。2018 年 10 月受台州市卫生健康委员会基层处的邀请，陈芳带领的肺功能室赴台州给当地的二甲以下医院进行肺功能基础知识的培训，指导操作流程的质量控制和报告的规范化。2018 年 11 月在杭州市基层呼吸慢病全程管理项目的启动会上陈芳也做了肺功能检查的规范化培训授课。2018 年陈芳还成功申报了浙江省卫生厅的多中心临床研究课题，在全省五家医院开展气道反应性测试的质控研究，项目启动会顺利召开，期待后续的数据结果。

四、薪火相继，带徒传承

有了基础和临床课题的支持，陈芳于 2012 年获得浙江中医药大学硕士研究生导师资格，先后招收了全日制硕士研究生 10 名，所有学生都安排在入学第一年随王老抄方，一方面可以巩固中医辨证施治的基础，另一方面可以有机会跟随国家级名中医指导老师学习，是求之不得的好机会。王老在门诊期间，结合肺系疾病的特点，循循善诱培养学生们的中医思维。王老空余时间

浙江中医临床名家·王会仍

经常讲授自己多年的从医经验，与大家分享自己行医的理念。中医临床思维的认识基础是中医整体观和辨证论治，其讲究天人相应，五脏一体，形神合一，理、法、方、药环环相扣，其思维方式和逻辑线路是一个独特的认知程式。中医治疗任何疾病，都必须先辨证而后用药。证同而病不同，可以异病同治；病同而证不同，则当同病异治。他建议年轻学生在成长过程中，要坚持读书，要阅读《黄帝内经》《伤寒论》《金匮要略》等中医经典著作，并在临床中不断实践，为个人成长积累丰富的基础理论和专业知识。学生们的课题有选自王老的经验方，进行动物实验验证的，也有临床病例的总结和归纳。每个学生一年期满都会撰写一篇跟师心得体会，发表一篇跟师经验于国内期刊，作为期满的总结。而每个学生的跟师文章，王老都会不厌其烦、一字一句地修改斟酌。每个学生就像是王老的孩子，他带领他们登堂入室，踏入中医博大精深的学术殿堂，言传身教、体会疑难杂证的诊断和治疗。

自 2012 年陈芳被评为硕士研究生导师以来，先后招收硕士研究生 10 名，其带领的团队主持并参与国家级、省部级等课题 5 项，主持厅局级课题达 8 项，在国内外核心期刊发表学术论文 50 余篇，其中 SCI 文章 3 篇；参编参译教材、学术专著 4 本，主持和参与厅局级奖励 5 项。

陈门桃李赞

陈门弟子聚英才，学贯中西一路来；

励志耕耘求奉献，芬芳桃李迎春开。

这是王老为陈芳和其门生所题诗句，可见王老对这些青年学生的期望和肯定。

参 考 文 献

蔡柏蔷，何权瀛，高占成，等．2012.成人支气管扩张症诊治专家共识（2012版）.中华危
　　重症医学杂志，5（5）：315-328.

陈芳．2015.慢性咳嗽中西医诊治——名老中医王会仍临床经验．北京：中国中医药出
　　版社．

陈雪，刘燕娜．2017.阻塞性睡眠呼吸暂停综合征的临床研究进展．重庆医学，46（8）：
　　1128-1131.

丁兆平．2009.发现本草之旅．北京：中国医药科技出版社．

洪辉华，蔡宛如．2015.芪冬活血饮对急性肺损伤模型大鼠caveolin-1和细胞因子的影响．
　　浙江中西医结合杂志，25（5）：431-435，531-532.

洪辉华，杨珺超，蔡宛如．2016.芪冬活血饮对急性肺损伤大鼠Cav-1/NF-κB炎性反应信
　　号通路的影响．中华中医药杂志，31（1）：239-243.

邝浩丹，骆仙芳．2013.王会仍辨治慢性阻塞性肺疾病合并阻塞性睡眠呼吸暂停综合征经
　　验探析．浙江中医药大学学报，37（12）：1397-1399.

李晓娟，申立国，骆仙芳．2013.名老中医王会仍教授治疗肺系疑难杂症验案举隅．中华
　　中医药杂志，28（11）：3256-3259.

刘志强．2013.舌头上的饮食文化．北京：外文出版社．

骆仙芳．2015.健康之路 从肺开始．杭州：浙江科学技术出版社．

骆仙芳．2017.实用方剂现代临床解惑．北京：中国中医药出版社．

马春芳，王寅，孟丽，等．2016.芪冬活血饮药物血清对脂多糖刺激下人肺微血管内皮细
　　胞E-selectin和IP-10表达的影响．中华中医药杂志，31（6）：2251-2253.

南怀瑾．2017.小言黄帝内经．北京：东方出版社．

宁方刚．2015.八卦医学史．厦门：海峡出版社．

庞彩苓，夏永良，王会仍．2005.试述肺鼻相关性疾病的中西医结合论治．中医
　　23（11）：2027-2029.

邱志新，李为民．2018.肺部结节的诊断及处理进展．华西医学，33（1）：8-14.

区结成．2018.当中医遇上西医．第2版．北京：生活·读书·新知三联书店有限公司．

孙永昌．2014.哮喘–慢阻肺重叠综合征指南解读．中国呼吸与危重监护杂志，13（4）：
　　325-329.

田雪，周新．2018.咳嗽变异性哮喘诊治新进展．华西医学，33（1）：99-103.

王桂茂．2018.中医脉诊一点通．北京：化学工业出版社．

王璐，陈芳，徐志波，等．2015.保肺定喘汤对COPD大鼠气道重塑中VEGF及受体R1、
　　R2的影响．中华中医药杂志，30（10）：3647-3650.

徐俪颖，蔡宛如，王会仍．2015.王会仍从积聚论治结节病．中华中医药杂志，30（11）：
　　3973-3975.

徐俪颖，黄小民，骆仙芳，等．2012.王会仍治疗慢性阻塞性肺疾病经验．中医杂志，
　　53（10）：828-829.

徐俪颖，王会仍．2014.王会仍以穿山龙治疗肺系疾病的临床经验．中华中医药杂志，
　　29（2）：476-478.

徐志波，王璐，陈彬，等．2014.保肺定喘汤对COPD全身炎症反应及脂质代谢影响的实
　　验研究．浙江医学，36（11）：921-927.

中华医学会呼吸病学分会肺癌学组，中国肺癌防治联盟专家组．2018.肺结节诊治中国专
　　家共识（2018年版）．中华结核和呼吸杂志，41（10）：763-771.

Lu Wang，Zhibo Xu，Bin Chen，et al.2017.The Role of Vascular Endothelial Growth Factor
　　in Small-airway Remodelling in a Rat Model of Chronic Obstructive Pulmonary Disease. Sci-
　　entific Reports，1（7）：1-9.

Wang C，Xu J，Yang L，et al.2018.Prevalence and risk factors of chronic obstructive pul-
　　monary disease in China（the China Pulmonary Health［CPH］study）：a national cross-
　　sectional study.The Lancet，391（10131）：1706-1717.

附录一

大 事 概 览

1938 年 7 月 24 日，出生于海南省琼海市，幼时随父母移居新加坡，早年曾就读于当地华校新民小学和南洋华侨中学。

1954 年，归国后就读于杭州市重点中学，即杭州第四中学。

1959 年，由杭州第四中学毕业后考入浙江中医药大学（原浙江中医学院）医疗系就读。

1965 年，毕业后曾被指定为浙江省名老中医继承工作的 24 名继承人之一，原定为名老中医黄叔文的继承人，但未能完成。刚到浙江省中医院不久便跟随浙江大学医学院附属第二医院医疗队赴永康县参加毕业生下乡活动，此后还跟随医疗队先后前往东阳、嘉善等县的农村送医送药。

1966 年末，回到浙江省中医院从事中医内科的临床工作。

1971 年，被调到"浙江省防治慢性气管炎协作组"从事老年慢性气管炎防治药物的临床验证工作。先后研究了七叶一枝花、侧柏叶及山苍子油胶丸，该项目集体获得省级科技成果三等奖。

1986 年，应邀在新加坡中医公会及新加坡同济医药研究学院作中医学术讲座，深获好评。

1992～1995 年，进行"慢性肺心病的临床研究"（浙江省卫生厅科研项目）及"肺气虚与慢性阻塞性肺疾病关系的临床研究"（浙江省自然基金会科研项目），分别获得浙江省中医药科技进步三等奖。

1996 年，被评为浙江省名中医，同年被指定为第二批全国老中医药专家学术经验继承工作指导老师（国家级名老中医）。

在社会各界都曾任职，曾是浙江省第六、七届省政协委员，浙江省归国华侨联合会第二至五届的侨联委员，退休前一直是浙江中医药学会及浙江省中西医结合学会等学会理事。

王老至今仍坚持每周出门诊，尽心尽职，精力仍不减当年。

附录二

学术传承脉络

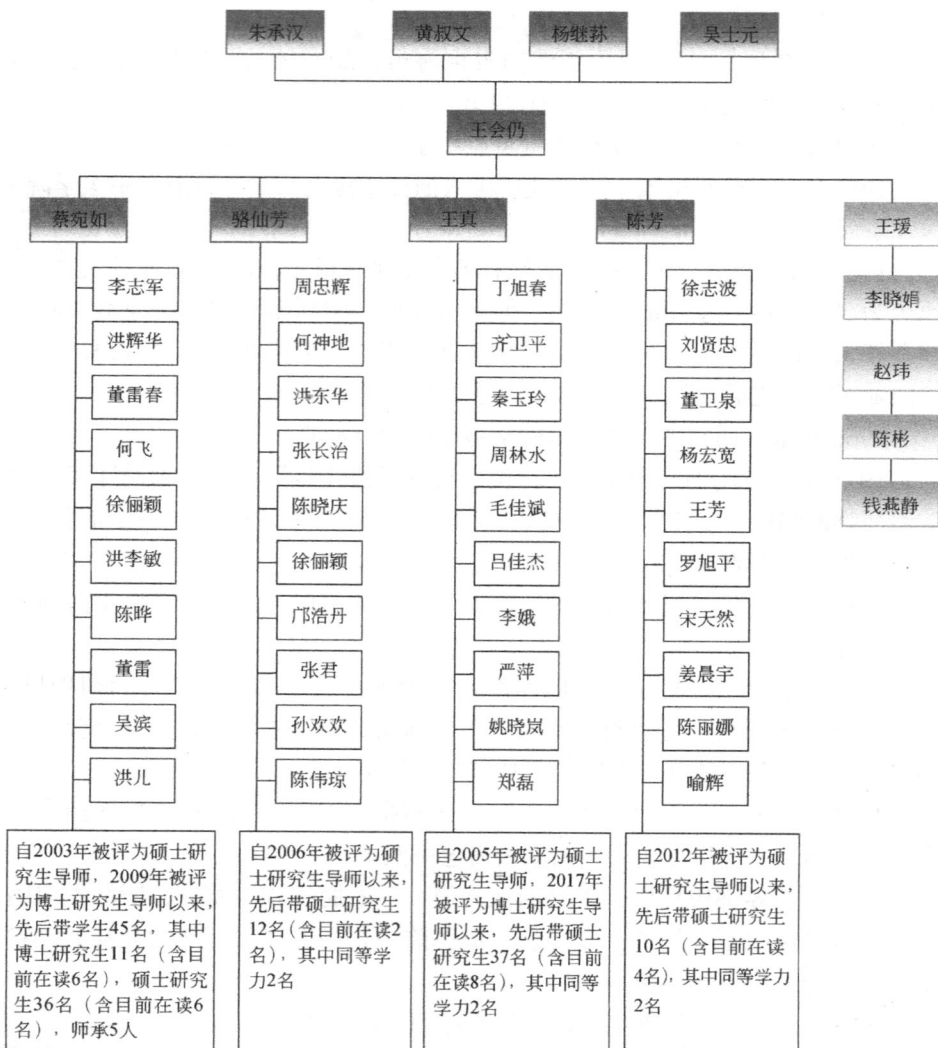

朱承汉　黄叔文　杨继荪　吴士元

王会仍

蔡宛如	骆仙芳	王真	陈芳	王瑷
李志军	周忠辉	丁旭春	徐志波	李晓娟
洪辉华	何神地	齐卫平	刘贤忠	赵玮
董雷春	洪东华	秦玉玲	董卫泉	陈彬
何飞	张长治	周林水	杨宏宽	钱燕静
徐俪颖	陈晓庆	毛佳斌	王芳	
洪李敏	徐俪颖	吕佳杰	罗旭平	
陈晔	邝浩丹	李娥	宋天然	
董雷	张君	严萍	姜晨宇	
吴滨	孙欢欢	姚晓岚	陈丽娜	
洪儿	陈伟琼	郑磊	喻辉	

自2003年被评为硕士研究生导师，2009年被评为博士研究生导师以来，先后带学生45名，其中博士研究生11名（含目前在读6名），硕士研究生36名（含目前在读6名），师承5人

自2006年被评为硕士研究生导师以来，先后带硕士研究生12名（含目前在读2名），其中同等学力2名

自2005年被评为硕士研究生导师，2017年被评为博士研究生导师以来，先后带硕士研究生37名（含目前在读8名），其中同等学力2名

自2012年被评为硕士研究生导师以来，先后带硕士研究生10名（含目前在读4名），其中同等学力2名